汽车专业
实验实训基地建设
与管理实务

>>> 孙焕新 编

化学工业出版社

·北京·

本书涵盖了职业技术院校汽车专业校内实验室及实训基地的建设与管理、校外实习基地的建设与管理、实践教学中学生职业素养的培养、实践教学中的安全管理等内容，结合实际的案例编写，实用性强。

　　本书适合高职高专院校师生、教学设备采购及管理人员、实验室实验员、汽车企业培训机构使用和参考。

图书在版编目（CIP）数据

汽车专业实验实训基地建设与管理实务/孙焕新编.—北京：
化学工业出版社，2019.5
ISBN 978-7-122-34002-3

Ⅰ.①汽… Ⅱ.①孙… Ⅲ.①汽车工程-职业教育-教学参考
资料　Ⅳ.①U46

中国版本图书馆 CIP 数据核字（2019）第 038180 号

责任编辑：黄　滢　　　　　　　　　　文字编辑：张燕文
责任校对：王素芹　　　　　　　　　　装帧设计：刘丽华

出版发行：化学工业出版社（北京市东城区青年湖南街 13 号　邮政编码 100011）
印　　装：三河市延风印装有限公司
787mm×1092mm　1/16　印张 9¼　字数 237 千字　2019 年 5 月北京第 1 版第 1 次印刷

购书咨询：010-64518888　　　　　　　售后服务：010-64518899
网　　址：http://www.cip.com.cn
凡购买本书，如有缺损质量问题，本社销售中心负责调换。

定　　价：49.00 元

前言

"十三五"期间，教师教学能力提升培训是高等职业院校的重点工作之一。为使教师队伍整体水平得到提升，北京信息职业技术学院在对教师岗位职业能力分析后组织骨干教师完成了教师综合职业各项能力的分解工作，同时进行培训课程的教材开发。

2017 年 3 月，教师发展中心开发出教师职业能力提升培训系列课程，其中包括基本教学能力提升培训课程以及专业与课程建设培训课程。实验实训基地建设与管理实务是专业与课程建设培训课程之一。

2018 年 3 月，笔者在承担课程开发的同时完成了教材的编写工作，整理出针对汽车专业的实验实训基地建设与管理方面的相关资料。

本书主要是针对汽车类院校的专业教师应具备的实验室实践能力提升，内容涵盖了校内实验室及实训基地的建设与管理、校外实习基地的建设与管理、实践教学中学生职业素养的培养、实践教学中的安全管理等，这些都是每位专任教师在专业实践教学过程中经常会遇到的。

本书内容重实际、浅理论，将常见案例穿插到课程中，帮助教师们学习和理解，并进一步提升实验室建设与管理能力。

编者

PREFACE

目录

第1章 概述 1

1.1 汽车专业实验实训教学的重要作用 1
1.2 汽车专业实训基地建设的必要性及重要意义 7
1.3 汽车专业高职实训基地建设原则 9
1.4 汽车专业实验实训教学主要类型 13

第2章 汽车专业校内实验室建设与管理 17

2.1 汽车专业实验室功能的分析、调研与论证 17
2.2 汽车专业实验教学方案设计 28
2.3 汽车专业实验室教学设备、工具及技术方案 32
2.4 汽车专业实验室设计规划 41
2.5 汽车专业编制实验室建设项目方案 46
2.6 汽车专业实验室建设项目管理 50
2.7 汽车专业编写实验教学及管理文件 60
2.8 汽车专业实验室运维管理 64
2.9 汽车专业实验室的安全、节能与环保 74

第3章 汽车专业校内实训基地建设与管理 82

3.1 汽车专业实训基地功能的调研与论证 82
3.2 汽车专业实训教学方案设计 93
3.3 汽车专业实训教学设备、工具和技术方案 96
3.4 汽车专业实训基地环境设计规划 99
3.5 汽车专业编制实训基地建设项目方案 105
3.6 汽车专业实训基地建设项目管理 105
3.7 汽车专业编写实训教学及管理文件 105
3.8 汽车专业实训基地运维管理 110
3.9 汽车专业实训基地安全、节能与环保 117

第4章 汽车专业校外实习基地建设与管理 118

4.1 汽车专业校外实习基地建设概况 118
4.2 汽车专业校外实习基地建设的措施和流程 119
4.3 汽车专业校外实习基地管理 122
4.4 汽车专业校外实习突发事件处理 123

目录

第5章　汽车专业实践教学中的学生职业素养培养　127

5.1　职业素养概述 …………………………………………… 127
5.2　汽车专业实践教学中学生职业素养的培养 …………… 129
5.3　汽车专业高职学生职业素养评价体系 ………………… 131
5.4　汽车专业实训基地职业素质规范 ……………………… 133

第6章　汽车专业实践教学中的安全管理　138

6.1　汽车专业实践教学中安全管理存在的问题 …………… 138
6.2　汽车专业实践教学安全管理常态化 …………………… 139
6.3　汽车专业实践教学安全管理注意事项 ………………… 140

CONTENTS

第1章
概　　述

1.1　汽车专业实验实训教学的重要作用

(1) 高等职业教育特点

高等职业教育是我国高等教育的一个新的类型。高等职业教育的产生，加速了我国高等教育的发展，对我国整个民族素质的提高和综合国力的发展起到了巨大的推动作用。当前，党和国家把大力发展高等职业教育作为一项重大的战略决策加以实施。探讨高等职业教育的基本特征，对于我们把握高等职业教育的发展规律，创办有中国特色的高等职业教育体系具有重要意义。高等职业教育有以下几大特点。

① 培养目标的职业定向性。培养目标是人才培养的总原则和总方向。高等职业教育以社会需求为目标、以培养技术应用能力为主线设计培养方案，培养目标具有服务于特定职业岗位群或技术领域的强烈针对性，也就是说，高等职业教育培养的不是"通才"，而是具有综合职业能力、胜任某一具体岗位的专才，是能够在生产、建设、管理、服务第一线工作的高级技术应用型人才，具有从事本专业实际工作的全面素质和综合职业能力。这是一种具有明确职业价值取向和职业特征的高等教育。它与本科教育的最大区别在于明确的职业价值取向和职业特征，而与中等教育的最大区别在于它的高等教育属性。

② 教育教学的实践性。高等职业教育为了实现其培养目标，在教学内容、教学过程、教学手段、教学方式上突破了普通高等教育的模式，凸显了教学的实践性。高等职业教育教学以岗位需要、实践操作为目的，使受教育者和培训的对象熟练地掌握特定职业所需要的技术技能，具有较强的动手能力，掌握技术原理、熟悉技术操作。因此，高等职业教育的教学内容以应用技术为重点，在教学中突出教学的实践性，围绕实践组织教学内容。相对于普通高等教育，高等职业教育注重理论为实践服务，按照突出应用性、实践性的原则组织课程结构、更新教学内容。教学内容突出基础理论知识的应用和实践能力的培养，基础理论教学以必需、够用为度，专业课教学则重点突出针对性和应用性。

相对来说，高等职业教育更加重视实践教学环节。加强学生的生产实习和社会实践，其目的在于提高学生的技能水平，从而使学生能够适应职业岗位的要求，并进一步推进学生在取得学历证书的同时，获得职业资格证书。实践教学与理论教学并重，是高等职业教育与普通高等教育的主要区别，是高等职业教育的人才培养目标在教学计划和教学活动中的具体体现。实践教学对培养学生的实际操作能力尤为重要，因此，学校与社会、理论教学与实践教学要紧密结合，相互沟通、相互影响。

为适应高等职业教育的特点，教师在组织教学过程中，要针对学科的不同特点，采取讲授与合作探究相结合的双边互动式的教学方式，促进课堂教学与非课堂教学相结合，尤其要大力推广非课堂教学形式，诸如专题调研、现场观摩、劳模工作经验的介绍等。实训体验教学方式最能体现高职教学特色，它以理论教学为基础，采取多种形式，并借助于有效的教学设备参与完成这一实践教学过程。实训教学一般包括实验技能训练、单项技能训练、综合技能训练三大块。通过不同形式的实训教学，可以有效促进学生动手能力、处理和解决问题能力的提高，加深对岗位的职业体验。

③ 师资队伍的"双师型"。"双师素质"是高职院校师资队伍的一个重要特征。高等职业教育具有"高等"和"职业"双重属性，这一属性决定了其从业教师个体应具有双师素质。双师素质一般包括两层含义：一是能够传授专业理论知识；二是能指导专业实践，并具备相应的知识、素质、能力结构。知识结构包括围绕职业岗位的知识、技术及本专业领域的最新发展动态和新知识、新技术、新工艺等；素质结构包括良好的道德素质和职业素质，要求教师要树立正确的世界观、人生观和价值观，培养良好的角色意识、敬业精神、时效意识、团队精神等；能力结构包括教育教学能力、岗位实践能力、现代教育技术使用能力和科研能力等。

建设"双师型"的师资队伍是职业院校的办学特点所决定的，也是办好高等职业院校的基本条件。职业教育自身的鲜明特色要求教师不仅要具备扎实的理论知识和较高的教学水平，还要具有较强的专业实践能力和丰富的实际工作经验。要走院企挂钩、院所挂钩、与市场相结合的路子，"内培外聘"，多渠道、多方法，不断扩大"双师型"教师队伍，增加实践型、技能型教师的比例。同时，要根据每个学校、每个专业、每个教师的具体情况，合理安排学历层次和提高理论素质，为高等职业教育的健康发展提供强有力的保证。

④ 办学形式的开放性。开放办学是高等职业教育发展的必由之路。职业教育作为衔接学校教育和社会就业的纽带，必须具有开放性特点。职业教育的开放性主要表现在以下几个方面：一是由单一的正规教育向正规与非正规教育并存发展；二是由单一的学历教育向学历与非学历教育并存发展；三是由单一的职前教育向职前与职后教育并存发展；四是由单一学校教育向产教结合发展。具体来说，高等职业教育从功能上应体现出学历教育、岗位培训、全日与业余等相互结合的特点。这意味着，高等职业教育应改革招生和学籍管理模式，建立弹性学制，向各年龄段的社会公众提供脱产或在职学习培训，向一切在职的、失业的、转岗的群体提供教育与培训，促进教育、培训、服务一体化。

⑤ 毕业生的"双证型"。"双证型"教育是指学历教育和实施职业资格证书制度相结合。高职的学历教育旨在培养学生的专业技术知识，使之掌握一定的基础理论和认识能力，有较高的文化素质、较强的职业自我发展能力；职业资格证书是反映劳动者具备某种职业所需要的专门知识、特定技能的证书。

⑥ 专业设置的灵活性。高等职业教育要时刻关注市场的变化，调整专业结构，培养出市场所需要的各类人才。就业既是重大的经济问题，也是重大的政治问题。以就业为导向，是职业教育的定位，更是高等职业教育的核心问题。高职院校在专业设置中，首先考虑就业市场的需求，并根据职业需要来设置课程。社会在不断发展，经济结构、产业结构在不断变化，高等职业教育受社会经济所制约，专业设置具有一定的灵活性。尤其在经济全球化、社会信息化的今天，新技术、新工艺、新产业不断涌现。面对不断变化的新形势和新特点，高职院校要在充分调研和论证的基础上，确定专业调整方案，使所设专业既体现地方性又具有前瞻性。

同时，处理好专业设置稳定性与灵活性的关系具有重要的意义。专业设置在保持灵活性的同时必须具有一定的稳定性。高等职业教育具有连续性和周期长的特点，要形成专业特色和优势，必须经过不断探索、积累和完善的过程。从这个意义上来说，高等职业教育专业设置要具有相对的稳定性。没有一定的稳定性，不仅难以培养出高质量人才，还会造成原有教育资源的闲置和浪费。

⑦ 服务面向的区域性。高职院校大部分是地方院校，是地方经济发展的产物。因此，为地方经济建设和社会发展做贡献则成了其不可推卸的责任。高等职业教育要以就业为导向，紧紧围绕地方经济建设需要，找到地方经济发展与学校办学目标的结合点，培养服务于地方经济发展需要的高级应用型人才，形成地方经济、科技、教育之间相互促进的良性循环。

区域性这一特征是由区域经济的结构性和发展的不平衡性所决定的。不同地区的资源状况、产业结构、开发方向等有所不同，该区域所需要的人才岗位结构也就不同；不同地区的生产力状况、经济发展水平有所不同，该地区所需要的人才能力结构也就不尽相同。所以，高等职业教育必须研究区域经济发展所需要的人才类型，每所高职院校在确定培养目标时，要充分考虑院校所在地的区域经济状况，因地制宜地确定培养目标。

⑧ 课程建设的务实性。能否培养出适合企业或行业需求的高技能型人才，关键在于专业，而课程又是构成专业的主要因素。因此，课程建设成为培养模式的核心内容。课程建设必须围绕职业能力这个核心，以专业技术应用能力和岗位工作技能为主线，对课程进行优化衔接、定向选择、有机整合和合理排序。课程的整合要打破学科界限，本着强化能力、优化体系、合理组合、尊重认知规律、缩减课时的原则进行，不必考虑内容的系统性、完整性，而应突出课程的针对性、实用性、先进性和就业岗位群的适应性。

课程目标可以最集中、最具体地反映教育目的和培养目标的要求。高等职业教育的课程目标是培养学生的职业适应能力和应变能力。为此，高等职业教育课程目标的设定应面向整个职业，要把增强学生的职业适应能力和应变能力作为课程目标的基本要素。每一门学科的课程目标要明确地瞄准某种职业，与就业目标对接，体现其职业方向性，为学生毕业上岗提供良好的条件，帮助学生实现零距离上岗。课程内容是实现课程目标的重要载体，它能缩短毕业生与实际工作岗位的距离，高等职业教育课程强调以职业所需的能力为主线，课程内容包括了胜任岗位职责所需专业知识、工作技能和工作态度的培养，包括了职业角色对从业者的各项能力要求。课程内容的职业化、务实性，是我国高等职业教育发展的必然趋势。教学内容要强调以"必需、够用"为度，在教学中不再突出学科体系的逻辑严密性，而是强调把职业资格标准融入课程体系，推动课程教学与职业资格考试在教学内涵上的整合。

(2) 高等职业教育人才培养

人才培养目标是"根据一定的教育目的和约束条件，对教育活动的预期结果，即学生的预期发展状态所作的'规定'"，它提出了关于人才培养的基本规格要求和质量标准。不同时期，不同规模、不同层次的学校都有着不同的培养目标。随着时代的发展，学校的人才培养目标也会跟着发生变化。2000年教育部在《教育部关于加强高职高专教育人才培养工作的意见》中指出高职高专教育人才培养模式的基本特征是以培养高等技术应用性专门人才为根本任务；以适应社会需要为目标、以培养技术应用能力为主线设计学生的知识、能力、素质结构和培养方案，毕业生应具有基础理论知识适度、技术应用能力强、知识面较宽、素质高等特点。以"应用"为主旨和特征构建课程和教学内容体系；实践教学的主要目的是培养学生的技术应用能力，并在教学计划中占有较大比重；"双师型"（既是教师，又是工程师或会计师等）教师队伍建设是提高高职高专教育教学质量的关键；学校与社会用人部门结合、师生与实际劳动者结合、理论与实践结合是人才培养的基本途径。高职高专不同类型的院校都要按照培养高等技术应用性专门人才的共同宗旨和上述特征，相互学习、共同提高、协作攻关、各创特色。

2006年教育部《关于以就业为导向深化高等职业教育改革的若干意见》指出高职院校的培养目标是高等职业教育应以服务为宗旨，以就业为导向，以培养生产、建设、管理、服务第一线需要的技术应用性人才。由于各院校的生源质量、办学条件、专业岗位存在显著差异，教育部并未对高技能人才的知识结构、能力结构和素质结构等规格做出具体规定，因此各高职院校对人才培养目标的细化存在充足的空间。深入分析教育部的指导意见中关于培养目标的说明，不难发现，高职院校人才培养目标的定位应从高职院校的实际出发，在满足企业需求、社会需求的同时，必须兼顾学生需求。

① 高职院校人才培养目标的定位应符合企业需求。根据教育部的指导意见，高职院校需要面向生产培养具有良好职业道德的技能型人才。人才作为一种比较特殊的经济资源，是生产过程中的能动要素。作为企业，首先需要的就是人才（员工）。按企业人才（员工）的层次结构不同，企业需要的人才大致可以划分为经验型、技能型和智慧型三类，这三类人才在企业的发展过程中有着无可替代的作用。

经验型人才一般是指从行业底层做起，通过亲身经历，从多次实践中得到知识或技能，有丰富的行业经验的员工。通常由于学历不够，学习能力和提升能力不强，导致其对新知识领悟能力不足，因此应变能力和创造能力也比较欠缺。但他们的经验能够完成许多工作，为企业带来良好的经济效益和社会效益。

技能型人才是指在生产、运输和服务等领域一线岗位的从业人员中，掌握专门知识和技术，具备精湛的操作技能，并在工作实践中能够运用自己的技术和能力解决关键技术和工艺操作性难题的员工，如IT业的软件工程师。他们全面性不够，缺乏对市场、品牌、消费行为的认知。随着科学技术的飞速发展，对技能型人才的要求也越来越高。

智慧型人才指的是那些不仅在专业技能方面有突出的经验，而且具有较高相关技能的员工。他们对市场具有敏锐的洞察力，能够审时度势操控全局，具备创新精神和创新能力以及良好的团队协调能力，他们属于高素质人才。

② 高职院校人才培养目标的定位应符合社会需求。在现阶段国家进行规模跨越式发展的过程中，党和政府已经明确了推进高职教育人才培养模式转型的改革要求，确立了应用型人才培养在高等职业教育中的地位，加强了高等职业院校与广大企业和社会各界的密切联系，从而实现了高等教育的大众化，推动了国家的教育公平乃至整个社会的和谐发展。随着我国经济的发展，社会对各类人才的要求也不断提高，从单纯注重学历到现在的能力与学历并重，乃至对职业道德素质的高度重视，人才培养的规格、内涵也不断地发生着变化，终身学习成为符合时代、社会及个人的普遍需求，"自我学习"成为现代社会第一能力，成为人们在现代社会中竞争制胜的法宝，成为人们自主生存和发展的前提条件。

③ 高职院校人才培养目标的定位应符合学生的需求。目的通常是指行为主体根据自身的需要，想要达到的地点或境地，或者是想要得到的结果。人的实践活动以目的为依据，目的贯穿实践过程的始终。那么高职生读高职的目的是什么？通过调查数据显示，高职生读高职的主要目的在于就业、学习技能、专升本。但数据背后隐藏的是，所有高职学生读高职的目的均是为了获得人生中更好的发展机会。作为高职院校，学生的利益应作为定位人才培养目标的依据之一，并在制定的人才培养方案中进行体现，促使学生掌握相应的科学文化知识和专业知识，培养出适应社会需求、满足企业要求的合格毕业生，为学生拥有全面发展的素质奠定基础。

可见，无论从企业需要、社会需求出发，还是从学生的根本利益着手，高职院校都需要培养出现代企业需要的素质相对较高、知识能力较强的员工型人才，对知识不断学习更新、对新技术不断主动探索追求、促进自我完善的学习型人才，在德智体美各方面和谐发展的全面发展型人才。高职院校的人才培养目标定位应该是员工型、学习型、全面发展型这三型人才的培养。

因此，高等职业教育人才培养目标需满足以下要求：要使学生获得就业谋生所必需的岗位技术能力与职业素质；使学生具备一生职业发展与迁移所必需的相对完整的某一专业技术领域的知识、能力与素质结构；尽可能在人文素质、思维方法及终身学习能力等方面，为学生成就其人生的事业打好一定的基础。总之，其培养、培训过程及每一个环节都要以掌握岗位技能为目的，把培养目标与劳动力市场的需求及生产一线的实际需要紧密地结合在一起，培养目标具有明确的职业定向性。

(3) 实践教学在高等职业教育中的重要性

① 注重实践教学有利于优化教学体系。高职院校与普通院校相比，优势在于高职院校会重点培养学生的操作能力和技术水平，那么高职院校的学生在毕业之后，就能够比普通院校的学生掌握更多的操作能力。然而目前高职院校的教学方式缺乏实验实训能力，使其丧失了自身的特点和优势。所以高职院校还需要秉承特点，重视培养专业技术人才，注重理论和实践的结合，培养实践型人才。而在教学过程中，要培养技术型人才，就需要加强实践教学。在高职院校中，就需要突出技能的培养。因此，高职院校需要注重实践教学，培养学生的实践能力。

在加强实践教学的过程中，还需要注重学生的个性发展，不能千篇一律地让所有的学生使用同一种方式进行学习，需要树立合理的教学观念，使用合理的教学模式。加强实践教学是为了将理论与实践相结合，是为了让学生更好地应用知识，所以在加强实践教学的同时，同样不能忽视理论的教学，要让学生注重理论的学习，并且在实践教学的过程中注重理论和实践的结合，才能够促进实践教学的进步，优化教学改革。学校需要对市场进行调研，观察目前社会需要什么样的人才，然后有方向、有针对性地对学生进行实践教学。树立合适的人才培养目标，整合理论知识、实践能力等内容，对学生进行实践教学，提升学生的综合能力，优化教学体系。

② 注重实践教学有利于理论与实践紧密结合。注重实践教学，并不是要将理论教学和实践教学分割开来，而是要更加注重理论和实践的联系。如果只注重理论而不注重实践，那么学生即使学习成绩非常好，也只是"纸上谈兵"，在真正进入工作岗位之后也很难适应企业的工作节奏，还需要很长的时间去学习基本的操作，学习实践内容。而如果过于注重实践而不注重理论，那么学生就很容易"知其然而不知其所以然"，只懂得器械如何操作，却不知道这样操作的原理，并不利于学生的长远发展。所以还是要注重理论和实践的结合，提升学生的综合能力。

在高职院校中，对学生进行实践教学，就需要对学生进行合适的引导，引导学生积极地参与到实践活动中去。不仅仅是实践教学，还应该多参加实践活动来培养对实践的兴趣。例如对于电气专业的学生，就可以举办一些电路连接的竞赛，让学生参与其中，获得乐趣和成就感后自然会对实践学习充满兴趣。在这个过程中，也是理论转化为实践的过程，可以帮助学生理解理论知识，将知识掌握得更加全面。实践教学的内容要与实际紧密联系，不能脱离实际，脱离实际的实践教学是无效的。内容也需要根据社会的发展不断地革新，才能够让学生的实践能力与社会的需求接轨。

③ 注重实践教学有利于创新型人才的培养。加强高职院校的实践教学，不仅仅是要学

生加强理论与实践的联系，还需要学生在加强实践能力的过程中，提升创新能力和自主学习能力。在高校中，开展实践教学课程，学生就会在各个企业中进行实践，在实践过程中，就可以掌握很多实际操作技能，亲身体验生产的过程，就能够更加熟练地在实际的生产过程中将理论知识活学活用。只有真正提高人才的质量，才能够提升教育的水准，要培养合格的有利于社会发展的人才，还是需要提高人才的能力，提升实践能力和创新能力，这样才能有效地推动我国科技的发展。加强实践教学，让学生能够将理论和实践相结合，加强对理论内容的理解和思考，就能够在实践中有自己的想法，多加实践，就能够有一定的创新。这样可以使学生具有更强的实际应用能力，学会思考所学的内容，并加以创新，有助于高职院校培养创新型人才。

④ 高校实践教学管理可以促进学生成功就业。目前，社会的发展非常迅速，对于应届生的要求也越来越高，很多高校毕业生都面临着就业难的问题，那么只有学生不断地提升自己的能力，才能够在就业中占取先机。所以高校就需要开展实践教学，让学生能够在在校期间尽量多地掌握实践技能，那么在毕业之后就能够具有更多的就业优势。

(4) 汽车专业实验实训教学的作用

汽车专业是一个实践性很强的专业，因此对学生实训教学的要求明显不同于其他专业。对高职高专院校来说，都非常注重实训教学环节，这是一个培养学生专业操作技能的平台。以汽车运用与维修专业为例，该专业在各类学校已有一段较长的发展时间，但随着我国汽车工业的迅速发展，大量电子技术、计算机技术在汽车上的应用，汽车检测与维修行业技术内容发生了很大的变化，因此要求学校的教学内容和教学方式要进行深层次的改革。尽管各相关学校对汽车类专业课程设置尤其实践教学的内容和方式存在着争议和分歧，但实践教学在汽车类专业教育的重要性越来越得到专业教师和有关专家的认可。

目前高等职业教育汽车类专业教学在很大程度上沿袭了中等学校或套用本科学校的教学方式。传统理论与实践基本上有以下两种方式：一种方式是在完成一定理论课程后，学生集中时间进行实训；另一种方式是理论课程完全在教室内由理论课教师完成，实训环节由实训教师在实训室中完成。这两种方式基本上袭用了大学本科教学模式，优点是便于教学组织和规范化，便于教学检查和教学评估；缺点是把理论教学和实践教学进行了物理和时空分割。由于大学教学的实验是基于科学验证和科学探索，培养的对象是科学工作者，对时间和时空的要求不高；而高等职业教学是为社会培养数以千计的高技能人才，其开设实训课程目的在于提高学生劳动技能与培养处理问题、解决问题的方法和思路。同时由于目前高等职业技术学校生源的实际情况，使学生进行过多的理论学习或理论与实践分开教学，对学生掌握知识和技能会造成较大的难度，因此高等职业教学中实践教学的方式与大学教学的实践教学方式存在着较大的区别，在汽车检测与维修专业中尤为明显。通过深入有关学校和企业调查与研究，缩短纯理论教学时间，把相关的理论教学内容和实践教学结合起来，即进行理论实训一体化教学，把部分课程改在实训室进行授课，让学生边学习边操作，实际操作与理论学习相融合，使学生理论知识的学习与动手能力的培养相互促进，并在实训中培养思考问题、解决问题的能力。由于汽车类专业的特殊性，要确保实践和理论教学课时比例不低于 $1:1$。

汽车类专业实践教学的建设对于提高学生的实践操作能力、促进学生的未来就业发展有着积极的意义。目前我国中高职院校汽车类专业实践教学建设中还存在较多的问题，影响学生的全面发展。新时期要推动汽车类专业实践教学的发展要求学校和教师能够转变过去的思想观念，从课程设计、基础设施完善以及教师队伍建设等方面着手，完善实践教学体系，提高实践教学的有效性。

1.2　汽车专业实训基地建设的必要性及重要意义

加强实训基地建设是办好高等职业教育的关键所在。实训教学是培养学生创造能力、开发能力、独立分析和解决问题的能力，全面提高高职学生素质的重要教学环节。学生通过实训，受到良好的技能训练，掌握当前一线所需要具备的关键技术和职业技能，使就业通道畅通，能够更好地适应社会的需要。高等职业教育最显著的办学特色在于技能性、实践性和职业性。实训基地是高等职业教育中对学生实施职业技能训练和职业素质培养的必备条件，也是高等职业教育办出特色、提高质量的基础性建设。要实现高等职业教育的培养目标，除了依靠先进的办学理念、正确的治校策略外，还需要加强实训基地的建设，才能够达到培养社会急需的能将最新科学技术成果与生产实际相衔接的高技能人才的目的。在发展高等职业教育方面，经过近几年的探索，大家已越来越认识到在目前我国高技能人才十分紧缺的情况下，实训基地建设已成为推动高职教育发展的重要环节。

(1) 加强实训基地建设是实现高等职业技术教育目标的必然要求

实训基地是实现高等职业教育目标的重要条件之一。教育部《关于加强高职高专教育人才培养工作的意见》（高教〔2002〕2号）文件指出，高职高专培养的"学生应在具有必要的基础理论知识和专门知识的基础上，重点掌握从事本专业领域实际工作的基本能力和基本技能，具有良好的职业道德和敬业精神"。培养生产、建设、服务、管理第一线的有较强实际动手能力和职业能力的技能型人才，是高等职业技术教育的根本任务。高等职业技术教育培养技能型人才的目标，不仅要求学生在校期间要获得学历证书，而且还要获得相应的职业资格证书或执业资格证书。这就决定了学生在校内就应该熟练掌握所学专业的关键技能，以适应未来就业的需要。在实训基地中对学生进行实际训练，是培养学生专业领域实际工作的基本能力、基本技能和职业素质的关键环节。学校必须提供与其专业相适应的具有一定职业环境的实训条件。

突出实训是高等职业教育的重要特征。高等职业教育是一种以职业能力为基础的教育，既具有职业技术的属性，又具有高等教育的属性。实践教学是高职教育实现综合职业能力培养的重要环节，也是培养应用型人才的客观要求。高职高专学生与一般普通高校学生的明显区别是有很强的实践动手能力。实训基地是培养学生实践动手能力的主要场所。实训基地的教学基础设施、工作状况和组织管理将直接反映一所高职高专院校的教学质量、教学水平和管理水平。

实训基地建设是发展高职教育的需要。高职教育是一种以能力为基础的教育，在培养学生方面，高等职业技术教育实行的是双证书制度，要求学生在取得学历证书的同时必须取得技术等级证书或岗位资格证书；在学时比例方面，高等职业技术教育的实践教学和理论教学的比例不低于1∶1；在教学模式方面，高等职业技术教育不同于普通高等教育那样注重知识的系统性、完整性，更加强调的是职业能力的综合性、实用性。普通高等教育的实验主要是对理论进行一些传统的验证性实验，很少有现代高技术的设计性实验，普通高等教育学生在车间实习时，大多是了解操作加工的工序和原理，很少有紧跟现代社会发展前沿的综合性强的动手操作训练项目，这恰恰是高等职业技术教育所强调的，是高等职业技术教育的特色，也是单纯依靠教学实验环节和教学实习环节无法解决的现实问题。因此，高等职业技术教育在实践条件上要高于普通高等教育。据发达国家统计表明：职业教育成本是普通教育成本的2.5倍。但目前我国高等职业技术教育办学经费筹措渠道不畅，造成实训基地建设的投入不够，实训的手段比较落后，使学生缺少动手实践的机会，造成毕业生质量普遍不高。

可见，利用一切力量建设紧跟现代社会科技、生产、服务、管理发展前沿的实训基地，使学生能够在特定的职业氛围条件下训练其应该具备的职业素质和职业道德，是高等职业技术教育发展的必然要求。

（2）我国经济发展对高等职业技术人才培养工作提出了新要求

根据教育部《关于加强高职高专教育人才培养工作的意见》，高等职业教育培养的人才是具有从事本专业实际工作的综合职业能力的高技能应用型人才。因此，高职毕业生不但要懂得某一专业的基础理论与基本知识，更重要的是他们具有某一岗位群所需要的生产操作和组织能力，善于将技术意图或工程图纸转化为物质实体，并能在生产现场进行技术指导和组织管理，解决生产中的实际问题。随着社会生产力的快速发展，许多行业产业化进程的进一步加快，生产水平不断提高，产品产量大幅度提高，已经由过去的买方市场逐渐向卖方市场转化，出现结构性供大于求，企业要继续生存和发展，迫切需要大批掌握本专业技术应用的技能型人才。这也造成非常普遍的人才供需矛盾，一方面是缺乏专业技能的毕业生难以就业，另一方面是企业招不到所需的专业技能人才。"高薪难聘高级技工"已成为全社会各行各业普遍关注的热点问题，也已引起中央领导的高度重视，党中央明确提出人才强国战略和"造就数以亿计的高素质劳动者，数以千万计的专门人才和一大批拔尖创新人才"的目标。

高职高专院校在培养学生的教学计划中，必须注重专业技能的反复训导，在教学计划中列出其所学专业的关键技能的教学目标，甚至能在实习期间找到较为满意的工作岗位。但目前高等职业教育实训基地建设的滞后已成为阻碍这一教育目标的实现。

（3）加强实训基地建设，实现高职教育可持续发展

高等教育大众化要求高校规模不断扩大，人们对高等职业技术教育的认可程度逐渐提高，报考的学生日益增加，高等职业技术教育得到了突飞猛进的发展，在高等教育中的地位巩固。学生在校学习期间就掌握了生产、建设、管理、服务第一线岗位群技术应用的技能，毕业就业后能够在生产岗位上尽快适应企业的需要，受到用人单位的欢迎，学生就业渠道畅通。高质量的就业使报考的学生越来越多，生源的质量越来越好。如此良性循环，提高了学校的办学经济效益和社会效益，高职院校也因此能够持续发展，更好地肩负起职业教育为祖国建设培养技能型人才这一重大而急迫的历史使命，而实训基地的建设，正是实现这一历史使命的物质保障。由此可以看出，实训基地的建设是实现高职高专教育培养目标的需要；是实践教学和提高实践能力的需要；是理论与实践相结合的需要；是提高教学质量、使就业渠道畅通的需要；也是高等职业技术教育健康可持续发展的需要。

（4）目前高等职业技术教育实训基地建设中存在的问题

目前我国实训基地学生人均占有教学仪器设备总值偏低；设备陈旧、落后，新技术、新工艺设备缺乏，技能培训与鉴定场地狭窄；智能化、信息化的实训设备有待开发，实训内容的高新技术含量不多，针对现代高新技术的实训内容还不能很好地开展；实训师资、实训教材急需建设；实训的教学及管理手段相对落后，没有真正形成以提高学生高新技术运用能力和创新能力为中心的高职实训教学模式；对终身学习的实践教学框架还没有完全形成。

高等职业技术教育实训基地建设应以国际高等职业教育的发展趋势为先导，以培养学生技术应用能力和职业素质为主旨，以行业科技和社会发展的先进水平为标准，以学校发展规划目标所设专业的实际需要为依据，充分体现先进性、适用性、多层次性、科学性与终身性，与生产、建设、管理、服务第一线相一致，形成真实或仿真的职业环境。因此，面对二十一世纪科学技术和信息技术飞速发展的环境，如何运用现代化技术提高实训设备的技术含量，如何运用信息技术进行教学和管理，如何使实训教学更贴近高科技企业的实际，更适应迅猛发展的高新技术对人才的要求及终身学习的需要，是我们在高等职业技术教育实训基地建设中亟待解决的理论与实践课题。

（5）汽车专业实训基地建设的重要意义

高职汽车实训基地建设，是满足社会经济发展对汽车高技能应用型人才需求的重要保障。高职汽车实训基地是培养汽车专业人才的主要场所，是汽车专业教学的主要课堂，承担着汽车技术人才培养和师资队伍建设的重要任务。高职汽车实训基地建设，可以实现教学、科研、生产三方面相结合，既有利于学生的实践教学，又有利于提高消费者的满意度和舒适度；既为学校带来经济效益和社会效益，又促进汽车产业和汽车消费的发展。

高职汽车实训基地建设，是完成专业培养目标的必要条件。汽车行业国际化高速发展背景下，高技能汽车人才供不应求。这种汽车人才除要掌握丰富的理论知识外，更应具备较强的实践动手能力。通过汽车实训基地办学条件和教学质量的提升，实现校企互通，双向流动，保证实训教学效果，有效保持专业教学内容的先进性和前瞻性，提高人才培养的针对性和适应性，提升学生的创新能力和实践能力，真正做到因需施教。

高职汽车实训基地建设，是培养学生实际操作能力的关键举措。本着"以服务为宗旨、以就业为导向"的办学方针，培养社会和企业需要的汽车专业人才，重点提高学生的实践能力、职业技能。高职院校完备的实训基地建设，可以使学生在真实职业环境中进行学习训练，强化对专业课程的理解、把握，做到理论联系实际，有效缩短毕业生与企业的磨合期，让学生能够很快适应社会环境，满足社会、市场和企业等方面对汽车专业人才的需求。

此外，汽车专业实验室建设的重要性主要体现在以下几个方面。

① 适应经济社会发展，培养汽车专业人才的需要。改革开放以来，我国汽车工业快速发展，作为高档消费品的汽车已逐渐走进普通家庭。庞大的汽车市场对汽车制造、销售服务、维修保养、检测与管理所需人员急剧增加。懂得专业基础理论知识，又具有岗位生产操作和组织能力的高素质劳动者，更是得到企业的青睐。这也是汽车相关专业在高校尤其是职业技术学院应运而生的社会背景。要满足社会对汽车专业人才的需求，办好汽车专业，在职业院校建设汽车实验室十分重要。只有建好实验室，充分发挥实验室的实验实训作用，才能为社会输送合格的技术人才。

② 教学的需要。职业技术学院培养的目标是技能型人才和高素质劳动者，教学中提倡理论与实践1∶1教学，采用理论够用，实践为主的教学方法，强调理论和实践相结合，着重对学生动手能力的培养。汽车实验室的建设，为教学提供了理论和实践相结合的课堂，为学生提供了实验实训的场所，对巩固教学理论知识，提高学生的实践能力、创造能力、就业能力以及创业能力具有举足轻重的地位。

③ 促进学生就业的需要。就业是民生之本。学生到职业院校学习，目的是通过理论学习和技能培训，能够在社会上找到一份理想的工作。在当前就业形势十分严峻的情况下，学生只有动手能力强、实践水平高、上岗适应快，才能在激烈的就业竞争中脱颖而出。汽车专业的职业性、技术性、实用性特点，决定了培养学生必须加强实验室建设，强化学生的实验实训，打好基础，使学生练就与就业岗位相对接的过硬的专业技能，让学生在校期间就具备顶岗实习的条件，出校即可胜任岗位工作的职业要求，以促进学生就业。在这方面，汽车实验室的作用是无法替代的。

1.3 汽车专业高职实训基地建设原则

实训基地建设直接影响着职业院校人才培养的规模和质量。随着职业教育改革与发展的不断深入，为了突出职业教育特点，办出职业教育特色，培养学生的实际动手操作能力，更好地增强职业院校的吸引力，职业院校实训基地建设的重要性和紧迫性日益彰显，需要准确定位，使实训基地建设紧贴学校人才培养目标，更好地发挥应有的效应。

（1）实训基地功能定位

① 实训基地功能定位的意义和目标。职业教育实训基地的功能是它在人才培养活动和服务于经济社会发展活动中所发挥的具体作用。结合国内外职业教育实践和相关文献，特别是近几年中央财政支持的职业教育国家级实训基地建设最新发展情况来看，实训基地的功能也有了一些新的发展，总结起来主要有教学、教师培训和社会培训、职业技能鉴定、生产、科研、技术服务、国际交流合作、示范辐射等。

人才培养是职业院校服务于经济社会发展最主要的任务和形式。人才培养目标由社会需求决定，受不同地域经济和技术发展状况影响。实训基地功能不仅要切合人才培养规格、培养目标和实践教学质量的内在要求，还受资金、政策、区域技术发展和经济发展情况等外部因素的制约。因此，在这些限制下，实训基地建设能实现的功能、所服务的对象范围也会有一定的局限，会有主次、缓急之分，不同学校之间实训基地的功能也会有明显的差异，建设方案和经验不能直接移植和复制。不同性质、不同类型、不同规模、不同地域的学校只有根据自身的实际和人才培养目标科学合理地确定实训基地应具备的功能范围和程度，围绕功能目标进行具体规划和建设，才能避免盲目性，有效提高实践教学质量和资源利用效率，最大限度地为社会经济发展服务。

实训基地功能定位的目标是通过确定实训基地应具备哪些功能，明确这些功能服务的对象、范围，要达到的程度和预期生效时间，各功能的具体任务，从而也就最终形成了科学合理、明确具体的实训基地建设目标，为制订和实施建设方案提供依据。

② 实训基地功能的归类。为了使实训基地建设的功能定位更准确，更切合实际情况，根据各功能与职业院校人才培养使命相关的程度，把各种具体功能归为基本功能和扩展功能两大类。

功能归类	功能	与大规模人才培养的关系
基本功能	教学、培训、鉴定	直接制约人才培养规模、质量和就业竞争力
扩展功能	生产、科研、技术服务、国际交流合作、示范辐射	影响师资水平、实训环境和实训教学模式，从而也对人才培养质量产生重要影响

职业院校是技能型人才规模化培养的主要场所，主要通过提供合格人才服务于经济社会发展，因此与学校人才培养规模和质量直接相关的教学、培训、鉴定功能是实训基地应具备的基本功能。生产、科研、技术服务、国际交流合作和示范辐射等功能，虽然也都服务于经济社会发展，并对人才培养产生重要影响，但与人才培养联系的紧密程度和直接程度不及基本功能，为了区分主次，将其界定为实训基地的扩展功能。不同职业院校人才培养定位不同，其所在区域经济发展水平也有差异，加上实训基地建设基础和经费等限制，基本功能和扩展功能所包含的具体功能并非完全相同，侧重点也应有所差别。

③ 实训基地不同功能的主要任务。

a. 基本功能。是实训基地建设必须着重保证的功能，否则基地建设就不能达到提高人才培养质量的根本目标。

教学功能。此功能是指实训基地承担实验、实习、实训等多种形式的实践教学或理论实践一体化教学的任务。教学功能的主要任务有三个：提高学生实践操作技能和就业竞争优势，实训、实习等实践教学环节让学生获得基本理论与实践技能的综合训练，加深对专业知识的理解和综合应用，是培养岗位技能和就业竞争力的重要环节；树立正确的职业态度，形成良好的职业素养，高职技能型人才是生产、服务、管理一线的重要力量，应当具备吃苦耐劳的精神、严谨认真的工作态度、过硬的安全文明生产作风和质量安全环保意识，实训基地通过提供真实的工作情境和岗位体验，使学生获得适应工作岗位并持续发展的基本职业素养；培养一线人才的创新精神和创造能力，教学中是否坚持素质教育的理念，能否注重启发探究，注重个性特点，引导讨论思考，激发学生对现在生产设备、工艺方法或服务设施、服务流程进行分析、研究，提出改进意见，尊重学生意见和思考，鼓励批判反思是影响学生能否具备创新精神的关键，实践教学要依托实训环境在创新精神等培养目标上发挥积极作用。由此可见，实训基地建设是直接制约技能人才培养规模和质量的首要因素，其教学功能是最主要的功能，必须得以优先实现，充分发挥。

培训功能。培训主要是正常教学计划外为满足学生不同层次的个性化发展目标开展的岗位技能和职业素质训练，可以针对在校学生的技能提升，也可以是针对教师或外校学生的社会培训。

技能鉴定功能。技能鉴定是对学生或培训者的特定职业岗位技能进行考核评判，并对合格者颁发相应等级的职业资格证书，使其获得职业准入资格。培训和技能鉴定两者常联系在一起。当前职业学校培训、鉴定对象以学生为主，社会人员所占比重少。实训基地在农村劳动力转移培训和下岗职工再就业培训、承接外校学生培训等方面所起的作用还有待加强，作为一种人才培养和社会服务的方式，应当得到不断发展。

b. 扩展功能。

生产功能。此功能往往体现为实训基地承接外协加工或开展经营性服务等类业务，学生通过"真刀真枪"的产品加工或上岗服务，可以获得良好的技能和职业素质训练。

科研、技术服务功能。这是指职业院校以基地为依托，承担科研课题，与企业开展联合，解决生产技术问题，提供技术指导。这是学校直接创造科研成果，或转化科技成果，服务于地方经济的方式。以上扩展功能同时也是加强教师与生产或服务实践的联系，提高师资实践能力和专业水平，改变人才培养模式的手段，通过这种产教研结合方式能强化学生的质量、安全、环保、责任意识和技能水平，可提高人才培养质量，因而也是要充分挖掘潜力的功能。

示范辐射功能。这是指某些实训基地达到较高的建设水平，取得良好的建设效益，为同类学校提供示范、指导和借鉴。

国际交流合作功能。实训基地以独具特色的教学模式和较高的教学水平，与国外职教同行广泛合作，共同研究，相互借鉴经验，扩大我国职教的国际影响力。

扩展功能在充分发挥实训基地资源效用，提高人才培养质量方面也起着重要的作用，在优先保证基本功能的同时，各校应当根据自身实际规划充分挖掘扩展功能。

（2）实训基地的建设原则

功能定位研究解决的是实训基地建设的目标，而在具体建设过程中，如何围绕要达到的功能目标确定具体的建设方案，如何把握设备、设施的档次和配置，如何确定各建设项目的先后主次，都要有一定的建设思路和原则来指导解决建设中所遇到的各种问题。结合各职业院校实训基地建设的经验总结如下原则。

① 整体性原则。建设方案的制订和实施要整体规划，全盘考虑。既要科学配置硬件设施，使设备设施的类型、数量、技术水平与学生培养规模和教学目标相适应，又要重视软件环境的建设，在师资建设、实训教学内容、管理制度等方面与实训基地建设相配套，使实训基地的硬件与软件建设协调同步，相互促进，以充分发挥实训基地的功能。

② 先进性原则。随着技术装备、服务水平和管理技术的不断发展，对岗位从业者的综

合素质和专业技能提出了更高的要求，实训内容必须体现本专业领域新水平、新理念、新技术和新工艺。实训基地的设备配置固然不能一味追求高水平，但必须与生产和服务现场的水平基本同步，同时，在组织管理、师资队伍和实训内容等方面也要主动适应市场不断发展的要求。

③ 真实性原则。实训基地建设要充分体现生产或服务现场的特点，无论是机构的组成、设备的布局、实训项目的设置以及考核评价体系的建立都应按企业生产或服务要求进行，具有与社会上的生产和服务场所尽可能一致的、针对性很强的实训工位。通过创设真实的职业环境，注重对学生岗位能力、关键能力的培养，提高学生的实际操作水平和综合素质，通过实训达到零距离上岗的基本要求。

④ 开放性原则。实训基地建设应遵循面向广大师生、面向社会开放的原则，最大限度地实现资源共享，并拓宽建设资金和设备来源渠道，使之成为技能型紧缺人才的培养培训基地、工学结合的平台、实训与生产内容的载体、校企合作的契合点。注意吸引企业在实训基地建立企业设备、企业文化的展示窗口，为实训基地提供实训设备和资源。吸引企业与实训基地合作设立产品研发试制中心，促进校企联盟，互补互助，统筹人才、资金和技术资源。加强校际交流与合作，把有限的资源相对集中，合作建设高水准实训基地，减少低层次重复投资，提高实训基地资源利用效率。

⑤ 效益性原则。实训基地建设最大限度地保证学生获得有足够时间的、高质量"真刀真枪"的实际技能训练。一是建立健全包括技术管理、设备管理、人员管理、固定资产管理与其他各项管理在内的各项制度，使实训基地做到人员结构合理，岗位职责明确，运行规范有序，考核办法完备，通过制度确保实训目标的实现；二是积极探索校企合作、校际共建、工学结合的新路子，积极开展技术服务项目，变消耗型实训为效益型实训。

⑥ 持续性原则。实训基地必须高度重视持续运行能力建设。一是要充分发挥实训基地社会服务的功能，增强实训基地自身的"造血"能力；二是要根据技术发展变化动态调整实训项目，提高实训教学和技能培训的有效性；三是要及时更新和添置实训设备，不断提高实训装备水平、技术水平、管理水平和服务能力，使实训基地能够适应社会生产技术和管理水平不断进步的要求。

（3）汽车专业实训基地建设原则

① 建设指导思想。实训基地建设是体现国家级重点建设学科的主要特征之一，是实现办学特色的主要保证。汽车实训基地作为汽车应用类课程的实践教学平台，为学生参与实践教学和参加各种职业技能鉴定，以及教师努力提高自身专业素质提供了良好的环境。项目建设总体规划包括两个方面。

a.建设人才培养基地，紧跟世界汽车技术发展潮流，围绕汽车新技术的应用和汽车"后市场"的发展对人才培养的要求，设立实践教学项目。

b.建设中小企业技术服务平台，在汽车电子控制技术、汽车检测技术等方向上重点建设，形成中小企业技术开发平台。

② 建设目标。

a.建设现代化的"理实一体"专业教室，结合汽车专业的特点，充分运用现代化教学手段和实物教学手段，构建理论实践相融合的教学课堂，使学生动脑动手，理论实践融会贯通，知识和技能同步提高。计划新建汽车仿真实训室、汽车电控技术教室，并开发相应的教材。

b.建立创新教学区，培养学生创新能力和工程实践能力，校内实训基地的专项训练室，为专业教师开展科研开发工作提供了一个很好的场所，同时也为学生开展学习创新活动提供了平台。结合师资和实训资源为学生社团等开展创新教育，引入导师制。使学生在老师的指导下，完成发动机电控技术示教板系统、发动机台架、多媒体课件等项目。

c.建设集教学、科研、学生实训和社会服务等功能于一体的综合性汽车工程实训中心，汽车制造和维修技术的发展非常迅速，可及时了解、掌握汽车领域的新知识、新技术、新工艺和新方法，保持教学内容的先进性和前瞻性，并持续不断地对实验实训设备进行更新，使其具有资源共享的机制，可面向社会，对本地区高职院校汽车运用相关专业学生及社会从业人员进行教学实训和职业技能培训及职业技能鉴定。

1.4 汽车专业实验实训教学主要类型

(1) 按教学内容分类

① 实验教学。实验，是学生在教师的指导下，利用一定的设备、仪器和材料，在一定条件控制下，引起实验现象或过程的变化，从观察、测定和分析这些变化而获得直接知识和实验技能，进而促使理论与实践相结合的一种实践性教学形式。实验是学生获得感性经验的重要途径，是形成、发展、检验理论知识的实践基础。实验可把一定的直接知识同书本知识联系起来，还可以培养学生独立探索能力和科学探究兴趣。可见，实验是高职院校教学中培养学生实验技能、改变能力结构的重要环节。

实验按时间的不同可分为学习理论知识前取得感性认识的实验、学习理论知识后验证性实验和巩固知识的实验，以及培养实验技能和提高实验能力的实验。按目标的不同可分为定性实验、定量实验、析因实验、模拟实验、模型实验等。高职院校的实验教学也可分为如下几种。

a.演示性实验。它是教师在教学过程中所进行的表演性或示范性实验。

b.观察性实验。它是通过细微、系统、反复观察研究对象的位置、分布、状态、运动等现象，寻求其特有规律和本质的实验。

c.验证性实验。它是理论联系实际的一种表现，可使学生深入理解和巩固所学的理论知识。

d.操作性实验。它使学生在学会各类参数的测试方法的同时，能正确而熟练地使用、检验最基本的仪器设备，能独立安装和调试一些常用的、简单的仪器设备，能排除常见故障，维修一般仪器。

e.设计性实验。它是在教师的指导下，让学生根据实验目的和要求，进行实验设计（确定方案、安排步骤、选择方法）并独立操作，直至完成全部实验，处理实验结果，做出实验报告。

f.分析性实验。它是侧重于训练学生对实验现象和实验结果进行定性分析和定量分析的实验。

g.综合性实验。它是蕴含多方面知识、多学科内容、多因素要求的复杂程度较高的教学实验。

h.探索性实验。它是学生在不知晓实验结果的前提下，通过自己实验、探索、分析、研究得出结论，从而形成科学概念的一种认知活动。

② 课程设计。课程设计是指学生在教师指导下运用一门或几门课程的知识与技能，解决具有一定综合性问题的一种实践性教学形式。高职院校部分基础技术课、专业课规定有课程设计，它是该课程教学的重要组成部分，是对学生进行某一方面或某一部件的技术基础能力的训练。一般安排在相关理论教学结束后集中两周左右的时间，以不同于课堂教学形式进

行。高职院校除了课程设计以外，还有接近于课程设计的制图测绘和大型作业。尽管它不如课程设计那么全面，但从教学形式上看，却和课程设计大体相同，可称为课程设计的初级形式。

课程设计要求学生能综合运用本门课的知识，学会使用工具书，从而培养学生分析问题和解决问题的能力。课程设计的具体任务因课程的需求而异，一般包括三部分：进行设计和计算；绘图和编制工艺文件；编写说明书，进行经济效益论证等。课程设计的主要任务是运用有关的知识技术处理好各种因素的相互关系，创造性地完成符合生产实际要求的设计任务，并主要培养学生三方面的能力：一是独立运用理论知识和实际材料解决问题的能力；二是组织参考书和其他有关文献所提供的论点和材料的能力；三是用通顺的文字或准确的图表系统地表达设计成果的能力。

③ 毕业设计。毕业设计是指学生综合运用本专业知识、技能和技术，有一定创见地解决实际问题的一种实践性教学形式。毕业设计是技术类专业以及需要培养设计能力的专业或学科的应届毕业生的总结性独立创作。从教学形式上看，毕业设计和课程设计相似，但毕业设计是综合应用学生所学的各种理论知识和技能，按照专业培养目标规定的业务要求，进行全面的、系统的、严格的、综合的能力训练；它更强调结合生产，具有实用性；它是对学习成绩总的检查，对改进教学工作起反馈调控作用。毕业设计具有综合性、独立性、探索性的特点，是对学生实际独立工作能力的综合检查，也是评定学生毕业成绩的主要依据之一。

（2）按教学目标分类

① 教学实训。教学实训是指在教师的指导下，使学生运用某一技术基础或专业基础课程的知识与实际相联系，以增强感性认识、验证某些理论、提高某些技能、了解与本专业有关的基本操作方法和在生产劳动中接受思想教育的一种实践性教学形式。它为学习专业理论知识提供基础，通常在学校的实验实训中心进行。目前，各高职院校的实验实训中心都承担了双重任务，既培养人才又出产品，既重经济效益又重社会效益，故有的学校把教学实训称为专业劳动。

教学实训的主要任务有：使学生掌握本专业中某一主要工种的基本操作技能，能够正确地调整和使用该工种（或工序）的通用设备及其附件等，能根据零件图和工艺文件独立地进行中等复杂程度的加工，同时也了解与本专业有关的几个工种（或工序）的基本操作方法；使学生获得本专业基础知识，为学习专业理论知识做准备；组织学生严格地执行实训计划，保证质量，注意安全，文明实训，完成规定任务；培养学生的职业情感、职业道德、职业意志以及尊重他人、与他人合作的良好品质。

② 生产实训。生产实训是指在基本上完成实验实训教学和学过大部分基础技术课之后，到专业对口的现场直接参与生产过程，综合运用本专业所学的知识和技能，以完成一定的生产任务，并进一步获得感性知识，掌握操作技能，学习企业管理，养成正确劳动态度的一种实践性教学形式。生产实训有顶岗实训和轮岗实训两种。这是高职院校实践性教学的重要形式，它是教学实训的继续、扩展和提高。它与教学实训不同点在于两者的身份、活动范围和要求不同：学生在教学实训中是以劳动者的后备身份出现，而在生产实训中是以准劳动者的身份出现；教学实训所要掌握的是某一工作（职业岗位）的基本操作技能，它通常是单个的、零碎的，而生产实训要求学生综合运用这些单个的、零碎的基本操作技能，使其在运用中成为整体，进而能完成一定的生产任务；教学实训不要求学生掌握生产过程和辅助生产过程，而生产实训则要求学生了解这些内容；教学实训可在校内实验室进行；也可在生产现场进行，而生产实训则只能在生产现场进行。

生产实训的主要任务有：了解企业的基本生产过程和辅助生产流程，了解产品的设计程

汽车专业实验实训基地建设与管理实务

序和生产工艺的内容与步骤；对与所学专业对口的、先进的或典型的工艺过程，深入了解其所用设备、工艺准备、加工方法、检测技术等，深入了解其设计思路、主要性能、关键材料、安装工艺、调试技术等；了解企业的管理情况，如组织机构、人员构成及其主要职责，学习企业管理特别是现代企业管理的基本知识、制度及运行机制；学习企业员工的劳动态度、职业道德及爱岗敬业精神，感受企业文化等。

（3）按教学项目分类

① 基本功训练。这是操作技能训练的初级阶段。包括常用工具、仪器使用训练，基本操作动作的训练。通过训练不仅要掌握动作要领、操作姿势和科学的操作方法，还要掌握动作的力度、幅度、准确度等。

② 认识见习。一般根据教学项目的需要，安排在低年级进行。通过到企业生产（工作）现场参观等方式来实现。旨在使学生对未来工作情境和学习内容有所了解，获得某些感性认识，扩大学生的知识视野，增进理论与实际的联系。

③ 工序练习。由各种单一练习操作配合而形成的工艺过程的一个完整动作练习。旨在使学生把已学过的操作知识和技能应用于实践。

④ 综合操作实训。这是巩固、提高和综合运用单项工序操作技能、技巧，使学生逐步达到熟练程度的训练。旨在使学生运用已掌握的知识、技能和技巧，按实训要求，通过一定的训练，形成能完成一定实训任务、独立进行较复杂工艺操作的能力。

（4）按教学时间分类

① 阶段实训。这是按照理论教学和实验实训教学计划的要求，根据各专业（工种）操作技能、技巧的形成规律，由易到难、由简到繁、由部分到整体，划分几个不同阶段的操作训练。一般分为三个阶段：掌握局部动作的基本功训练阶段；初步掌握完整动作的综合操作阶段；动作更协调、更完善的独立操作阶段。

② 毕业实习。这是毕业前对学生的知识、技能进行全面检查的综合实践锻炼的阶段。它应安排在学完全部课程后，旨在培养学生独立地综合运用专业知识和操作技能，解决生产技术问题和组织生产的能力。它是高职院校教学过程的又一重要实践性教学环节，同时也往往是与毕业设计（论文）相联系的一个准备性教学环节。

（5）按教学场所分类

① 模拟实训。在校内模拟实训场所（如模拟化工厂车间、模拟宾馆、模拟病房、模拟银行、模拟法庭等）进行的模拟性操作训练。进行复杂的技能训练时，为防止损伤设备、浪费材料、节约开支、保护环境，甚至保障人身安全，可在模拟的条件下，进行模拟性实训（如化工仿真实训），以掌握某些生产要领。模拟实训可进行器物模拟、环境模拟、人物模拟等。

② 顶岗实训。顶岗实训是学生在生产、管理、服务等岗位上独立完成工作任务的一种实训。它在高职三年学习的最后一学期进行，要求学生按照生产现场的岗位规范，履行其职责，在专业技术人员的指导下完成相应的生产实训任务。旨在进一步提高学生操作熟练程度、解决实际问题的能力和职业心理的成熟度。

③ 定向实训。定向实训是为已确定毕业去向的学生（主要是订单培养的学生）在用人单位的生产现场所安排的实训。旨在使这些学生毕业后能迅速顶岗，缩短学校教学与实际工作之间的距离。定向实训内容应由学校与用人单位共同商定，宜安排在生产实训后期进行。

（6）按经济效益分类

① 生产性实训。这是相对于消耗性实训而言，既育人又完成一定生产任务并有一定经济收入的实训活动，它既可以创造财富，补充办学经费，又可使学生对学习效果产生满足和

快乐，增强继续学习的动力。

② 消耗性实训。这是单纯为实现教学要求而不结合生产任务，需消耗能源及材料的校内实训。它能按学生的认识规律和技能形成规律，有效地组织训练，使学生获得应有效果。但由于耗费的材料较多，应尽量减少单纯消耗性实训。

上述分类仅是对高职院校实验实训类型的大体划分，实际上实验实训类型之间存在诸多归属和交叉关系，很难做到准确划分。

近年来，我国越来越重视高职院校汽车专业教育，对实训基地建设的投入也逐年增加，但是与发达国家相比，现行汽车专业实训基地建设存在基础设施建设不完备、实训教学内容缺失、实训师资力量不足、实训基地运行机制不科学等问题，直接造成实训课程质量不高，实训效果不佳，难以满足企业对高素质、技能型、应用型汽车服务人才的需求。实训基地建设在职业教育汽车专业应用型人才培养模式中尤为重要，我们要积极借鉴发达国家职业教育培养模式，努力探索国际化视域下高职汽车实训基地建设的科学路径，加快培育高素质汽车专业人才。一个比较成熟的实训教学基地，应当既是培养一线需要的高技术、应用型人才的实训基地，又是职业技术教育师资的培养基地。高职院校实训基地建设主要包含三方面内容：实践教学，即实训、实验、实习；生产开发，即产学研相结合；培训鉴定，即职业培训、技能鉴定、资格认证。通过实训基地的共享共建，优势互补，做到生产、科研、教学三结合，不仅有利于高效率使用实训基地的教学资源，还能提高教学质量和办学经济效益，是确保高等职业教育健康发展的有效途径。

第2章
汽车专业校内实验室建设与管理

高等职业院校实验室是院校从事实践性教学和科学研究的实体，是学科专业建设与发展的基础，是院校现代化教学的三大支柱之一，也是衡量院校办学条件的重要标志。如何搞好高等职业院校实验室建设，使其既能符合高层次人才的培养目标，又能满足高等院校的教学实际，还能着眼于学科建设和科研规划需求的未来发展，都依赖于对社会发展需求的准确分析。为此，我们需要熟悉高等院校实验室建设需求分析的基本方法，为其科学建设和快速发展奠定坚实的基础。

2.1 汽车专业实验室功能的分析、调研与论证

(1) 实验室建设功能定位分析

随着技术的日新月异、社会经济的快速发展，原有的实验室建设理念已与当前对高层次人才培养的目标不符。实验室的建设如何定位就显得至关重要，若定位不妥，建成后的实验室就发挥不了教学与科研的作用，不仅浪费人力、物力资源，更对院校的教学与科研计划造成不可估量的影响。面对新形势、新任务和新要求，高等院校实验室的功能定位不应单一，应尽可能做到多功能一体化。

一是功能综合化。当前不少高等院校实验室建设都是按照学科专业划分配置，虽然这样的布局使一个实验可以在本专业的实验室独立完成，但由于不少学科专业的基础相同，研究范围相近，对实验室的要求只是微小的差别，经过简单改造，完全可以实现资源共享，有效利用。这不仅可以提高实验室的利用率，节省经费开支，而且增强了学生对相近专业知识融会贯通的能力。

二是功能任务化。高等院校不仅承担着为社会输送人才的任务，同时还承担着许多科研任务。当前许多高等院校存在重教学轻科研的现象，实验室的功能作用主要显现在教学服务上，对科研的促进作用不够，存在功能定位不清晰，发展偏离社会实际需求的情况，导致没有很好地开发利用实验室的功能。因此，在实验室建设中应与当前高新技术应用发展结合起来，增强针对性和实用性，不仅可以增强学生对专业课程的深度理解和实践转化能力，使学生步入社会后能尽快适应，还可以为单位技术发展应用出谋划策，攻坚克难。

三是功能多样化。高等院校实验室大部分建立在工科院校，其功能不仅定位于帮助学生

深化对高新技术的理论学习，培养动手实践能力，更要帮助研发验证新技术、新理论。因此，实验室的建设不能只满足于验证性实验的要求，同时还应创造进行设计性、探究性和操作性实验的环境条件，提高实验室的功能作用，并开发、深挖实验室的潜能，为高层次人才培养和高新技术应用发展提供良好的平台。

（2）实验室建设需求分析基本流程

无论是高等院校实验室的创建，还是大规模改建，或是小规模升级改造，甚或是仪器设备的配置，其需求分析工作遵循的基本流程如下。

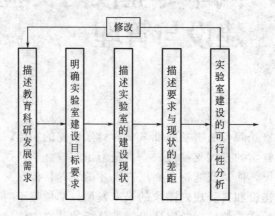

高等院校实验室的需求分析不能凭空而来，而是需要采用严谨的科学方法，经过严密的考察论证，才能建设出符合院校实际需求的实验室。一般来说，多采用差异模式分析法，主要分为以下几个步骤。

第一，进行教育科研需求分析。通过分析明确当前院校在教学与科研上有哪些需求，哪些需求与实验教学相关，哪些需求与实验研究相关，明确是否可以通过实验室的建设来解决当前存在的问题。

第二，明确实验室建设目标要求。通过教学和科研需求的分析确定实验室的建设应达到什么样的目标要求，这些目标在现有技术条件下可否实现，需要的经费能否满足项目的开支等。

第三，描述实验室的建设现状。对实验室的布局规划、仪器设备的质量、管理规定的执行、人才队伍的建设等方面的情况有一个详尽的了解，做到心中有数，为下一步的条件改善奠定基础。

第四，描述要求与现状的差距。通过对比，罗列出当前实验室的建设与目标存在的不足之处，明确下一步实验室建设应进行哪些改进，弥补哪些不足。例如，仪器设备是否要进行升级，管理规定是否要重新制定，配套设施是否有需要完善的地方等。

第五，进行实验室建设可行性分析。结合当前院校建设实际，分析当前院校承担教学任务的轻重缓急、经费开支能否顺利审批、院校改革发展趋势等因素进行综合评定，然后做出一份可行性分析报告，为下一步建设提供决策意见。

总之，只有进行正确的需求分析，实验室建设才能最终达到预期目标，才能满足教学和科研需求，以及院校的未来发展需要。

 案例 1 某制药行业实验室建设启动

下面以制药行业的实验室为例，一起探讨一下实验室建设的启动——定位调研。一个实

汽车专业实验实训基地建设与管理实务

验室的建造需要经历若干阶段，每一阶段若干个维度的认真筹备，前后需花费数年时间才能最终建成。而定位调研阶段则是重中之重。

一、功能模块

建造实验室的根本目的是为了满足实验过程中对原辅料的分析验证以及病理研究并产出目标试剂。根据不同的科研项目，大致会包含以下数个功能业务模块中的几个。

1. 中心实验室。作为制药实验室的核心，中心实验室肩负着实验的主要业务责任。

2. 微生物检查室。由于不同目的的试剂需要的检验环境不同，大致分为一般无菌室（半无菌室）和卫生学标准室两类。

3. 仪器室。作为各类仪器的存放以及使用的建筑，大致有天平室、光谱室、显微室、玻璃仪器存放间和普通仪器室等类别。

4. 高温室。这是用于制剂干燥或者消毒的场所。

5. 留样观察室。主要是针对实验室的原辅料、包装材料以及成品的留样进行储存验证管理。

6. 气体供应室。对环境安全与操作安全要求极高。某些特殊的气体，如毒气室，就需要安全隔离地建造，才能满足安全试验的要求。

7. 除了以上功能性区域外，一般的制药实验室还应具备质量管理办公室以及档案室等行政办公区域。

在进行下一个部分建筑需求调研之前，要对上述具有特殊环境要求的功能模块进行特别关注。

1. 实验室在确定基本功能模块之后，对于建筑环境的规划一定要遵循研发工艺的流程。

(1) 将功能要求相近的实验室布置在一起。

(2) 将分析与总结、工程管网较多的实验室组合。

(3) 将隔振需求的实验室组合在一起。

(4) 将不同毒性的实验室组合在一起。

(5) 将不同洁净级别的实验室进行优化组合。

2. 对于微生物有要求的洁净室，尽量考虑安置在空调机房附近，同时要考虑到进入该模块的缓冲区的设计和设计可行的外界观察窗口。

3. 仪器室在确定具有哪些类别后，在初步的定位中就需要按干湿分开、冷热分开、恒温集中和天平集中等原则进行合理组合。其中，天平室建议靠近中心实验室，从而保证实验的效率，而天平室还需要远离振源和高温，以确保结果的精准。

4. 高温室因为其特殊的环境条件，需要远离存放试剂的留样观察室及冷冻室。而对于高温室的安全应该特别注意，房间需要设置灵敏的感温感烟报警器，还要确保通风的顺畅。

5. 留样观察室，因为涉及的种类繁多，在初始功能明确后，所涉及的样品种类需分开、分区存放。

二层以上的楼面需要计算楼面载荷是否可以满足需求。在留样观察室的最初规划时还需要考虑通风防潮和阴凉储存等因素。

综上，在功能定位时要充分考虑该功能对工艺流程的影响以及对整个实验室系统的内外影响，从实际需求出发。

二、建筑环境预估

当整个实验室的功能模块确定之后，就需要根据这些构成模块对建筑环境进行定位调研。一般会涉及以下几个方面。

1. 建筑的物理环境。这是实验室系统建筑的基础。影响物理环境选择的根据主要是实验室环境对温度、湿度以及载重等指标的需求。有些医药实验室的中心实验室若是有大量的电气设备，那么对于用电量的供给考虑在一开始也需要调研清楚。

2. 实验室的空间调研。一个中央实验室采用多大的面积，包括哪些实验业务，将直接影响实验业务的效率和安全。

(1) 实验室的单个模块跨距一般在（4m×7.5m）～（9m×9m）之间，而每一个功能小单元则是在（3～6m）×（3～6m）。

(2) 实验室的楼层高度一般为4.0～5.0m，其中电气系统的铺设安排如何选择也需要充分明确：贴墙或者贴顶。这将影响施工规划和建造成本。

(3) 为了确保实验流程的通畅与安全，不同功能小单元间通过走廊进行区隔及连通。走廊的宽度一般在1.8～3.0m较为适宜，而采用单面走廊还是中间走廊，都会影响整个实验模块的布局，因此初始阶段也需要调研明确。

(4) 管网的布置除了涉及铺设的方式不同外，还应考虑服务辐射的面积。其中分散式竖向管井服务半径大，适合大规模供应；而集中式竖向管井服务半径小，适合小规模供应。

3. 综合考虑各业务模块之间的构成及位置关系。实验室除了业务模块区域，还有研究室以及办公室。因不同的业务需求进行信息传递与管理运营，目前可大致分为内含型、邻近型和分离型。

三、升级改造能力

因为实验室除了满足当下的业务需求，还需要考虑适应未来升级改造的灵活性需求。所以，在考虑升级改造方面，需要注意以下方面。

1. 预计改造频率。是一年多次改造或者多年一次改造。如果工作业务变化快，需要进行多次变化，在家具选择和小功能单元上就需要以经济合理、具备灵活性为首要标准。

2. 因为实验室的暖通气路系统用于设备管网的投资大概占比土建总投资的30%～50%，因此即使要考虑后续升级改造，也需要本着合理、科学、经济的原则在初始阶段就完成平面和空间的组成和定位，考虑到后续的升级应用，避免浪费。

3. 一些特殊的实验室模块，如对温湿度、洁净度控制和各种供应与排放管网及安全防护设备的前期投入巨大，应该作为一种长期规划进行定位，避免调整。

四、行业或国际标准的满足

制药实验室在应用领域还需要满足各类市场或行业组织对其特定指标的要求。分类如下。

1. 一般制药实验室建造依据的安全标准有美国国立卫生研究院（NIH）《设计要求指南》；美国实验室安全研究院《实验室安全指南四十项》；美国斯坦福大学《实验室安全的健康概念》；美国加利福尼亚大学《实验室环境监控与安全设计指南》；欧洲DIN标准。

2. 需要满足某些特定的认证标准有FDA美国食品与药品监督管理局认证；GLP（《药品非临床研究质量管理规范》）认证。

五、其他功能定位

随着信息科技的发展，计算机硬件与软件系统在一定程度上已经可以满足一流实验室的业务需求。

无论是简单的无纸化业务管理需求，还是快速报告生成以及实验项目进度管理，实验室信息管理系统 LIMS (Laboratory Information Management System) 已经满足实验室信息化管理的需求。

一套完整而高效的 LIMS 可以将实验室的业务流程、环境、人员、仪器设备、标物标液、生物试剂、标准方法、索引资料、过程记录、研究管理、项目管理、供应商及客户管理等相关的因素进行统筹管理，无论是在标准性、有效性还是安全性上，都会提升实验室的整体功能。

综合以上内容，从功能模块、建筑环境、升级改造、相关标准、其他功能这五个维度对一个标准制药行业实验室在前期定位时应该注意的事项进行了概要分析。

当然，一个实验室设计的初始定位并非是一成不变的。也许在执行的过程中行业标准、科学设备与技术还有企业的核心需求都会有实际的变化。但是，无论怎么变化，一个实验的核心功能模块是不会发生转移的。所以，完成对实验室设计的调研定位，也就是具备了一个执行的纲要指导，将对后续的一系列实验室建造工作产生正确的指导。

 案例 2　市场营销专业实验室建设需求分析

1.本项目涉及的实验课程实验教学现状。市场营销专业目前开设的课程中，需要实验室环境的有如下几门。

（1）营销调查与预测（上机，12 学时）。

（2）市场营销模拟实验（集中实践，3 周）。

（3）消费者行为学（上机，8 学时）。

（4）网络营销（课程设计，2 周）。

（5）商务谈判（课内实验，4～8 学时）。

（6）商务交流（课内实验，4～8 学时）。

（7）物流管理（课程设计，2 周）。

（8）营销策划与管理（课程设计，2 周）。

（9）市场营销学课程设计（课程设计，2 周）。

（10）客户关系管理（计划调整为课内实验，8 学时）。

2.存在的主要问题及差距。

（1）实验资源分散且不足。市场营销模拟实验的教学任务，软件模拟由 13 楼实验室进行；沙盘演练需借用人力资源实验室 204 进行。营销调查与预测，借用会计实验室 801 教室临时划出的区域进行，但该实验系统本身需要相对独立的实验区域，单个实验主体间需分隔管理。目前，没有满足这一条件的实验室。网络营销课程设计，在 13 楼实验室进行。依托教学实验系统，系借用博导前程公司的软件。根据合同规定，已过免费试用期，亟需采购才能保证正常教学。消费者行为学实验，两门课程，没有专业的模拟教室。消费者行为学，作为市场营销专业核心课程，缺乏专业软件进行模拟和实验。客户关系管理，缺乏专业软件进行模拟实验。市场营销学和营销策划与管理这两门课的案例教学没有案例讨论教室。

（2）能力培养方面。实验对学生进行素质和职业能力培养的力度不够，实验目的主要在于巩固本专业知识及操作技能，忽略了在沟通能力、团队意识、职业道德、特别是跨专业综合素质方面的培养和训练。

3.实验建设目标。

（1）市场营销专业课程能有相应的实验资源进行支撑。

（2）学生具有较强的企业营销和销售能力，包括市场环境分析、营销调查与决策、营销战略和规划、营销策略制定和执行、营销沟通能力等。

（3）能够运用流行的企业市场营销管理应用软件，如网络营销、市场调查、物流管理、客户关系管理、商务谈判和交流、统计分析等应用软件。

（4）有综合仿真实验平台可供学生训练。特别是通过角色扮演、角色互换等方式，综合仿真实验能够帮助学生在了解每个岗位工作内容的同时，还能理解与企业商业环境中其他组织、个人的协同关系，有助于他们更好地适应社会环境，使相关学科专业学生都可以在此课程体系中进行拓展应用。

4.目标差距。实验资源十分缺乏，特别是场地和设备数量不够，或固定/专用实验场所、相关软件匮乏；缺乏专业软件平台的支撑特别是综合性实验平台对学生的综合能力进行锻炼。

5.建设方面。

（1）将综合与专项训练相结合。

（2）增加综合或专业专用实验场所和设备设施。

（3）专职教师与兼职老师建设相结合，实验中心配备一定的实验管理人员和专业实验教师，各系配备兼职实验教师，必要时也可以配备课程专职实验教师。

（4）实验用实例开发，定期更新。

（3）实验室调研论证

实验室项目立项是实验室建设正式实施之前不可缺少的程序，一般要先经过实验室项目机会研究（组织战略的实施）、初步可行性研究（必要性）、详细可行性研究（可行性）、实验室项目论证（方案选择）、实验室项目评估（经费取得）几个阶段。在实验室项目获得立项以后，项目组织以自建或外委的形式来开展实验室项目的建设。无论是采取自建自制（即内包，既保存了技术又开发了资产，同时还降低了项目成本）还是外委（即外包，利用外部的已有专业资源为己服务，提高项目绩效同时降低成本），均需要通过采购管理来达到实验室项目的目标。具体实现手段为通过招投标方式来选择承包商或供应商，通过合同管理来明确双方的权利和义务。

① 实验室项目机会研究。实验室建设项目来源于各种需求和所要解决的问题，人民生活、社会发展和国防建设的种种需要，常常要通过实验室建设项目来满足。实验室建设项目绝非无源之水，无本之木，而是来源于社会和经济活动的各种需求。

② 实验室项目初步可行性研究。初步可行性研究是在机会研究的基础上，对实验室项目方案进行初步的技术、财务、经济、环境和社会影响评价，对实验室项目是否可行做出初步判断。研究的主要目的是判断实验室项目是否有生命力，是否值得投入更多人力和资金进行可行性研究，并据此做出是否进行投资的初步决定。初步可行性研究可能出现四种结果：肯定，对于比较小的项目甚至可以直接"上马"肯定；转入详细可行性研究，进行更深入更详细的分析研究；开展专题研究，如市场考察、实验室实验、中间工厂实验等；否定，项目应该"下马"。

项目建议书（又称项目立项申请书或立项申请报告）是由实验室项目建设单位向其主管部门上报的文件，它要从宏观上论述项目设立的必要性和可能性，把项目投资的设想变为概略的投资建议。

③ 实验室项目详细可行性研究。实验室建设项目详细可行性研究报告是通过对实验室建设项目的主要内容和配套条件，如市场需求、资源供应、建设规模、工艺路线、设备选型、环境影响、资金筹措、盈利能力等，从技术、经济、工程等方面进行调查研究和分析比

较，并对项目建成以后可能取得的财务、经济、效益及社会影响进行预测，从而提出该项目是否值得投资和如何进行建设的咨询意见，为项目决策提供依据的一种综合性的分析方法。详细可行性研究具有预见性、公正性、可靠性、科学性的特点。下面来看一下实验室项目可行性研究报告的一般格式。

 案例 3 ××重点实验室建设可行性研究报告编制提纲

一、总论

1.概述。申报单位主要研究实验领域、人才队伍、研究成果创新水平、主要应用领域和应用范围；单位在行业中的地位以及经济效益情况。

2.总体目标。简述组建期满时，在研究方向、人才培养、成果水平、基础条件、对外开放、组织管理、社会经济效益达到的目标（本栏目各项指标是签订《组建计划合同书》的主要内容，也是验收时的主要依据。本目标与《申报书》目标必须一致）。

二、组建重点实验室的必要性分析

1.简要说明重点实验室研究领域的国内外动态和主要发展方向。

2.详细说明重点实验室研究与实验研究领域对我省及国家知识创新、技术创新以及行业技术进步的重要性。

3.组建重点实验室的优势与风险。

三、申报单位情况

1.申报单位（联合共建的重点实验室应对各依托单位分别描述）基本情况，包括单位名称、性质、单位法人代表情况，主要研究的领域。

2.重点实验室人员实力论述。重点实验室主任或技术负责人的基本情况，包括学历、所学专业、主要经历、创新意识、开拓能力及主要工作业绩。重点实验室人员情况，包括人员数量、年龄、职称、学历结构及研究与实验人员、技术开发人员、管理人员比例等。学术委员会情况，包括人员数量、来源、主要学术贡献、年龄、职称、学历结构。

3.研究开发能力论述。近5年来主要从事研究与实验的领域、承担的研究与实验项目数量、来源、取得的成果及成果水平、获得国家或省级奖励、发明专利、学术论文数量及水平等情况。对该领域技术发展的贡献。主要成果应用情况，包括成果应用的方式、数量、种类，为申报单位带来的直接经济效益、间接经济效益和社会生态效益。

4.单位财务状况。上年末单位总资产、总负债、固定资产总额、总收入及构成、总支出及构成。

5.管理情况。单位各项管理制度，包括科研、开发、人事等，以及获得的相关检验、检测等方面的资质。

6.现有场地与设备情况。依托单位能够为重点实验室组建提供的场地，现有设备基础条件（列表说明现有主要设备）。

四、组建任务与目标

从重点实验室整体及人均水平角度，说明重点实验室将实现的目标。此目标批准后，作为编制组建计划合同书和考核与评估的依据。以一个运行期（3年）及运行期内各年度目标分别给予详细说明。

1.总体目标。对本省知识创新、原始性技术创新、科技进步的贡献，在全省及全国将达到的地位和水平。组建期满时，在组织管理、研究开发、人才培养、成果转化、对外交流、社会经济效益等方面达到的目标（以下部分为分年度、分项目进行描述，并说明实现目标的可行性以及具体措施）。

2. 实验与研究目标。包括实验与研究开发项目具体方向，预期成果水平，成果成熟程度，主要技术经济指标，成果的应用水平。在全国同行所处的地位和水平。

3. 人才培养目标。包括培养人才数量、达到的水平、培养方式，预期人才结构比例，主要学术带头人数量及水平，中青年学术人才数量、水平及比例。

4. 成果效益目标。包括成果转化目标、措施以及直接经济效益、间接经济效益和社会效益情况。

5. 开放目标。包括重点实验室设备对社会开放程度，主要成果的辐射。

6. 运行机制与管理目标。建立的管理制度，将采取的主要运行机制；依托单位的支持方式及程度；主管单位的支持方式及支持程度。

7. 重点实验室装备目标。包括重点实验室基础设施建设、新增设备装备的总经费投入；主要设备清单、来源、价格、用途，设备技术水平、设备配套性和适应性以及达到的功能目标。

五、组建实施方案

1. 组建方案。详细说明重点实验室的总体设计和结构布局（独立或者联合组建），组建各方承担的主要职责及任务。

2. 重点实验室组织形式。重点实验室各个部门的任务、职能、作用以及具备的各项资质，学术委员会组建情况等。

3. 组建进度计划。详细描述组建期各项准备工作、研究与实验工作的进展计划，明确各阶段目标工作预计的时间，达到的阶段目标。

六、投资估算与资金筹措

1. 投资预算。重点实验室建设期内及运行期计划投资额，已完成投资额，需要新增加投资额，并对各投资分项说明资金来源及主要用途。

2. 新增投资的筹措。对新增投资的部分，分年度阐述资金的筹措渠道、预计到位时间。单位自筹的部分需要说明筹措渠道、数额；主管单位和推荐单位支持的部分，需要说明资金使用方式、到位时间和用途；省科技厅支持部分说明主要用途。

3. 资金投入计划。编制资金总体使用计划。根据实施进展，分项分年度编制资金使用计划表并进行必要说明，所需要添置的新设备需要有单独预算表。

资金使用主要包括研究实验设备、基地改扩建费用、研究开发费用、人才费用、管理费用和财务费用等。

七、可行性报告编制说明

简述报告编制单位，主要编制人员名单及联系方式。

④ 实验室项目论证。实验室项目论证是指对拟实施项目技术上的先进性、适用性，经济上的合理性、盈利性，实施上的可能性、风险性进行全面科学的综合分析，为项目决策提供客观依据的一种技术经济研究活动。它是确定项目是否实施的依据；筹措资金、向银行贷款的依据；编制计划、设计、采购、施工以及机构设置、资源配置的依据；防范风险、提高项目效率的重要保证。

实验室项目论证的一般程序：明确项目范围和业主目标；收集并分析相关资料；拟定多种可行的能够相互替代的实施方案；多方案分析、比较；最优方案的详细全面论证；编制项目论证报告、环境影响报告和采购方式审批报告；编制资金筹措计划和项目实施进度计划。

案例 4　　实验室项目论证研究报告框架

目　　录

一、规划背景 ························ 1

1.基本情况 ························· 1

2.实验室现状及存在的问题 ·········· 3

3.项目建设投资及预期效果 ·········· 3

二、实施依据 ······················ 4

三、实施原则 ······················ 7

四、内容及预期效益 ················ 10

1.建设指导思想 ···················· 10

2.建设目标 ······················· 11

3.建设内容 ······················· 12

(1)软件实训实验分室 ·············· 13

(2)嵌入式软件开发实验分室 ········ 15

A实验模块建设 ···················· 15

B实验项目建设 ···················· 16

五、保障措施 ······················ 18

公共实验室十三五建设规划

××技术实验室论证报告

项 目 名 称：　××技术

项目所在学院：　××学院

×××

2018 年 4 月 29 日

 案例 5　　合肥职业技术学院召开实验室建设项目立项论证会

　　为深化合肥职业技术学院教育教学改革与发展，积极申报安徽省地方性高水平技能型大学，进一步提高技能型人才培养质量，2015 年 3 月中旬在行政楼三楼会议室召开学院实验室建设项目立项论证会。本次论证会专家评审组由安徽省教育厅、合肥市教育局、安徽医科大学、合肥学院、巢湖学院等 7 位校外评审专家，以及学院院长方志斌、副院长邵一江、孙兴林，实训中心、教务处、资产科、监察室等相关职能部门负责人等组成，各系部（分院）负责人等参加了认证会。

　　会议由孙兴林副院长主持，孙兴林副院长宣读了会议内容安排，并阐述了合肥职业技术学院实验室建设项目论证的意义。方志斌院长首先向校外专家表示感谢，并向各位专家介绍了合肥职业技术学院发展现状以及实验室建设情况。方院长指出，学院高度重视实验室建设在技能型人才培养方面发挥的作用，近年来合肥职业技术学院招生规模不断扩大，在市政府大力支持下实验室建设力度加大，仪器设备不断更新，请各位专家围绕合肥职业技术学院专业建设和市场人才需求，科学论证，审核把关。论证会上，各系部、分院、教务处、实训中心等项目建设负责人利用 PPT 演示，从实验室建设的必要性、可行性以及绩效性和资金需求等方面进行了详细的讲解，并对专家组提出的问题进行了认真解答。

　　专家组在听取合肥职业技术学院实验室建设项目汇报后，从合肥市高职院校建设与发展的高度，以及行业与市场对高级技能型人才需求等方面进行了认真点评，对各教学部门申报的 47 个实验室、教学基本设施、体育基础设施等申报项目提出了建设性意见。省教育厅高教处童兆胜副处长在听取各项目汇报后，对合肥职业技术学院近几年来学院快速发展给予了充分肯定，就合肥职业技术学院实验室建设提出指导性意见：一是实验室建设要注重学生职业能力的培养以及社会对技能型人才的需求；二是要开展市场调研，请进来、走出去实行开放办学；三是实验室建设要全院统筹安排，院系两级建设，优化结构，避免重复建设；四是实验室建设方案中的仪器设备购置等要进一步细化，注重实用性和前瞻性。合肥市教育局唐文水副局长对合肥职业技术学院实验室建设工作非常关心，在听取各项目汇报后，强调：一、市政府对职业教育高度重视，积极支持学院地方性技能型高水平大学的申报工作，为学院打造为全省乃至全国一流职业教育基地提供有力的政策支持和资金保障，学院要充分利用好合肥市职业教育资金，要组织人员深入调研行业、企业岗位需求及其他高水平大学实验室建设情况；二、实验室建设要分清主次，主干专业、特色专业要重点建设，要体现合肥职业技术学院专业特色；三、建设方案要高标准、高起点谋划，立项论证更要考虑到项目建设的总体规划、设备先进性，及场地、人员等配套实施等；四、要建成一批技术先进、与行业企业紧密对接的一流实训基地，提升学生职业技能，为合肥市地方经济建设与社会发展提供服务；同时要做好实验室的建、管、用，真正发挥实训室在技能型人才培养中的作用。论证会上，市教育局、安徽医科大学教务处有关领导及合肥学院实验室建设和实践教学中心、巢湖学院现代教育技术中心等校内外专家，也都提出很多建设性意见和建议。

最后，邵一江副院长要求各系部（分院）会后要按照专家评审组意见，积极做好实验室建设方案的调研、细化与调整工作，积极做好实验室建设立项与地方性技能型高水平大学申报工作，进一步提高合肥职业技术学院人才培养水平，为我市经济建设和社会发展服务。本次论证会学院高度重视，各系部（分院）准备比较充分。通过论证达成共识，使合肥职业技术学院实验室建设项目立项思路清晰、目标明确，达到了预期效果。

⑤ 实验室项目评估。实验室项目评估指在项目可行性研究的基础上，由第三方（国家、银行或有关机构）根据国家颁布的政策、法规、方法、参数和条例等，从项目（或组织）、国民经济、社会角度出发，对拟建项目建设的必要性、建设条件、生产条件、产品市场需求、工程技术、经济效益和社会效益等进行评价、分析和论证，进而判断其是否可行的一个评估过程。项目评估的最终成果是项目评估报告。

⑥ 实验室项目采购管理。实验室项目采购管理是指在实验室项目整个实施过程中，有关实验室项目组织为完成项目可交付成果，从外部积极寻求和采购项目所需各种资源的管理。项目所需资源基本上分为两大类：产品和服务。产品包括实验室用房、仪器设备、实验用材料、能源等各种类型的物资；服务包括劳务、咨询、设计、管理、中介等各种活动。

(4) 汽车电子实训室的调研与论证

随着应用在汽车上的电子技术越来越多，对于汽车电子技术专业的人才需求大大增加，尤其是对具有一定动手能力的高技能型应用人才的需求。对于培养技能型应用人才的高职院校的汽车电子技术专业来说，这是一个良好的契机，既能为汽车行业输送高质量综合型人才，又能较好地去发展汽车电子技术专业。而高职院校中汽车电子专业要想得到长久持续良好的发展，筹建集教学科研、学生实训和社会服务等功能于一体的成熟的综合性汽车电子实训室势在必行。

以下结合某高职院校汽车电子实训室的管理建设情况，分析其存在问题，并针对这些问题给出建设方案。

① 存在的问题。结合自身教学实践经历，通过多方的观察和调研，发现目前高职院校在汽车电子实训室建设方面存在很多问题。

a.设备老化、陈旧，更新不及时，不能满足教学要求。目前，汽车电子实训室中所有的器材和零件大多数为十年前购置的，甚至更早一些，虽然有些零件的结构原理能满足基本教学要求，但是汽车行业发展迅速，汽车设备更新换代较快，尤其是汽车电子技术方面发展速度更是惊人，如果汽车电子实训室设备不能及时得到更新，这样就会由于设备陈旧致使学生无法及时接收到最新的知识，限制了他们能力的最大提升。

b.实训器材堆放各处，无明显的功能区域划分。汽车电子实训基地由于空间比较大，在搬迁过程中，没有经过合理的组织和规划，导致设备胡乱摆放在各处，没有明显的功能区域划分。教师在做实验时，由于学生较多，不同的班级同时做不同的实验，经常会出现学生走错队伍，做错实验的现象。

c.管理人员不到位，管理不规范。由于管理人员分配不合理，汽车电子实训基地经常处于无人管理状态，汽车零件遗失现象严重，导致设备无法正常运行，影响正常教学。

d.有些实训项目的开设流于形式。例如电控液力自动变速器实验，无论是对汽车电子、汽车检测还是对于汽车制造专业来说，都是比较重要的较为核心的教学内容。在分配该实验学时时，实验项目应该包括：电控液力自动变速器的拆装（4学时）、液力变矩器的结构和原理认识（2学时）、液压控制系统的结构和原理认识（2学时）、变速机构和换挡执行机构的认识（4学时）、电控系统工作原理认识（2学时）和电控自动变速器工作性能综合体验（2学时）。在真正进行实践教学环节时，由于学时和实验条件限制，学生能够真正动手做的只有前4个实训项目，这4个实训项目的完成效果还不是很理想，后面两个实训项目根本无法实施。学生学完电控液力自动变速器后，仍然觉得似懂非懂。

e.设备利用率低，不能重复利用。目前，汽车电子实训室中的设备仅限于学生实训，基本上能满足教学需要，针对科研方面和社会服务方面就比较欠缺了。

② 汽车电子实训室建设指导思想与基本原则。汽车电子技术专业是顺应时代发展，更确切地说，是随着汽车电子技术的发展而产生的，因此汽车电子实训室也应该依据汽车电子技术的发展进行建设。在对汽车电子实训室进行建设时，应首先确定汽车电子从业人员能够从事的工作岗位，参照汽车电子专业人才培养计划与目标，并分析各职业岗位应具备的专业知识和技能，根据职业岗位对知识技能的需求情况，开发相应的实训项目，添置相应的设备和仪器，构建汽车电子实训室的整体架构。

a.建设指导思想。实训室是供师生完成实践教学环节的场所，是实现办学特色的主要保证。对于汽车电子实训室来说，它的使用对象主要是汽车电子专业以及与汽车电子技术相关专业的学生。考虑到汽车电子实训室使用对象的特殊性，在建设时，应整体把握汽车电子实训室的功能、服务对象及达到的建设目标。

• 功能的开发。一个实训基地，为了最大限度地提高它的使用率，应考虑使它的功能最大化。建设汽车电子实训室应考虑如下几个功能：能够完成汽车电子技术相关课程的常规实践教学；能够完成汽车类专业职业资格技能鉴定的某些内容；能够帮助学生完成课外科技活动；能够开展社会培训；能够进行科学研究。

• 确立服务对象。只有明确了汽车电子实训室的服务对象，才能更好地发挥其功能。汽车电子实训室所服务的对象主要包括高校师生群体、汽车类相关职业人员及部分社会群体。明确了服务对象以后，建设实训室时需要针对不同的对象确立加以约束的制度和规范。例如对高校师生群体，需制定各项实习实训管理制度，包括《实训工作人员岗位责任制》《实训室安全制度》《实训室档案资料管理制度》《学生实验实训守则》等。

• 建设目标。汽车电子实训室应该建设成为集教学、科研、学生实训和社会服务等功能于一体的实训基地，并使其具有资源共享的机制，可面向社会，对本地区高职院校汽车相关专业学生及社会从业人员进行教学实训、职业技能培训及职业技能鉴定。

b.建设基本原则。鉴于上述思考，在进行汽车电子实训室建设时，还应把握如下原则。

• 整体规划原则。汽车电子实训室的建设要依据本校汽车专业所服务地区的特点，参照专业培养目标、教学模式、师资情况等做出整体规划。例如汽车电器实验室建设，可以参照教学大纲，按照整体的授课流程来布置实训室。此外，还应根据各岗位职业能力的不同需求，布置相应的实训模块，并且与职业技能资格考试相对应，随着汽车行业的不断发展，汽车电子实训室还应不断完善。

• 真实、适用、够用及先进性原则。汽车电子实训通过专业教研室、汽车修理厂和实训基地"三位一体"的模式，真实再现汽车服务企业的职业环境。汽车专业在紧跟时代发展的同时，设备和器材应该时刻具备先进性，既满足教学改革的需求，配置的设备也应与本地的主流车型对接，设备的技术水平应与本地的汽车服务行业的发展水平基本同步。

• 开放性原则。开放体现在两个主体：一是对内，即向学生开放，要贯彻"因材施教"的原则，针对不同层次学生的要求，确定开放内容；二是对外，即向社会开放，为社会提供服务，成为对外交流的窗口，同时可以加强校企合作，进行工学结合，由企业出资用于部分设备的更新，学校则向企业输送和培养人才，也可以为企业进行职工培训。

• 功能分区原则。根据培养目标和所开展的实训项目，将区域大致划分为三个：整车教学区、拆装教学区和台架教学区。整车教学区，考虑到进出方便，尽可能设置在一楼。此外，汽车实训基地还应具备自我"造血"功能，即能为汽车相关行业提供有效服务。汽车实训基地利用场地和设备优势对社会开展技术服务，对在职人员进行相关知识（如新法规和新标准）培训，也可以满足社会各类人员，尤其是驾驶新手对汽车知识的普及性需求。

2.2 汽车专业实验教学方案设计

实验教学是指学生在教师的指导下，使用一定的设备和材料，通过控制条件的操作过程，引起实验对象的某些变化，从观察这些现象的变化中获取新知识或验证知识的教学方法。在物理、化学、生物、地理和自然常识等学科的教学中，实验是一种重要的方法。一般实验是在实验室、生物或农业实验园地进行的。有的实验也可以在教室里进行。实验法是随着近代自然科学的发展兴起的。现代科学技术和实验手段的飞跃发展，使实验法发挥了越来越大的作用。通过实验法，可以使学生把一定的直接知识同书本知识联系起来，以获得比较完全的知识，又能够培养他们的独立探索能力、实验操作能力和科学研究兴趣。它是提高自然科学有关学科教学质量不可缺少的条件。实验法因实验的目的和时间不同，可分为学习理论知识前打好学习基础的实验；学习理论知识后验证性的实验和巩固知识的实验。因进行实验组织方式的不同，可分为小组实验和个别独立实验。在现代教学中，为了加强学生能力的培养，更加重视让学生独立地设计和进行实验。

实验法的运用，一般要求：教师事前做充分准备，进行先行实验，对仪器设备、实验材料要仔细检查，以保证实验的效果和安全；在学生实验开始前，对实验的目的和要求、依据的原理、仪器设备安装使用的方法、实验的操作过程等，通过讲授或谈话进行充分的说明，必要时进行示范，以增强学生实验的自觉性；小组实验尽可能使每个学生都亲自动手；在实验进行过程中，教师巡视指导，及时发现和纠正出现的问题，进行科学态度和方法的教育；实验结束后，由师生或由教师进行小结，并由学生写出实验报告。下面一起看一下实验教学方案设计。

 案例6 运用评价策略促进验证性实验教学及其案例

验证性实验是以验证和巩固已学过知识为目的而进行的实验。验证性实验强调依据实验原理通过实验使学生验证和掌握知识，设计表格（显微镜的使用）综合利用评价的主体性策略、形成性策略、全面性策略和评价方式多元化策略，在实验前发给学生，进行实验预习，发挥前置评价的诊断和导向作用，学习者可以有选择地进行学习，在实验后设置反思、实验收获环节，并把实验报告单存入学生综合素质评定档案，发挥评价的反馈作用。

实验过程	显微镜使用要点 班级　小组　姓名　时间	自我评价	小组评价	教师评价
(1)检查器材	检查材料用具是否齐全、完好			
(2)安放显微镜	一手握住镜臂，一手托住镜座，轻放在实验台上，略偏身体左侧			
(3)对光	转动粗准焦螺旋，使镜筒上升			
	转动转换器，使低倍物镜对准通光孔(不得扳物镜转动)			
	转动遮光器，使最大光圈对准通光孔			
	左眼注视目镜，同时转动反光镜，使视野明亮			
(4)安放玻片标本	用手指捏住玻片两侧轻放于载物台中央，有标本的一面向上(不能放反)			
	用压片夹压住玻片标本的两端，使"上"字正对通光孔的中心(不能偏离过远)			
(5)调焦	转动粗准焦螺旋，使镜筒缓缓下降，同时眼睛从侧面看着物镜下降，直到物镜接近玻片标本，防止玻片被压碎			
	左眼注视目镜，同时转动粗准焦螺旋，使镜筒缓缓上升至视野中出现物像，微调细准焦螺旋使物像清晰			
(6)观察	物像清晰，并位于视野中央(观察到物像，移到视野中央，经同学或老师过目)			
	写出显微镜下物像的放大倍数和所观察到的物像			
(7)整理器材	取下玻片标本，放回原处，将显微镜恢复到实验前状态			
实验后反思	取用和放置显微镜是否正确？ 是否用纱布清洁永久装片？ 是否将永久装片正确放置在显微镜上？ 是否通过目镜观察并闭上另一只眼睛？ 是否用低倍镜观察标本？ 是否适当调节反光镜和光圈获得适宜亮度的视野？ 是否正确使用粗准焦螺旋调整焦距？ 是否正确使用细准焦螺旋调整观察得到有清晰物象的视野？ 是否放好永久装片？		你有哪些没有做到？	

注：请同学们认真预习实验报告单，本次实验将成为你成长和进步的真实记录，相信通过你自己的努力、同学的帮助、老师的指导，你的实验会获得成功，胜利属于你！

 案例 7　《电工学实验》教学大纲中实验教学方案设计

实验一　常用电工仪表的使用

一、实验性质
实验类别：专业基础课/必修
实验类型：验证性

计划学时：3 学时

实验分组：15～20 人/组

二、实验目的

1. 学会识别常用电路元件的方法。

2. 熟悉实验台上各类电源及各类测量仪表的布局和使用方法。

3. 掌握指针式电压表、电流表内阻的测量方法。

4. 熟悉电工仪表测量误差的计算方法。

三、实验的基本内容和要求

1. 根据"分流法"原理测定指针式万用表（MF-47 型或其他型号）直流电流 0.5mA 和 5mA 挡量程的内阻。

2. 根据"分压法"原理测定指针式万用表直流电压 2.5V 和 10V 挡量程的内阻。

3. 用指针式万用表直流电压 10V 挡量程测量电路中 R_1 上的电压值，并计算测量的绝对误差与相对误差。

四、实验仪器设备及材料

可调直流稳压电源；指针式万用表；可调电阻箱；电阻器。

五、实验操作要点

1. 正确使用直流电工仪表和设备。

2. 熟练掌握分压法和分流法原理。

六、实验教学建议

上课时，教师首先利用 20 分钟左右的时间对实验原理和实验内容进行讲解，然后学生根据教师讲解进行实验操作。另外，对于学生较难理解和比较复杂以及有一定危险性的操作，教师还应在实验之前进行演示操作。

 案例 8 汽车专业实验教学方案设计

《汽车车身结构与设计》（022061）实验教学大纲

学科部（系）：车辆工程系　　　　执笔人：×××　　　　审核人：×××

一、课程基本情况

1. 开课基本情况：《汽车车身结构与设计》课程教学计划总学时为 24 学时，教学计划实验学时为 2 学时，实际可开出实验学时为 2 学时；不是独立设课。

2. 所属类型及服务专业：《汽车车身结构与设计》是车辆工程本科专业的一门专业课。

3. 本大纲修订时间：××××年×月××日。

二、实验教学目的和要求

1. 目的：随着《汽车车身结构与设计》课程的进程，结合教学内容环节，安排相应的实验内容，帮助学生更好地理解教学内容和掌握汽车车身结构和设计方法等有关内容。

2. 要求：通过实验教学，培养学生的动手能力和设计能力，同时使学生对所学知识得到进一步的巩固。

三、学时分配及实验项目表

该课程的总学时为 24 学时，实验学时为 2 学时；实验项目名称和学时分配等情况见表：

序号	实验项目名称	学时	每组人数	实验类型	必选/可选	首开时间
02206101	车身结构实习	2	10	综合	必选	1998 年

四、实验课的考核

按实验内容的完成情况，分为动手能力和课后作业考核两部分，以优秀、良好、中等、合格、不合格计。

五、实验指导书和实验报告

车身结构实习实验指导书和实验报告

1.实验仪器及工具

拆装工具、胶带、强力胶。

2.实验条件

100平方米实习场地、轿车和货车整车车身及驾驶室、轿车和货车白车身。

3.实验内容

（1）认识实习：通过实车了解轿车和货车的车身组成（白车身、内外饰件等）。

（2）拆装实习：分别将轿车和货车白车身进行拆装（步骤：将整体车身拆分为前围、后围、两侧围、顶盖和地板六大总成；将各总成拆分为零件；按反顺序进行装配，装配时利用胶带和强力胶）。

（3）从车身形状及结构方面找出原车的不足及设计不合理处，并提出改进意见。

4.实验报告

写出实习收获，包括对汽车车身的组成及结构的认识，总结实习内容，对原车身结构进行分析并提出改进意见。

指导教师
年　　月　　日

六、实验项目信息

实验项目名称：车身结构实习　　　　　　　　　　实验项目代码：02206101

课程名称	汽车车身结构与设计	课程代码	022061	实验类别	专业
实验依据	实验实习指导书	实验学时	2	实验类型	综合
实验专业	车辆	每组人数	5～10	实验者	本科

实验内容概括

（1）认识实习：通过实车了解轿车和货车的车身组成（白车身、内外饰件等）

（2）拆装实习：分别将轿车和货车白车身进行拆装（步骤：将整体车身拆分为前围、后围、两侧围、顶盖和地板六大总成；将各总成拆分为零件；按反顺序进行装配，装配时利用胶带和强力胶）

（3）从车身形状及结构方面找出原车的不足及设计不合理处，并提出改进意见

本实验所需主要专用设备	设备名称	规格	数量/组	备注
	轿车及轻型货车驾驶室		2	
	各种汽车车身零部件		5	

本实验所需主要共用设备	设备名称	规格	数量/组	备注
	拆装工具		2	
	胶带		2	
	强力胶		2	

填表人：×××　　　　　　　　审核人：×××

注：本表是实验教学大纲的内容之一，实验室应有单独的项目卡片。

2.3 汽车专业实验室教学设备、工具及技术方案

（1）实验室建设原则

① 规模性原则。规模出效益，这是一条基本原则。特别是在当前高校普遍扩招的情况下，学生人数急剧增加，而教师人数又十分有限，如果实验室场地很小，实验设备套数过少，就必然造成每个实验大量重复以致时间安排不开，同时还大量耗费教师的人力和精力，使其不能在有限的时间内充分发挥出相应的教学效益。如能根据学生数量的多少，适度扩大实验室规模，就能保证单位时间内可以接待更多的学生同时进行实验，收到事半功倍的良好效果，以便最大限度地发挥出投资效益。

② 先进实用性原则。根据教育要面向世界、面向未来、面向现代化的指导思想，实验室建设还应遵循先进性原则。因为只有先进的东西才有更长久的生命力。只有在实验教学中不断引进先进的教学内容、教学设施、教学手段和教学方法，同时逐步淘汰已经落后无用的东西，才能让学生在学校学到的东西不过时，就业后用得上。当然，在强调先进性的同时，还要注重实用性。特别高、精、尖的实验设备显然应该置于开发研究型的重点实验室里，一般教学型实验室应以装备先进实用的设备为宜。

③ 工程应用性原则。实验室建设要尽可能紧密结合工程实际，引进一些具有真实工程背景和应用技术含量的实验设备和实验手段，从而使实验教学有的放矢，使学生做到学以致用，绝对不能搞成学用两张皮，以免造成学的不能用，用的没有学的脱节现象。同时强调把应用技术实验放在第一位，尽量减少论证性实验及设备。当然，也不能一味反对论证性实验，如果是为了探讨问题或论证某个新设想的正确性，进行论证性实验完全无可厚非。

④ 技能实践性原则。为了保证学生获得相应的技能，实验室建设必须尽可能多地为学生提供相应的实践条件和实践机会。强调技能实践性原则，就是为了注重学生实验的过程步骤，只有过程步骤正确无误，才称得上获得了相应技能，才能保证结果的正确性。

为满足社会对汽车专业人才的需求，从学校长远发展的角度考虑，学校陆续开办了汽车维修厂和汽车驾驶学校。几年来，随着学校规模的扩大，学生人数的增加，汽车实验室建设速度也相应加快，基本满足了教学需求和学生实际操作的需要。通过实践体会到，汽车实验室建设必须准确定位，合理规划，统筹实施，要注意把握以下几个原则。

a. 实用。汽车运用与维修及检测与维修专业是实践性很强的专业，需要学习汽车构造、汽车电控、汽车电器、汽车检测、维修保养等主干课程。为满足教学需要，实验室建设必须考虑实用原则。在实践中，一方面购置了汽车各系统的示教板及多媒体教学软件，以多媒体为主，将抽象的理论以实际工作状态和动画的方式展示给学生，让学生用形象思维理解抽象的理论，这样可以让文化知识基础相对较差的职院学生学懂基本的理论，从而省略掉设计研究中才涉及的繁琐的理论计算。另一方面，购买实用仪器设备和元器件，为学生准备必需的物质条件，让他们在实验室通过实验实训，把抽象的理论和实际相结合，把书本知识同实验室的仪器、具体零部件以及实物结合起来，充分发挥仪器设备的实用价值。例如将汽车整车拆装让学生了解汽车构造；用卡罗拉实验用车、元征431解码器、2000型桑塔纳车的电器电路实验台，满足学生对电控和电器电路的实验需要，用气缸压力表、进气真空表、油压表、废弃分析仪、烟度计等让学生对汽车维修及检测中经常需要检测的部分进行测量分析。车轮是汽车唯一与地面接触的部件，其实际情况及定位对汽车的平顺性、安全性都具有很大的影响，于是购置了四轮定位装置；空调在汽车上有重要作用，于是购买了制冷剂回收及加注机，让学生结合汽车进行实验和实训。

b. 够用。建设一个现代化的校内汽车专业实验室，不仅需要大量的资金投入，而且还

需要大量的训练设施、设备维护和更新费用。学校有限的财力不可能完全解决设备需求和资金投入的矛盾。因此，汽车实验室建设，要把握够用的原则，即满足汽车专业主干课程的基本要求和学生动手能力培养的基本需要。在建设中，购置了整车汽车透明模型及实际的汽车结构部件，如发动机、底盘、车身以满足教学基本需求。汽车发动机是汽车的心脏，于是购置了便携式发动机分析仪和其他仪器，让学生熟悉发动机点火系统、启动系统、电控系统，会用仪器进行波形分析，为他们在今后的实际工作中处理偶然故障和复杂故障打下基础。将有限的资金投入购置必需的仪器设备，为学生提供理论和实践相结合的场所，为他们学习和掌握操作技能创造了条件。

c. 通用。汽车实验室建设的资金投入是有限的，而实验实训是无限的，要将有限的投入发挥最大的效益，实验室建设中必须把握通用原则。除了必要的纯教学仪器外，购置仪器设备要考虑在实际工作中的共同使用，即除了让学生对不同类型汽车进行实验实训外，还可以供驾驶学校使用，也可以为汽车维修企业服务。这样就可以提高仪器设备的使用效率，减少重复购置，降低办学成本。例如检测用车，除了在教学过程中使用外，主要在驾校实训中使用。结合汽车检测与维修专业的实际情况，充分利用检测用车并适当增加投入，开办了驾驶学校，让学生学习驾驶，不仅提高了检测用车的使用效率，也使学生在实践中学到一项技能。而且车辆使用过程中出现的问题，也是他们走出校门后可能碰到的实际问题，在处理这些问题的过程中，学生就可以熟悉并掌握实际的工作程序及维修保养技能。

d. 适时更新。汽车工业发展迅速，社会需求日益多样化，汽车产品也随之日新月异。同一种类型的汽车，从发动机、底盘、电子电器及车身设计等方面都在不断完善，工艺也在不断改进，电子稳定系统、卫星定位导航系统等智能化设备也在不断装备。在燃料方面，除了传统的汽、柴油汽车及混合燃料汽车外，电动汽车已经问世。在世界各地车展上，环保汽车，如氢燃料汽车、智能驾驶汽车等概念车型陆续亮相，不久的将来这些汽车就会走进人们的生活。因此，汽车实验室的仪器设备也应不断更新，以适应不断变化的新情况、新形势。

e. 校企联合。学校汽车实验室建设的目的是为了满足教学的需要，为学生提供实验和实训的场所。但学校的实验室，毕竟不能等同于汽车企业的厂房、车间，学生在实验室的实验实训，更不能等同于企业的生产。同时，由于汽车工业的迅速发展，新材料、新工业、新功能部件不断涌现，仅靠学校有限的财力购置的实验仪器设备，很难满足教学需求和保证学生得到足够时间的高质量技能培训。因此，汽车专业实验室的建设，必须加强校企的联系，争取汽车企业在设备、场地等方面的支持，充分利用社会资源，校企联合、产学结合，让学生工学结合，顶岗实习，这既是职业技术院校教育培养模式的改革及专业建设与课程设置改革的切入点，也是汽车实验室建设的重要原则。在校企联合的教学过程中，学生不仅可以在真实的生产环境中学习，接收新知识、新工艺、新技术，而且能让学生在真实的工作岗位上感受到真实的工作压力，提前与社会接触，从而缩短学生进入企业的适应期。

f. 配备专业实验管理人员。汽车实验室建设，除了效果明显的实验仪器设备的投入，还必须配备好的实验教师和管理人员。两者不可分割，相互依存。实验室要更好地发挥作用，离不开实验教师和管理人员。只有称职的实验教师和管理人员，才能使实验实训方案的选择恰当，资料的汇编正确，仪器设备维护良好，实验实训准备充分，才能收到较好的实验教学效果。

(2) 实验室教学仪器设备及工具技术参数

实验设备规划一般包括按实验室需求编制的年度设备购置计划。计划表应包括数量、性能要求和金额（含外汇额度），并说明来源以及需要时间。设备的规划有套数和档次问题，分基础课程、专业基础课程和专业课程的不同情况配备。能用常规设备的，则不必配精密仪器。专业课按大循环实验方式配备，建立专业化实验室，以减少套数的投资。实验设备主要来源是国内购置、国外引进、自制三个方面，重点应放在国内购置及自制。在具体配备和选择设备时，有许多因素要给予系统的考虑，主要是实用性、先进性和经济性的综合决策，通过比较、分析、论证，正确解决先进性和经济性的矛盾。

 案例9 **材料力学实验室设备技术参数**

序号	设备名称/支出项目	招标文件技术参数
1	电子万能试验机	最大试验力：100kN 试验机等级：1级 试验机示值允许误差极限：示值的±1%以内 负荷测量范围：满量程的2%～100%FS 位移示值极限误差：示值的±1%以内 位移分辨率：0.01mm 位移速率调节范围：0.01～300mm/min 位移速率控制精度：速率≥1mm/min时，设定值的±0.5%以内 有效试验宽度：450mm 有效拉伸空间距离：0～700mm 软件及用户界面：WindowsXP操作环境下的软件和交互式人机对话操作界面，试验过程及测量、显示、分析、控制等均由微机完成，试样破坏后，移动横梁自动停止移动（或自动返回初始位置），具有程控和机械两级限位保护，当负荷超过额定值的3%～5%时，自动停机 供电电源：220V，50Hz，1500W
2	电子扭转试验机	最大试验扭矩：1000N·m 扭矩精确测量范围：1%～100%FS 试验扭矩示值相对误差：≤±1%（精密级±0.5%） 试验扭矩示值重复性相对误差：自每挡量程的20%起≤1% 转角测量范围：0.01°～9999.9° 扭矩分辨力（N·m）：最大扭矩的1/300000 转角相对误差：≤±1% 转角显示最小分辨率：0.01° 扭角（小角度测量）显示最小分辨率：0.002° 扭转计扭角分辨力：0.0045° 扭转计扭角相对误差：±1.0% 扭转速度相对误差：设定值的±1.0%以内 扭转速率范围：0.18°/min～720°/min，无级调速 试验速度精度：优于示值的±1% 试验转动方向：双向 电源电压：220VAC 两夹头间最大距离：650mm 夹持试样尺寸：φ8～40mm 采用全数字微机伺服闭环控制，具有过载保护功能
3	静态应变测量系统	双数显，可手动控制；每模块测点数10，系统最大数160 控制方式：手控/计算机 接口方式：USB 采样频率：手动或10通道/秒自动 扩展接口：RS-485
4	弯曲正应力试验台	试样：16Mn钢，$E=210$GPa 跨度：$L=600$mm，$a=200$mm 横截面尺寸：高度$h=28$mm，厚度$b=10$mm 副梁跨度：$L_1=200$mm 载荷增量：$\Delta F=200$N（砝码四级加载，每个砝码重10N，采用1：20杠杆比放大）；砝码托为初载荷，$F_0=26$N 精度误差：＜5%
5	弯扭组合试验台	试样（圆管）：材料20钢，弹性模量$E=210$GPa，泊松比$\mu=0.27$，外径$D=48$mm，内径$d=43～45$mm（实验时实际测量），全长317mm 被测点至加力臂竖直轴线平面距离$L=150$mm，位于圆管的上顶点。加力臂的加力点至圆管轴线距离$a=250$mm。载荷增量$\Delta F=100$N（砝码四级加载，每个砝码重10N，采用1：10杠杆比放大），$\Delta T=25$N·m，$\Delta M=15$N·m；砝码托为初载荷，$F_0=13$N，$T_0=3.25$N·m，$M_0=1.95$N·m。精度误差＜10%
6	三速电动等应变直剪仪	最大垂直荷重：400kPa 压力级别（kPa）：50、100、200、300、400 对应砝码重量（kPa）：1.275、2.55、5.1、7.65、10.2，吊盘为第一级 杠杆比：1：12 土样：30cm²，高2cm 最大水平剪切力：1.2kN 动力形式：电动 手轮转速（r/min）：0.1、4、12 手轮每转推进杆位移：0.2mm 对应剪切速率（mm/min）：0.02、0.8、2.4 电压：220V/50Hz

桑塔纳 2000GSI 时代超人发动机实训台

一、结构组成

全新桑塔纳 2000GSI　AJR 发动机总成、原车发动机电控单元、组合仪表、防盗系统电控单元、发动机启动运行所有相关的原车附件、故障设置和排除系统、原车电路原理图板及检测端子、60A·h 大容量蓄电池、大容量不锈钢油箱、发动机加速机构、控制面板柜、可移动台架、台架电源总开关、OBD 诊断座、散热系统、任务驱动教学模式的实训指导书及台架操作说明书。

各传感器及执行器安装数字显示表，台架安装燃油压力表与真空表、带锁止万向的脚轮、不锈钢护手，台架高温及转动等部位加装防护装置。

二、功能特点

发动机运转正常。故障模拟系统可模拟实际运行工况，设置多种实车发动机常见故障。具体内容详见故障模拟设置装置说明。电压表实时显示传感器与执行器的变化，喷油器脉冲等各执行元器件用 LED 灯显示工作状态。指针式油压表指示燃油压力值；指针式真空表指示真空压力值。配备原车 OBD 诊断座，可使用诊断仪对发动机电控系统读取故障码和数据流等。防盗及节气门体匹配操作，对比防盗工况与正常工况。实训台面板上绘有彩色喷绘电路图，喷绘图加装有机玻璃保护，学员可直观对照电路图和发动机实物，认识和分析控制系统的工作原理。实训台面板上安装有检测端子，可直接在面板上检测各传感器、执行器、发动机控制单元端子的电信号，如电阻、电压、电流、频率、波形信号等。实训台加装电源总开关、水箱防护罩、飞轮及其他转动部位防护罩等安全保护装置。实训台底座部分采用刚性结构焊接，面板柜冲压成型，面板柜与底座可分离，台架表面采用烤漆工艺，带万向自锁脚轮装置。

三、智能故障模拟与考核装置

该系统是一种多功能的智能化、灵活化、简易化考核系统，增加设备的实用性，提升学生灵活解决实际问题的能力。控制器由操作单元、故障单元两部分组成。

1. 操作单元：提供电路板（与显示屏一体）、键盘，用户直接嵌入到工作台面板上即可。操作单元采用多重保护设计；双电源直流 12V 输入；128×64LCD 显示；8 路开关量报警输入，最多连接两个故障单元（48 路继电器）；操作单元可以不联网进行脱机考核；可以自动评分；有报警时显示屏提示。主要有以下操作功能。

（1）学生入口：学生解除故障时使用，可以查询考核剩余时间。

（2）教师入口：设置故障、解除所有故障、设置考核时间、修改登录密码、设置设备号。教师入口需要登录密码。

（3）分数查询：查询学生的当前得分情况。

（4）学号查询：查询设置的学号。

（5）设备号查询：查询本机设备地址，每个操作单元有唯一的设备地址。

（6）考核时间开始：用于教师设置完毕考核时间后，考核开始倒计时。

2. 故障单元：有 24 个故障点，每个操作单元可以连接两个或者一个故障板，继电器的触点参数有 10A/24VDC、7A/24VAC，通过一排线与操作单元连接。故障点内容及类型可根据各院校实际要求订制。

项目		型号及名称	功能简介	数量
1	发动机	桑塔纳 2000GSI 时代超人发动机实训台	实训台以全新桑塔纳 2000GSI 时代超人原厂全新电喷汽油发动机为基础,发动机可运行,进行起动、加速、减速、故障检测与诊断、故障模拟与排除等工况的实际操作,真实展示汽车电喷汽油发动机结构与原理及工作过程	1
2		丰田 5A-FE 电控发动机	实训台以全新丰田 5A-FE 原厂电喷汽油发动机为基础,发动机可运行,进行启动、加速、减速、故障检测与诊断、故障模拟与排除等工况的实际操作,真实展示汽车电喷汽油发动机结构与原理及工作过程	1
3		别克 V6 发动机实验台	实训台以全新别克 V6 电控汽油发动机为基础,发动机可运行,进行启动、加速、减速、故障检测与诊断、故障模拟与排除等工况的实际操作,真实展示汽车电喷汽油发动机结构与原理及工作过程。适用于各类型院校及培训机构对汽车发动机理论和维修实训的实训教学需要	1
4		长城共轨柴油电控发动机实训台	实训台以全新长城电控共轨柴油发动机为基础,发动机可运行,进行启动、加速、减速、故障检测与诊断、故障模拟与排除等工况的实际操作,真实展示汽车电喷汽油发动机结构与原理及工作过程。适用于各类型院校及培训机构对汽车发动机理论和维修实训的实训教学需要	1
5	底盘	桑塔纳 01N 自动变速器实训台	实训台采用全新 01N 原厂电控自动变速器为基础,调速三相电机为动力源,可对自动变速器进行换挡等各项测试工况实际操作。真实展示电控自动变速器组成结构和原理及工作过程	1
6		汽车液压制动系统实训台	1.选用全新大众或者丰田汽车制动系统原车材料、前碟后鼓刹车机构、制动助力装置等组件,合理装配在钢制移动台架上; 2.油压表实时显示制动时油压的变化; 3.配套汽车制动系统实验台使用操作与实训课题实训指导书	1
7		防抱死制动系统实训台	实验台以全新桑塔纳 2000ABS 制动系统为主体材料,采用四通道的 ABS 调节回路,四轮单独调节。ABS 系统能够正常运行,可模拟 ABS 系统的工作过程	1
8	电器	桑塔纳时代超人全车电器实训台	产品以全新大众桑塔纳时代超人全车电器实物为基础,展示灯光系统、仪表系统、点火系统、启动系统、充电系统、发动机电控系统、喇叭系统、电动车窗系统、电动门锁系统、雨刮系统、音响等各系统的组成结构和工作过程	1
9		V30 汽车故障诊断仪	这个仪器可测国产、欧洲、美洲和亚洲各种车型,达到原厂解码器 80% 以上;支持奔驰、欧宝、大众/奥迪、富豪、通用、福特、丰田、本田、三菱、马自达、日产和现代/起亚 CAN-BUS 总线诊断	1

(3) 实验室建设技术方案

实验室建设的技术方案是需要支撑其教学方案的,内容涵盖了实验室教学仪器设备的主要技术参数、经济成本等,实验教学所用工具精度满足要求均需要在技术方案里体现。下面以某个实验室教学设备技术方案为例说明。

 案例11 实验室建设技术方案

班班通教学设备技术方案

一、项目背景及意义

1.项目背景

随着国家信息化工作的深入开展,提高教育系统信息化水平成为当前工作的重点,而校

园多媒体及网络建设则是教育系统信息化建设的关键。2011年教育部的工作要点中针对教育信息化建设明确要求全面部署教育信息化建设。发布实施教育信息化规划。建立健全教育信息化工作领导小组领导及管理体制、组织体系及建设运行机制。启动建设国家优质教育资源中心。大力提高教育管理与公共服务的信息化水平，建设统一的教育公共服务网络平台。以视频公开课为突破口，探索教育资源建设与共享新模式和新机制。继续做好学校信息管理系统建设和应用工作。

基于现代化教学需求的高速发展，采用交互式电子白板的互动教学模式呈现不断上升的趋势，互动教学必将主导未来教学的新模式。电子白板是无法独立进行互动教学的，要实现电子白板进行"校园信息化系统"建设，则必须要配套其他教学设备，如计算机、投影仪、音响系统等，这些分离设备增加的同时，意味着也必须通过综合布线工程将其连接起来，这样才能满足教学使用要求，校园网络建设有利于适应新的课程计划的实施和研究性课程的开设，适应现代化教育教学，基于教师、学生对校园网的迫切需求，让师生教育教学理念和手段与国家的要求和时代的发展合拍，才能推进学校的进一步发展。

2.项目意义

（1）实现教育现代化、促进形成学习型社会。

改变传统课堂教学模式，实现多媒体教学、互动式教学模式，促进教师教学理念、教学方式、教学手段等一系列的变革；提高学生学习兴趣，促进学生由被动学习到主动学习的转变；提高教师教学效率，推进教师从知识的传授者向知识的引导者角色转变。

（2）实现教育资源共享、促进教育均衡。

让教材资源、名师资源、校本资源、均衡资源进入每一个班级，促进区域之间、城乡之间、人群之间的基础教育均衡发展，有效促进教育公平。

（3）提高教学质量、确保教育生命线。

建立鲜活丰富的教学备课资源库，有效提高教师教学水平和效率；建立多样的知识题库，有效激发学生的学习兴趣。创建自主学习、互动学习、探究学习的新模式，培养学生知识构建、交流合作的学习能力，全面提高教学质量，从根本上解决"上好学"的问题。

（4）提高师资培训、助推教育改革。

可实现大规模教师培训，促进教师专业能力和信息化教学能力的提升，便于推动基础教学新课程改革。

（5）有利于加强青少年思想教育，提高学生素质。

有利于提高青少年的思想道德素质和科学文化素质，把他们培养成为有理想、有道德、有文化、有纪律的一代社会主义新人。

（6）实现科学管理、确保改革创新成果。

有利于提高各级教育主管部门教育管理的效率，实现教育科学管理。对教学改革和创新进行有效监督和评估，确保成效。

二、校园信息化系统的建设规划

1.建设规模

根据"班班通教学设备"系统设备明细表，本次校园信息化系统建设主要分为多媒体系统和网络系统的建设。主要设备清单如下。

序　号	产品名称	数　量
1	投影机	24
2	计算机	24

序　号	产品名称	数　量
3	电子白板	24
4	视频展台	24
5	中央控制器	24
6	无线话筒	24
7	扩音系统	24
8	推拉式滑动绿板	24
9	钢制讲台	24

2.建设目标

校园信息化系统建设有以下几点目标。

(1) 通过校园信息化系统整合学校现有的校园信息化系统软硬件教学资源，建设一套更为方便实用的软硬件资源库，让教学教育资源更好、更快地为教学提供服务。

(2) 改善学校的教育教学装备条件，在班级教室配备目前教育行业最为先进的多媒体教学设备，为多媒体互动教学提供必要条件。

(3) 改善学校的管理手段，提高学校管理效能和水平。

(4) 改变教师教育思想观念和教育教学方式，创新教育教学手段、途径和方法，为学校教育教学改革注入新的活力。

三、方案总体设计

(1) 系统性：校园信息化系统根据教育行业特性，从教育教学需求角度出发进行设计，满足日常教育管理部门教育教学管理、学校一线教师教学、学生自主学习等需求。

(2) 实用性：系统设计重实际、讲实用、求实效，满足教师数字化网络化备课、授课的实际需求，系统界面简洁，布局合理，操作简便。

(3) 先进性：采用面向对象的设计思想和开放的网络体系结构。

(4) 成熟性：选用覆盖率高和技术成熟的产品。

(5) 可靠性：采用多种集群和高可用机制，具有容错和容灾能力，满足多种环境下的应用。

(6) 安全性：采用经过国家强制认证的产品和具备权威机构出具的质量检查报告的产品。

(7) 经济性：在满足系统需求的前提下，选用性价比高的设备，以合理的系统总造价完成项目建设，保证系统的可持续发展。

(8) 可扩展性和兼容性：系统建设完成后能够兼容原有教学设备如平板电视、投影机、音响等设备；各设备采用标准化接口设计，满足未来扩展扩容需要。

四、系统特性

(1) 丰富的教学展示方式。多媒体教学应用于课堂教学，使教学内容集文字、图像、动画等信息功能于一体，图像清晰，动态感强，信息量大，多趣味和高效率，改变了学生的学习方式，使学生的综合素质得到全面发展，大大拓宽了学生们的视野，提高了教育教学效果，结合校园网络建设，为获取丰富的教学资源和各校的交流提供有力的网络平台。

(2) 共建共享、应用为重。建立并逐步完善教育信息资源，建设共建共享激励机制，保障信息资源建设工作持续、高效地向前发展。既要避免重复开发，又要鼓励多样化创新；既要充分利用在教育教学过程中形成的优质教育资源，也要积极发挥市场在资金注入、技术创新、应用推广等方面的积极作用，促进优势互补和互通有无。要把信息资源应用作为出发点和终极目标，要建立鼓励应用的机制，调动广大师生和公众用户应用信息资源的积极性，以建设促应用，以应用促发展。

五、校园信息化系统的组建

随着多媒体演示技术的不断发展与成熟，为电化教育带来了一场革命。目前市场上涌现出多种多样的多媒体教学设备，教育部门对于多媒体教室建设没有出台一套相应的建设标准，学校在多媒体教室建设的选择上难以取舍。

只有充分了解了用户的实际需求，对各校原有校园信息化系统设备的功能参数上进行了细致的了解，对市场相关产品进行了充分的调研论证，才能将整个项目保质保量完成。在计算机网络接入每个教室的前提下，结合目前教育行业内主流的多媒体教学设备，提供最优化的整合建设方案，旨在改善学校的教育教学装备条件，为多媒体互动教学提供必要条件，通过这些多媒体教学设备改变教师教育思想观念和教育教学方式，创新教育教学手段、途径和方法，为学校教育教学改革注入了新的活力。

 案例12　汽车实验室建设方案

实验室建设方案

一、前言

实验室建设状况是体现我院汽车专业的主要特征之一，是办出本专业特色的主要保证。我院在教学和管理改革中，十分重视加强实践性教学环节，培养应用型人才，教学计划和培养方案均是以理论探讨、实验检验为指导思想进行设计的，并认真组织了实施。

为了进一步加强我院学生的实践教学环节，培养学生的技术应用能力，我院在认真研讨和充分论证的基础上，希望在现有教学实验实训设备的基础上，加大对实验室投入。目前，已有一个初具规模与特色的实验室，但不能满足学生实验需要。因我院分别于2016年、2017年成功申报汽车检测与维修及汽车电子技术两个新专业，同时我院目前有2007级汽车技术服务与营销专业学生107人，2018级汽车维修与检测专业学生220人；计划2019级招进新生300人，故现有教学设备和设施明显不足。

二、实验室现状

目前我院汽车检测与维修实验室面积为150平方米，拥有汽车发动机解剖模型1台、汽车自动变速箱实验台1台、汽车点火实验模板1台、汽车电器实验台1台、汽车ABS实验台1台、汽车空调实验台1台、汽车后桥模型1台，拆装发动机1台、整车1辆，总价值16万多元。为汽车专业实验课服务，实验项目20多个，实验开出率95%，同时实验室的时间开放、人员开放和项目开放都进行得有条不紊，仪器设备利用率和设备完好率均达到学校要求，为强化学生动手能力的培养，提高实践教学质量做出了应有的贡献。

三、实验室建设主要差距

虽然我校实验室建设在近两年得到了较大的发展，取得了比较明显的成绩，但实验室建设的要求距离本科要求还存在着一定的差距，主要表现在以下几个方面。

（1）实验教学的改革力度还不够大，实验项目的更新率不高。

（2）教学设备投入不足。实验设备配置跟不上日益增长的新的教学实验需求，设备稳定性不够好，设备维护工作难度大，工作重。实验仪器设备套（组）数也不足，不能满足强化学生技能训练，培养学生动手能力的需求。

（3）实验室的综合功能不强。这样不仅不能充分使专业实验室以教学为主，兼顾科研与对外技术服务，而且也妨碍了实验室自身的发展和教师与实验技术人员业务水平的提高，使专业实验室的综合效益难以发挥。

（4）实践教学的规范化管理还有待于充实完善，实验教学的评估体系还有待于充实，如何充分利用实验室条件来进行课程设计和毕业设计还有待进一步实施，开放式实验教学还没有全面展开。

（5）专业教师参加实验室工作的积极性不高，科研成果很少。随着新型实验设备的增加，实验技术的现代科技含量明显增大，现有实验指导人员需要更多的专业培训，否则会影响实验技术和实验室管理水平的提高。

因此，我院实验室的建设与管理任务还是十分艰巨的。

四、建设方案

我院实验室建设的指导思想是：立足人才培养目标，面向社会尤其是企业需求，建设教学科研功能齐全、专业特色明显的实验室，基本形成培养学生技能和能力的实验教学新体系。具体的实验室建设规划由下面三部分构成。

1. 改造和完善汽车实验室。

（1）补充现在汽车实验室的拆装发动机数量，使其能满足60名学生同时上课，将现有实验室面积增至400平方米。

（2）为汽车实验室补充汽车拆装变速箱10台和前悬挂及动力转向设备，完善汽车底盘构造实验设备的需求，使学生能增加对汽车底盘系统的了解。

（3）添置发动机电控检测台（大众AJR）及配套解码器431，保证汽车电子技术专业的实验及课程能正常开启。

（4）添置发动机检测台及配套仪器数字万用表，保证汽车维修与检测专业的实验及课程能正常运转。

（5）建立投影架，使实验室具备多媒体演示功能。

2. 加强实验室保障设施建设。

（1）随着设备的更新换代，拟建面积为40平方米的设备库房。

（2）因实验准备工作的需要，拟建面积为40平方米的实验准备间。

（3）拟设置一个约40平方米的师生科研实验室，使用配置较高的设备，激发师生的科研积极性。

3. 重中之重，立即着手建立发动机性能测试实验室和底盘测功机实验室。

（1）发动机性能测试实验室。交通运输、车辆工程、机械设计制造及其自动化、交通工程、物流工程、轮机工程、汽车营销、汽车制造与维修、汽车电子与电器、汽车检测与维修、汽车运用技术、工程机械运用技术、车辆保险与理赔等专业的工程热力学、发动机原理等课程教学都需要利用发动机试验台进行实验教学，通过实验使学生学习测试发动机动力性、经济性、排放性能等发动机主要性能的试验方法，获得发动机试验的基本训练；通过实验让学生获取理论计算难以得到的技术数据，充分激发学生学习的积极性。发动机试验台是发动机性能测试教学的基础实验教学设备，通过发动机性能实验，可为学生学习后续的专业课打下坚实的基础。

（2）底盘测功机实验室。汽车性能、汽车排放等课程教学都需要进行底盘测功实验教学环节，通过实验使学生学习测试汽车最高车速、汽车加速性能、制动距离等汽车主要性能的试验方法，获得汽车试验的基本训练，底盘测功试验是有关汽车性能测试教学的基础设备。汽车排放已被视为重要的污染源之一，发达国家为此加强对汽车污染的治理。当前为了更好地配合我国经济发展与相关法规的陆续实施，国内许多高校都在交通运输和热能工程专业的

汽车专业实验实训基地建设与管理实务

教学内容中加大了污染气体测试技术教学及实验的力度和深度。

五、添置设备一览表

历届在校生人数：310　　　　　　　班级数 2017 汽车 1、2　2018 汽车 1、2、3、4

计划 2019 级招生人数：300 人

课程名称	实验室名称	设备名称	台套数	单价	总价值	理论教学课时	实验教学课时
汽车发动机电控技术	汽车发动机电控实验室	大众 AJR	1	9 万元	9 万元	108	54
汽车底盘构造	汽车底盘实验室	前悬挂及动力转向	1	3 万元	3 万元	216	108
汽车底盘构造	汽车底盘电控实验室	汽车底盘系统	1	3 万元	3 万元	72	36
汽车发动机构造	汽车发动机实验室	发动机翻转架	10	0.9 万元	9 万元	216	108
汽车底盘构造	汽车底盘实验室	变速器拆装翻转架	10	0.8 万元	8 万元	216	108
汽车发动机电控技术	汽车发动机电控实验室	发动机检测台	1	4 万元	4 万元	108	54
汽车车身电控技术	汽车车身电控实验室	整车解剖	1	5 万元	5 万元	72	36
汽车电控技术	汽车电控技术实验室	解码器 431	1	1.2 万元	1.2 万元	108	54
汽车电控技术	汽车电控技术实验室	数字万用表	10	0.05 万元	0.5 万元		
		工具车及工具	10	0.1 万元	1 万元		

2.4 汽车专业实验室设计规划

实验室设计规划是一项系统工程，涉及专业众多，更需要同时精通实验室使用知识和建筑知识作为技术基础。无论是新建、扩建还是改建项目，都不单纯是选购合理的仪器设备与实验家具，还要综合考虑实验室的总体规划、合理布局和平面设计，以及强弱电、给排水、供气、通风、空调、空气净化、安全措施、环境保护等基础设施和基本条件。

（1）实验室基础建设常用项目

① 实验台柜包括中央实验台、实验台、边台、仪器台、天平台、药品柜、毒品柜、玻璃器皿柜等。

② 空调通风设施。在新的化验中心，所有的建筑面积均有空调。通风系统包括通风柜（毒气柜）、排风罩（固定式）、活动式排风罩、排气扇等。

③ 用水设施包括化验盆、洗涤池、化验水龙头等。

④ 安全设施包括消防喷水灭火系统，惰性气体灭火系统，安全柜，紧急事故淋洗器、洗眼器等。

⑤ 供气设施包括供气站、供气板、用气板及其管路系统等。

（2）实验室建筑设计的基本要求

要建设一个现代化的实验室，使其能更好地为生产、科研、教学服务，除了先进的科学仪器和完善的实验设备是提升科技水平、促进科研成果的必备条件以外，实验室的建设也是一个非常重要的物质条件。实验室建筑设计的基本要求是建筑设计的前提和依据，在建设单位委托设计单位进行设计时，必须由各实验室或研究室人员共同参加研究，反复讨论，确定各实验室方案。现将建筑设计的基本要求分述如下。

① 实验室名称、房屋间数及使用面积。

a.房间名称：根据功能设置不同的实验室。

b.需要房屋间数：同一类的房间需要几间。

c.每间房屋使用面积：房间面积大小与建筑模数有关，分析采用何种模数及何种结构形式比较符合实际，计算实验室的使用面积。

② 建筑要求。

a.房间位置要求：设备重量较大或要求防震，则可设置在底层；有些辅助房间或实验本身要求朝北；是否朝南各实验室都有自己的要求；有的实验室要求洁净、安静，应尽量放在高层。

b.室内尺寸要求：如实验室要求空气调节系统必须吊顶，则层高就相应地要增加；有些实验室是属于特殊类型的，则采用单独的尺寸。

c.房间要求：指实验室本身的要求，有的要求一般清洁，有的要求洁净，进行实验时要求房间内空气达到一定的洁净要求，大多数实验室要求耐火，有安静要求的如消音室、录音室等。

d.门要求：内开，门向房间内开；外开，主要设置在有爆炸危险的房间内；个别要求，如双向弹簧，有的要求单向弹簧或推拉门；隔声，有的实验室要求安静，要求设置隔声门；保温，如冷藏室要求采用保温门；屏蔽，防止电磁场的干扰而设置屏蔽门；自动门，大门口要求安装自动门。

e.窗要求：开启，指向外开启的窗扇；固定，有洁净要求的实验室采用固定窗，避免灰尘进入室内；部分开启，在一般情况下窗扇是关闭的，用空气调节系统进行换气，当检修、停电时，则可以开启部分窗扇进行自然通风，双层窗，在寒冷地区或有空调要求的房间采用；遮阳，根据实验室的要求而定，有时需要水平遮阳，有时需要垂直遮阳，有的可用百叶窗；密闭，窗扇可以开启，但又要防止灰尘从窗缝进入，故采用密闭窗；屏蔽窗；隔声窗。

f.墙面要求：可以冲洗，有的墙面要求清洁，应可以冲洗；墙裙高度，离地面 1.2～1.5m 的墙面做墙裙，便于清洁，如瓷砖墙裙、油漆墙裙等；隔热，冷藏室墙面要求隔热；耐酸碱，有的实验室在实验时有酸碱气体逸出，要求设计耐酸碱的油漆墙面；吸声，实验时产生噪声，影响周围环境，墙面要使用吸声材料；消音，实验时避免声音反射或外界的声音对实验有影响，墙面要进行消音设计；屏蔽，外界各种电磁波对实验室内部实验有影响，或实验室内部发出各种电磁波对外界有影响；色彩，根据实验的要求和保证舒适的室内环境选用墙面色彩，墙面色彩的选用应该与地面、平顶、实验台等的色彩协调。

g.楼地面要求：一般要求是清洁、防雨；实验本身所产生的振动，要求设置防振措施以免影响其他房间，同时满足实验本身或精密仪器本身所提出的防振要求；防滑，防放射性沾染，防静电，干燥，隔声；架空，由于管线太多或架空的空间作为静压箱，设置架空地板，并提出架空高度要求。

h.顶棚要求：不吊顶，一般实验室大多数不吊顶；吊顶，在实验室的顶板下再吊顶，一般用于要求较高的实验室。

i.柜、台要求：通风柜，化学实验室常利用通风柜进行各种化学试验，根据实验要求提出通风柜的长度、宽度和高度；实验台，分岛式实验台（实验台四边可用）、半岛式实验台（实验台三边可用），靠墙实验台和靠窗实验台（很少用），对实验台的长、宽、高均有要求。固定壁柜，一般设置在墙与墙之间，不能移动的柜子。

根据人体力学，坐式操作实验台高度为750~850mm，站式操作实验台高度为850~920mm；试剂架高度为1200~1650mm；高柜高度为1800~2200mm。

j.安全通道要求：常用实验室门宽为900~1500mm，并设有一个安全门，内部操作流程要求顺畅，防止发生危急情况时，出现通道堵塞现象，设计时常用岛型、半岛型、L形、U形等实验室布局方案；主通道、两个中央台双面操作，间距大于1500mm，边台单向距离大于1200mm；排毒柜双面操作距离大于1500mm。

③ 结构要求。活荷载是作用在结构上的可变荷载，包括各楼面活荷载、屋面活荷载、屋面积灰荷载、雪荷载及风荷载等。

a.地面荷载：指底层地面荷载，即每平方米的面积内平均有多少千克的物体。

b.楼面荷载：指2层及2层以上的各层楼面活荷载。

c.屋面荷载：屋面上是否上人，雪荷载有多少等。

d.特殊设备附加荷载：有的实验室内有特殊重的设备，如质谱仪、纯水设备等，必须注明设备的重量、规格以及标明设备轴心线距离墙的尺寸。

e.防护墙：有 γ 射线的实验装置的建筑物根据各种不同实验的要求，防护材料的选择以及厚度的选用均应仔细考虑。

f.抗震要求。

④ 采暖通风。

a.采暖：蒸汽系统，采用蒸汽供暖的系统；热水系统，采用热水供暖的系统。温度：房间采暖的温度要求。

b.通风：自然通风，即不设置机械通风系统；单排风，靠机械排风；局部排风，如某一实验产生有害气体或气味等需要局部排风。在有机械排风要求时，最好能提出每小时放气次数。有些实验室的空气要求保持一定的洁净度时，则需要提出洁净等级。通风柜及其他设备通风：有自然排风、机械排风和有过滤装置的排风等，根据需要，加以选择。

c.空调：有些实验室要求恒温恒湿，采用空气调节系统可以保证实验室内的温度和湿度。提出温度及允许温差：相对湿度及允许湿度偏差。

⑤ 气体管道。气体管道分为蒸汽管道、氧气管道、真空管道、压缩空气管道及城市燃气管道等。

⑥ 给排水。

a.给水：冷水，即城市中的自来水或地下水；热水，根据实验要求提出全部实验室采用，还是局部实验室采用，是否采用快速加热器来解决热水供应；冷热水分开，对水龙头的要求；冷热水混合，对水龙头的要求。

b.屋顶水箱：有些实验要求较高，要有一定的水压，有的城市水压不够，要设置水箱。

c.排水：排水温度；排水中有酸，浓度及数量；排水中有碱，浓度及数量；排水中有放射性物质，有多少种放射性物质，浓度是多少；设置地漏，地漏是实验室的地面上设置的一个排水口，也可不设置地漏。

⑦ 电气。

a.照明：日光灯；安全照明；要求工作面上有多少照明（lx）；事故照明，指万一发生危险情况时需要事故照明；明线，电线采用外露形式；暗线，电线采用暗装形式。

b. 强电：工艺设备用电量（kW），按每台设备的容量提出数据；供电电压（V），要求电压是多少；单项插座，要求插座的电流是多少；三项插座，要求插座的电流是多少；特殊设备用电，如电幕、电梯、传送带的用电要求；供电路数，根据实验楼的重要性，提出供电要求（指不能停电、要求电压稳定和频率稳定等）。

c. 弱电：装设电话分机；装设程控电话；装设电钟插座；装设闭路电视系统；广播；防雷，建设地点的防雷情况要调查清楚，提出防雷要求。

⑧ 实验室公害。指实验过程中产生的公害：噪声，实验时产生噪声，最大分贝值是多少；振动，属于低频、中频或高频；臭味，化学实验室会产生臭味，有哪些臭味；辐射，实验时产生 α、β、γ 射线等；磁场；灰尘；细菌；蒸汽；有害废气，实验时产生哪些废气，包括的种类及数量。

 案例13 汽车发动机试验室的布局建设

车用发动机试验室布局建设方案 SICOLAB

车用发动机台架试验室设计的要点是满足发动机试验室专业用途上的需要，同时兼顾建筑上的要求。设计时应综合考虑各种试验设备的布置及安装条件；各管路、线路设计的工艺条件。设计时事先应主要考虑以下要求：良好的工作空间和试验人员的安全性；能满足预计试验顺利进行的各种需要；试验台架的设计功率和试验的性质；不同燃料的储藏和供应；水源供应及循环用水系统；室内通风及排气系统；降噪降振及隔噪隔振；供电系统能提供试验设备及仪器所需的多种电压；试验设备及试件的便捷移动和存放空间；管路系统合理布置，便于维修；完善的消防措施；人流与物流分开；试验台架的自动化程度、通用性和灵活性等。

一、车用发动机试验室整体规划和布局

功能齐全的车用发动机试验室除了台架试验室之外通常应包括办公室、设计室、会议室、计算中心、材料室、燃料库、机加工车间、中心供电室、中心供气室、空调设备及卫生间、盥洗室、浴室、休息室等辅助设施。试验室建筑布局应考虑内燃机试验设计规模、试验室类型、台架数目、试验台架使用率、可提供的建筑场地、周围道路和房屋等。发动机运行过程中的噪声大，排气污染严重，在选址时应远离教学、办公和生活区，同时要考虑水、电、燃料的供应及良好的通风和道路条件。发动机试验室通常有三种不同的结构方式：每个台架一个观察室，每个试验台架相互没有干扰但试验设备不能通用，建筑面积大，建筑成本高，适合用于冷启动试验室、噪声试验室等专项试验室；集控式观察室，多个试验台架共用一个集中式观察室，可提高测试仪器和设备的利用率，利于对多个试验件进行计算机集中控制，适合台架使用率高，各台架试件类型较为固定的场合；两个台架共用一个观察室，兼有前两种方案的特点，在台架使用率不高的情况下，可在一个试验室内布置测试范围不同的两个台架，共用一个台架地基，按试验件测试需要使用不同的台架，可提高设备的利用率，降低建筑成本。本试验室综合应用上述三种结构形式（图1）。各试验室应有大门直接连通道路，便于试验设备和试件的进出。发动机试验室采用三层立面结构（图2）。底层为地下室，台架基础由弹簧减振器支承，便于维护；有利于进出水管、测量管线、通风风管、尾气管道及辅助设备的安装、布置和维修；便于安装消防管道及辅助装置，如空气压缩机、冷启动试验空调压缩机、循环水池、油水分离器等。台架试验室的面积要适中，宽度一般在 6m 以内，进深一般在 8m 以内，高度不要过低，一般为 6m 左右，要考虑其他设备的安装和使用

便利，如电动葫芦、热交换器、通风机等。

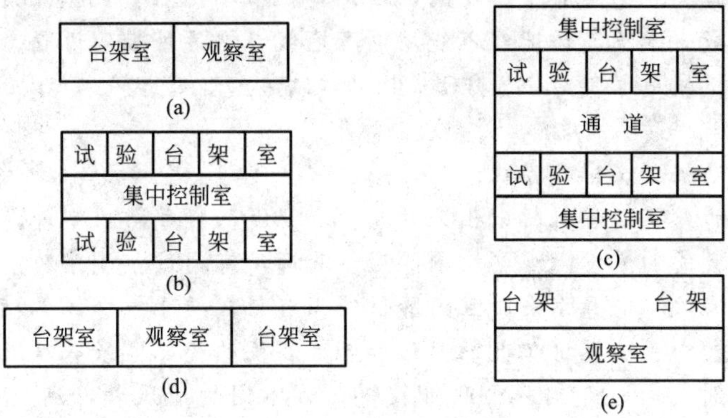

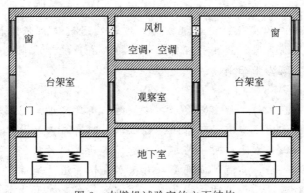

图 1 　内燃机试验室的平面结构

（下半部分立面结构图）

图 2 　内燃机试验室的立面结构

观察室的面积不宜过小，高度可为一般建筑高度。其上层可以安置通风设备、冷却塔、水箱等。观察室地面高度可高于台架室地面，利于观察台架室内情况，观察窗应在满足良好视觉效果的前提下缩小面积。台架布置时，连接发动机和测功机的弹性联轴器不要正对观察窗，其轴线应垂直于观察窗，以防台架出现故障时，高速运动的物体击碎观察窗而伤及试验人员。测功机的位置关系到管道的布置和内燃机的固定。为紧凑利用空间，可考虑将测功器居中置于试验台架上，其两侧可放置内燃机，要试验的发动机与测功器相连，暂不试验的发动机与测功器脱开，可减少发动机上下台架的工作量。为适应不同的试验机型，发动机支架应有一定的通用性。

二、供电及照明

配备一个中心配电室，可集中控制所有用电器电源。并配备不间断电源，以防止突然停电对设备造成损害，便于计算机保存数据。可配有应急使用的发电机，满足停电时个别试验及设备的需要。考虑到试验室地下室在梅雨季节地面及墙面均有水渗出，配电室由原来设计在地下室改为设在二楼。各处布置的插座有 220V 和 380V 两种电压，同时每个试验室和观察室分别设有电源开关。如条件允许，应配备整流器，在各试验室和观察室设输出端，提供多种交、直流电压，如 110V 交流电及 12V、24V、36V 直流电等，满足一些设备的供电需求，并可用于启动内燃机及为内燃机电控系统供电。电力测功机因对电源要求高，专门设计安装了一路动力线供电。台架室的光强要大于观察室的光强，最好在台架室靠近观察窗侧用较强的光源照射整个台架室。台架室还应尽可能地采用自然光，可在外墙的中上部开窗，应采用双层玻璃以满足降噪的要求。各试验室、观察室及通道都应设置应急光源，在突然停电和火警时使用。试验室地线是非常重要的，因计算机、测功器、数据采集系统、电控发动机等均需可靠接地以减少干扰，该地线不能用电源地线，需另外专门设置。用铜网埋在地下并用粗铜线引出地线，接地电阻应小于 1Ω。由于需做汽油机及燃气发动机试验，专门设计了两个试验间，全部采用防爆电器。

三、通风及发动机进、排气系统

通风系统的目的是将内燃机辐射出来的热量和泄漏的废气排出室外，保持观察室内的空气温度，降低室内废气的浓度。观察室内的温度和通风可通过空调系统来控制。台架试验室内的通风则采用直流风机通风系统，且为降低使用能耗，便于维修保养，各个台架试验室应有独立的通风系统。由于内燃机工况的变化和季节温度的变化，采取双风机系统，两台不同送风量的风机可分别或同时开启，由此可获得三种不同的通风量，满足在不同工况时的需要。可采用上送下排的送排风方式，优点是室内的空气可较快地排出室外，且对室内人员的安全有利。应在风管中设置隔噪材料及特殊的消声管路，可防止通风系统中空气噪声进入试验室，也可隔断室内噪声的外传。通风管出口处安装消声器降低通风噪声。内燃机的进气一般直接采用台架试验室内的空气。内燃机排气经冷却后通过风机强制抽风，为减小排气阻力，排气系统不宜安装消声器，将废气经排气管道排入消声坑，消声坑采用迷宫式设计，使废气在排出过程中经多级膨胀而消声。

四、供水系统

测功器、发动机等在工作过程中需要水，从节约的角度考虑采用循环供水。在试验室房顶建设稳压水箱，试验室地下建有循环水池。稳压水箱配有自来水补水开关，测功器、发动机等用水经回水管流入循环水池，用泵将水送入稳压水箱。同时为便于在水箱故障或需要使用清洁水源的场合有水供应，各测试间还引入自来水直供管道。地下室最低处设有污水集水池，所有台架的废水经回流水管流回污水集水池。污水集水池配有油水分离器，用水位自动控制泵将水抽出室外。整个冷却水系统的水泵和阀门都应设计成自动控制和调节。

五、隔振、隔噪

发动机在工作时是主要的振动源，设计台架时必须考虑隔振。传统采用橡胶或地沟隔振的方法效果较差，故采用减振弹簧进行隔振。隔噪采用的方法有：试验室四壁及顶部均采用微穿孔板，板内墙面涂吸声材料；顶面采用尖劈形造型以增加吸声表面积；用于采光的窗户采用内外两层玻璃或两层真空玻璃，两层玻璃间用 $30\sim50\mathrm{mm}$ 厚的空气腔隔声；试验室与观察室之间安装两扇重型隔声门，隔声门采用内外双层钢板，附贴阻尼层，内腔填充吸声材料，在门四周纵向和横向缝隙处，用橡胶条密封，门边加橡胶等。

六、消防

在观察室通道内设置消防栓，观察室及试验室内放置灭火器；电路中设置应急开关，当出现火警时切断电源；试验室内安装烟度报警装置，当室内烟度超过规定值时，自动开启灭火系统。观察窗附近的墙面上附有尖锤，可用于击破观察窗，便于消防设备的使用。

SICOLAB（二级施工资质）实验室设计、建设、装修、改造、通风、净化、水电气、三废处理、实验室家具设计生产安装一站式。

2.5　汽车专业编制实验室建设项目方案

实验室的建立离不开资金的支持，下面介绍一下实验室建设财政专项的申报情况。通过下面的上海市职业教育发展专项资金操作流程，可对实验室建设专项资金申报有一个总体认识。

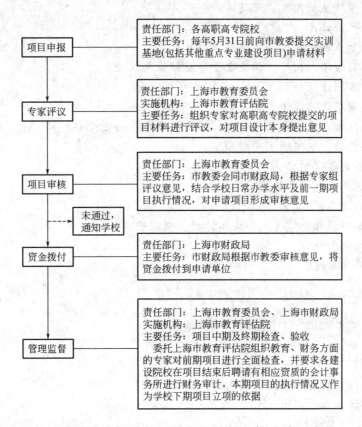

结合北京信息职业技术学院计划财务处发布的财务文件《关于申报2018年财政专项资金的规定》，介绍一下2018年财政方案，并了解一下申报材料的准备。

关于申报2018年财政专项资金的规定

各单位：

需要申请2018年财政专项资金的单位，认真做好市场调研，常用办公设备可登录北京市政府中心网站，在首页下方——北京市政府采购协议供货和定点服务综合查询平台，请选取办公设备名称、品牌、价格和商品编号，将相关信息填写在专项资金申报审批表中，做好场地、设备位置等平面设计图。需要申报的材料见附表。

1.项目名称，由改善办学条件＋教育项目类别＋学院项目名称构成。

常用教育项目类：基础设施改造；设备购置；实验室建设；实训基地建设；专业建设；教育教学；图书馆建设；信息化建设；大学生思想政治教育；汽车购置及更新。

2.从2016年开始学院财政专项全部进入全过程绩效管理，申报材料中增加了项目支出绩效目标申报表，每个项目都要按照规范要求填报绩效目标，北京市财政局将批复财政专项纳入重点项目进行全过程绩效考核。

3.申报项目评审专家不能为学院职工及退休人员，专家必须是本行业具有中级以上职称的人员或本行业企业高级管理人员。学院将聘请专家对申报项目进行评审。

4.属于信息化建设项目，首先报送计划财务处申请立项，待审批后，填报信息化建设相关材料，具体问题与信息中心×××联系。

专项资金申请范围：

1．学院新建留学生公寓、图书馆综合楼设备、家具等；

2．信息化教学改革硬件及软件建设；

3．软件正版化项目；

4．提高教师专业技能和业务素质建设项目；

5．教学楼、实验楼、操场、学生食堂等基础设施改造；

6．教学实训基地建设；

7．教学实验室建设、改造；

8．信息中心改造，学生电子阅览室，图书馆设备、档案设备；

9．教学设备更新（学院统一安排）；

10．办公设备更新（学院统一安排）；

11．学生添置床具、课桌椅；

12．全国技能大赛；

13．大学生思想教育，学生大型文体活动、心理咨询；

14．中职学生免学费；

15．环保、安防系统。

附件：

1．项目申报文本（附件文件详见学院表格模板）；

2．可行性报告；

3．评审报告；

4．项目支出绩效目标申报表；

5．项目支出预算表。

说明：

1．所有项目都要提供项目申报文本、可行性报告和评审报告，可行性报告和评审报告的名称应与项目申报表一致（财政局对高校要求），项目中包含办公设备的需要填报固定资产购置计划表；

2．维修项目、工程建设项目需要提供预算明细表；

3．续建项目仍使用原项目名称，在名称后加续建或项目序号；

4．各单位需要更新或添置的办公设备由学院统一安排。

 案例14 **实验室建设项目申报文本**

项目申报文本

项目名称：实训基地建设——汽车装配与维修基础实训室建设

项目代码：

项目申报单位：北京信息职业技术学院

一级主管部门：北京电子控股有限责任公司

项目实施年度：2016 年

项目申报时间：2016 年 3 月

项目申报单位盖章　　　　　　　一级主管部门盖章

项目名称	实训基地建设——汽车装配与维修基础实训室建设		
项目申报单位	北京信息职业技术学院	一级主管部门名称	北京电子控股有限责任公司
项目负责人	×××	项目负责人电话	×××
财务负责人	×××	财务负责人电话	×××
项目单位地址	朝阳区芳园西路5号	邮政编码	100015
项目类别名称	政府已研究确定项目	项目类型名称	教育事业类项目
支出功能分类科目	高等职业教育	是否涉及政府采购	是
是否财政评审	是	有无财政评审资料	有
是否经过专家论证和评审	是	有无可行性报告	有
是否绩效考评项目	系统自动生成	是否实施项目事前评估	
是否涉及信息化类项目	否		
不采购理由			
不评审理由			

项目申报理由、主要内容和绩效目标

一、项目申报理由和主要内容:填写申报项目充分、合理的立项理由,简要的项目内容和方案,以及项目经费的测算依据等内容。500字左右

1. 立项理由

各企业都希望招聘综合素质高并能够与企业岗位能力要求匹配度高的人才,而现在的毕业生很难达到企业的人才招募标准,这也正是职业教育需要解决的问题。学校需要通过职业教育强化学生的职业技能,提升竞争力,为学生毕业后顺利找到工作增加筹码

现在就业形势十分严峻,毕业生专业技能教育责任重大,职业学校教育在全面培养学生综合素质的同时应重视对学生专业技能的培养

因此,为了满足学院的教学需求,提升学生的实践能力,增强专业技能,提高教师的教学水平和质量,提升就业率,学院计划进行实训基地建设——汽车装配与维修基础实训室建设

2. 主要内容

包含汽车装调基础技能实训系统、汽车仪表台实训系统、汽车线束实训系统各一项

3. 项目测算依据

通过市场调研和价格咨询,按照节约、高效的原则编制预算,预算价格为×××万元

二、绩效目标:填写内容主要包括预期提供的公共产品和服务、项目实施后的预期效果等。所填写的各项目标应客观明确、具体细化、合理可行,并尽量予以量化,跨年度项目和阶段性比较明显的项目还应填报项目各阶段拟完成的目标和任务,并注明完成时间。200字左右

1. 产出绩效

产出数量:包含汽车装调基础技能实训系统、汽车仪表台实训系统、汽车线束实训系统各一项

产出质量:本项目全部采用达到国家标准的制造厂家设备,并且这些设备的厂家必须通过ISO9000及产品有国家认可机构颁发的产品合格证书。软件符合软件开发标准,达到教育部资源开发标准,符合GB8566《计算机软件开发规范》,产品达到优质质量标准

产出进度:2015年3月需求调研,2016年4月至5月招标,6月至11月实施,12月验收

产出成本:预算为×××万元,此预算通过市场调研和价格咨询,按照节约、高效的原则编制

2. 效果绩效

经济效益:项目完成后,可满足学院教学的需要,促进学院发展,将把学院相关专业建设成为社会、行业认可度高、对行业乃至区域经济的发展具有较大促进作用、在国内同类专业中处于领先地位的国家示范专业。本项目有利于教学水平的提高,提高教学质量,节省教育成本

社会效益:随着本项目的实施,将进一步强化信息化校园建设,提升学院的教学水平,提升学院的办学能力,为地方经济社会发展提供更多高素质的人才,同时带动整个区域信息化水平的不断提高,为建设现代化大都市提供人力资源的保障

可持续影响:系统通过更新升级可长期使用,预计在未来5年内持续发挥影响

服务对象满意度:为学院相关专业师生提供学习平台,受益师生满意率达到90%

万元（保留六位小数）

年度：2016 年

项目构成名称：实训基地建设——汽车装配与维修基础实训室建设

项目构成金额：×××万元

资金来源：财政拨款

支出功能分类科目：教育事业类项目

是否政府购买服务：否

项目明细名称	支出经济分类科目	是否涉及政府采购	采购目录名称	参考型号	采购数量	预算申请数
汽车装调基础技能实训系统	高等职业教育	是			1	×××万元
汽车仪表台实训系统	高等职业教育	是			1	×××万元
汽车线束实训系统	高等职业教育	是			1	×××万元
合计						×××万元

2.6 汽车专业实验室建设项目管理

（1）项目管理含义及基本原理

项目管理就是对有关项目活动的知识、技能、工具和技术的运用，以达到项目需求。通过运用一定的知识、技能、工具和技术等使具体项目能够在计划时间内按照实际需求，高质量、高效率的完成项目内容。

项目管理是指综合应用理论与经验知识，在各种资源约束条件下寻找最佳实现预定目标的组织安排与管理方法。它既不同于一般的生产管理，也不同于常规的行政管理，它是为完成独特的任务而设计的一套完整的管理体系。项目管理是现代管理学科中一个重要的分支。它是以项目为对象的系统管理方法，通过一个临时的专门的柔性组织，对项目进行高效率的计划、组织、指导和控制，以实现项目全过程的动态管理和项目目标的综合协调与优化。在项目的生命周期内不断进行资源的配置和协调，不断做出科学决策，从而使项目执行的全过程处于最佳的运行状态，产生最佳的效果。项目管理的日常活动通常是围绕项目启动、项目计划、项目实施、执行保障、项目收尾五项基本任务来展开的。项目管理是以项目经理负责制为基础的目标管理。项目管理的主要特点表现在项目管理的对象是项目，是针对项目的特点而形成的一种管理方式；项目管理的全过程贯穿着系统工程的思想，它把项目看成一个完整的系统，依据系统论的观点，将其分解为多个责任单元，由责任人分别按要求完成目标，最后综合成最终的成果；项目管理的组织具有特殊性，它将项目作为一个组织单元，围绕项目来组织资源，其组织是临时性的、柔性的、可变性的，打破了传统的组织形式，根据项目生命周期各个阶段的具体需要适时地调整组织的配置，强调协调控制职能，是一个综合管理过程，其组织机构的设计必须充分考虑到有利于组织各部门的协调和控制，以保证总体目标的实现；项目管理的体制是基于团队管理的个人负责制，是一种多层次的目标管理方式，项目管理的要点是创造和保持一种使项目顺利进行的环境，是一种管理过程而不是技术过程；

项目管理的方法、工具和手段具有先进性、开放性，如运用网络图编制项目进度计划、价值工程、全面质量管理、技术经济分析等理论和方法控制项目总目标。项目管理与传统的部门管理相比，注重于综合性管理，在费用控制、进度控制等方面明显优于传统的管理方法。

(2) 项目管理在实验室建设各阶段的应用

实验室建设是一项十分重要的教学基本建设，涉及面广，影响面大。如何将有限的建设资金用在刀刃上，充分发挥资金的最大效益；如何把教学实验室建设与实验室改革有机地结合起来，实现实验室资源的优化配置；如何在教学实验室建设过程中把握建设原则、实施有效监督、评价建设成效等都是摆在教学实验室建设主管部门面前必须解决的问题。因此在实验室建设过程中，要强化实验室建设的项目管理，按照项目管理的基本原理和方法对教学实验室建设进行全方位、全过程的管理监督，对项目的建设进度、建设质量、建设资金和机构人员配备等进行有效的评估和监控，将现代项目管理理念贯穿于实验室建设的各个环节。项目立项阶段由实验室建设主管部门和各二级单位在反复论证和调查研究的基础上，做好实验室建设的整体规划。项目实施阶段项目负责人对项目的进度、质量、资金及效果等全权负责，并负责与相关单位和部门协调实验室建设中的各项事宜。项目验收阶段要实行院、系两级验收制度，进行现场检查，对实验开出情况、学生受益面、实验内容效果、实验教学效果、实验仪器设备运行、设备利用率等评价指标给予量化打分，对项目做出客观具体的验收和评定。项目使用阶段项目负责人和管理人员要做好使用及维护记录文件，做好使用统计表，并注重使用经验的总结和技术改进建议，在此基础上，得出实验室综合效益分析报告。

① 实验室项目特点。实验室项目的最终目的是要验证新产品或正式产品的功效，与其他工业、民用或公共建筑项目相比有如下几个特点：对各系统的精度、可靠性要求高；项目全寿命周期各阶段都需进行严格的确认及认证工作，以确保最终的技术达标；虽为非人员密集场所，但在安全、健康、卫生方面的风险远高于其他建筑；空调通风系统对实验室工作人员的健康和安全尤为重要；最终用户一般都是行业中的技术人员。

实验室一般都是应科学研究、生产或产品开发的要求而建设的，在项目规划阶段要同项目各相关方明确项目的工作任务，包括范围、进度、费用、质量、最终可交付成果等方面的具体要求。

② 工作范围管理。一个健康高效的沟通平台是项目从一开始就应建立起来并不断去完善的。实验室项目的最终用户及将来的系统运营维护团队应充分参与到项目各阶段尤其是最前期的规划中。为了保证各项工作的有序展开，应建立可量化并可持续跟踪、更新的用户需求矩阵，作为从设计、采购到施工直至最终测试验收和运营管理的生命线。要在项目一开始就明确将来所有的实验室器具是较难做到的，但在项目规划阶段建立一个用户需求矩阵并滚动推进、渐进明细地维护这个数据库将对整个项目起到提纲挈领的作用，达到事半功倍的效果。

用户需求矩阵可以根据实验室的功能区进行划分，明确实现各项功能所需的实验室器具所处的环境、配套设施、安全措施等目标值和精度要求，并需了解其具体使用的操作规范、使用频率或其他特殊性的要求。作为关键信息的综合文件不但要有对数据、参数、规范等的收集，还应有对所有信息的汇总和归纳，便于项目管理中各项工作的需求采集和变更记录，或作为分析的依据。用户需求矩阵一般横向为信息种类的描述，纵向为设备设施的汇总。

信息种类需首先明确设备编号、名称、所在位置等，也可根据项目具体的规划需求罗列品牌、型号、交货期等，便于采购、进度等管理的跟踪。然后，在明确的设备后罗列该设备本体的基本参数，如容量、质量、尺寸、材质等。最主要的矩阵信息为该设备对各项动力系统的需求，如房间温湿度要求、设备发热量、通风量、供电、气体、上下水、控制等从用量到连接点参数的一一记录，作为设计、施工到调试的依据。最后，往往可能是最需要同最终用户沟通的有关实验室使用情况的预计，如同时使用系数、峰值、平均值，作为整个实验室合理优化设置的前提。

③ 进度管理。同其他项目相比，在实验室项目的进度安排上，值得注意的是每个环节都应额外留出充足的时间对该步骤进行各项工作完成情况的确认并记录。

设计的各个阶段需保证设计方已完全了解用户需求矩阵的内容，用户也认同设计方为其选择的系统方案。设计文件应是一一对应并可追溯的，施工安装前对任何有歧义的设计信息或变更要求需及时沟通，在安装确认时应有一份最新设计文件，以对现场的每个构件做出确认判定并进行书面记录。以上工作都是为了确保测试调试过程中能顺利及高效地完成相应的系统认证，而这些过程在进度计划中都应逐一体现并实施。

④ 成本管理。成本、时间、质量在项目管理中永远是需要不断去平衡的三角关系，实验室项目也不例外。由于实验室的使用过程有其特殊性，如异于生产的同时使用系数、通宵实验、环境危害性要求（如正负压控制、三废排放处理）等，如果想对其建设成本进行合理分析，就必须从最终用户处了解最真实的情况，对各系统的设置进行最优化评估（初投资与运行费用的综合考量、价值工程等）。例如，最常见的实验室通风换气方案的探讨中，新风量都按排风柜全开的状态确定，往往造成能量的大量浪费（即投资和运行成本增大），而实际使用过程中如果选择合理的同时使用系数、新风系统采用变风量控制或选择自净式排风柜等，都会有效地优化系统，达到成本控制的效果。

⑤ 质量管理。如前所述，实验对各系统的精度和可靠性要求远高于同类生产过程，故其对质量的要求也更严格。对实验室项目实施质量保证和控制必须有明确的流程和技术规范，并且贯穿项目始终，做到预防与检查相结合。同时，质量和安全一样，不应是团队中某一分支部门的职责，应该是每一个项目参与者在每一道项目工序执行时都要时刻自我监督和相互监督。这就要求在项目团队建设过程中把质量意识作为文化素质评估要求之一。

⑥ 风险评估。实验室是一个相对特殊的工作场合，尤其是一些生化类的实验室，对实验室工作人员的安全、健康、卫生管理及外围对环境的各种影响是项目管理风险评估的重中之重。风险评估不但要进行定性分析，对有重要影响的风险还要进行定量分析。根据风险的严重程度和发生的可能性进行矩阵分析，排列出优先级，并有针对性地确定应对策略。报警系统、定期检测系统、应急设施、防护系统、有效的警示标示等都应在实验室建设过程中反复推敲，优化设置。

 案例15 **株洲工学院实验室建设项目管理职责分工**

序号	建设阶段	建设内容	责任部门
1	立项	编制立项申请报告、项目论证书	各项目申请单位
2	论证	组织联合专家组进行项目论证和立项	教务处
3	建设计划编制	编制仪器设备购置计划和实验室改造修缮计划	各项目申请单位
4	建设计划审查	审查仪器设备购置计划和实验室改造修缮计划	教务处
5	建设计划审批	批准建设计划	实验室建设领导小组和建设委员会
6	实验室"软件"建设	实验教学大纲、实验指导书、实验项目卡、规章制度等	立项单位、教务处
7	仪器设备招标	制订标书、确定招标代理公司、仪器设备招投标	立项单位、设备处、财务处

序号	建设阶段	建设内容	责任部门
8	实验室改造	改造修缮计划预算与审计、实验室改造施工	后勤处、审计处、教务处、财务处
9	仪器设备验收	仪器设备安装、调试、验收、建账、建卡	设备处、立项单位、审计处、财务处
10	实验室绩效评估	实验室绩效评估、建设材料验收、汇总	教务处、设备处、财务处、立项单位

(3) 实验室项目采购管理

许多成功的利用外界资源的实验室项目，常常归功于好的项目采购管理。实验室项目采购管理是指在实验室项目整个实施过程中，有关实验室项目组织为完成项目可交付成果，而从外部积极寻求和采购项目所需各种资源的管理。

① 实验室项目采购的内容与形式。采——选择，购——取得。实验室项目采购不同于一般概念上的商品购买，还包括除了购买之外，用租赁、借贷、交换等各种途径取得或通过努力从系统外部获得资源使用权的过程。

a. 按采购内容可以分为土建工程、实验仪器设备、咨询服务三种采购。

• 土建工程采购（有形采购）是指通过招标或其他商定的方式选择工程承包单位，即选择合格的承包商承担项目工程施工任务。

• 实验仪器设备采购（有形采购）包括硬件（如试管、烧杯、计算机等）和软件（如系统软件、管理软件、工具软件等），还包括相应的服务（如运输、保险、安装、调试、培训、初期维修等）。

• 咨询服务采购（无形采购）可分为以下四类：决策阶段——项目投资前期准备工作的咨询服务（如可行性研究，项目评估）；设计、招投标阶段——实验室工程设计和招标文件编制服务；施工阶段——项目管理、施工监理等执行性服务；其他——技术援助和培训等服务。

b. 按采购方式可以分为招标采购和非招标采购。

• 招标采购主要包括公开招标和邀请招标。

招标是在一定范围内公开货物、工程或服务采购的条件和要求，邀请众多投标人参加投标，并按照规定程序从中选择交易对象的一种市场交易行为。公开招标是由招标单位通过报刊、广播、电视等媒体工具发布招标广告，凡对该招标项目感兴趣又符合投标条件的法人，都可以在规定时间内向招标单位提交意向书，由招标单位进行资格审查，核准后购买招标文件，进行投标。邀请招标是招标人以投标邀请书的方式邀请特定的法人或者其他组织（必须有三家以上）在规定时间内向招标单位提交投标意向，购买招标文件进行投标。

• 非招标采购主要包括国际、国内询价采购、直接采购、自营工程等。

② 实验室项目采购的原则。

a. 经济性和效率性。

含义：投入单位货币或单位时间对应的产出。

要求：实验仪器设备和土建工程的采购，需要讲求经济性和效率性，两项占到采购额的90%。咨询服务采购主要讲究质量，经济性属次要。

表现：优良的质量，合理的、较短的时间。

b. 均等的竞争机会。

含义：合格竞争者，均等的机会。

表现：参与均等，所有合格竞争者均有资格预审、投标、报价；来源均等，所提供的实验仪器设备、服务和与之相关的配套服务也必须来源于合格竞争者；评审均等，所有来自合格竞争者的厂商的资格预审申请、投标文件和报价都必须受到公正对待。

c.透明度。有利于提高采购过程的客观性。避免腐败现象，如高价采购拿回扣等。

d.方式灵活。采用不同的招标方式，除了竞争性之外，还要考虑其他因素，如采购对象的特殊性，时限要求，采购费用，对供应商的吸引力等，不同条件选择合适的方式。

③ 实验室项目采购管理流程。

a.编制采购计划：确定采购什么、何时采购。

b.编制询价计划：记录产品、确认渠道。

c.询价：取得报价、标书要约。

d.选择供应商：做出选择、签订合同。

e.合同管理：执行合同、费用支付。

f.合同收尾：产品审核、正式验收。

 案例16 **江南大学仪器设备校外招标采购流程**

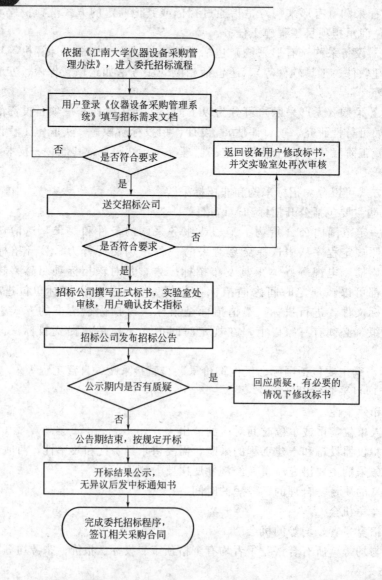

④ 招投标程序。依据《中华人民共和国招标投标法》，一般来说，招投标需经过招标、投标、开标、评标与定标等程序。

a. 招标。公开招标应当发布招标通告。招标通告应当通过报刊或者其他媒介发布。其中属于政府采购而采用公开招标或者邀请招标方式的，则还应当遵循政府采购信息发布管理规定，目前财政部指定的政府采购信息发布媒体有三家，即中国政府采购网、中国财经报、中国政府采购杂志。招标通告应当载明下列事项：招标人的名称和地址；招标项目的性质、数量；招标项目的地点和时间要求；获取招标文件的办法、地点和时间；对招标文件收取的费用；需要公告的其他事项。

招标人或招标投标中介机构可以对有兴趣投标的法人或者其他组织进行资格预审，但应当通过报刊或者其他媒介发布资格预审通告。资格预审通告应当载明下列事项：招标人的名称和地址；招标项目的性质、数量；招标项目的地点和时间要求；获取资格预审文件的办法、地点和时间；对资格预审文件收取的费用；提交资格预审申请书的地点和截止日期；资格预审的日程安排；需要通告的其他事项。上述预审应当主要审查有兴趣投标的法人或者其他组织是否具有圆满履行合同的能力。有兴趣投标的法人或者其他组织应当向招标人或者招标投标中介机构提交证明其具有圆满履行合同的能力的证明文件或者资料。招标人或者招标投标中介机构应当对提交资格预审申请书的法人或者其他组织做出预审决定。

采用邀请招标程序的，招标人一般应当向三家以上有兴趣投标的或者通过资格预审的法人或者其他组织发出投标邀请书。

采用议标程序的，招标人一般应当向两家以上有兴趣投标的法人或者其他组织发出投标邀请书。

招标人或者招标投标中介机构根据招标项目的要求编制招标文件。招标文件一般应当载明下列事项：投标人须知；招标项目的性质、数量；技术规格；投标价格的要求及其计算方式；评标的标准和方法；交货、竣工或提供服务的时间；投标人应当提供的有关资格和资信证明文件；投标保证金的数额或其他形式的担保；投标文件的编制要求；提供投标文件的方式、地点和截止日期；开标、评标、定标的日程安排；合同格式及主要合同条款；需要载明的其他事项。

招标人或者招标投标中介机构在招标文件中，可以规定投标人在提交符合招标文件要求的投标文件的同时，提交备选投标文件，但应做出说明，并规定相应的评审和比较办法。

招标文件规定的技术规格应当采用国际或者国内公认的法定标准。招标文件中规定的各项技术规格，不得要求或者标明某一特定的专利、商标、名称、设计、型号、原产地或生产厂家，不得有倾向或排斥某一有兴趣投标的法人或者其他组织的内容。

招标人或者招标投标中介机构需要对已售出的招标文件进行澄清或者非实质性修改的，一般应当在提交投标文件截止日期 15 天前以书面形式通知所有招标文件的购买者，该澄清或修改内容为招标文件的组成部分。

招标通告发布或投标邀请书发出之日到提交投标文件截止之日，一般不得少于 30 天。

对于同一招标项目，招标人或者招标投标中介机构可以分两阶段进行招标。第一阶段，招标人或者招标投标中介机构应当要求有兴趣投标的法人或者其他组织先提交不包括投标价格的初步投标文件，列明关于招标项目技术、质量或其他方面的建议。招标人或者招标投标中介机构可以与投标人就初步投标文件的内容进行讨论。第二阶段，招标人或者招标投标中介机构应当向提交了初步投标文件并未被拒绝的投标人提供正式招标文件。投标人或者招标投标中介机构根据正式招标文件的要求提交包括投标价格在内的最后投标文件。

b.投标。投标人应当按照招标文件的规定编制投标文件。投标文件应当载明下列事项：投标函；投标人资格、资信证明文件；投标项目方案及说明；投标价格；投标保证金或者其他形式的担保；招标文件要求具备的其他内容。

投标文件应在规定的截止日期前密封送达投标地点。招标人或者招标投标中介机构对在提交投标文件截止日期后收到的投标文件，应不予开启并退还。招标人或者招标投标中介机构应当对收到的投标文件签收备案。投标人有权要求招标人或者招标投标中介机构提供签收证明。

投标人可以撤回、补充或者修改已提交的投标文件；但是应当在提交投标文件截止日之前，书面通知招标人或者招标投标中介机构。

c.开标。开标应当按照招标文件规定的时间、地点和程序以公开方式进行。开标由招标人或者招标投标中介机构主持，邀请评标委员会成员、投标人代表和有关单位代表参加。

投标人检查投标文件的密封情况，确认无误后，由有关工作人员当众拆封、验证投标资格，并宣读投标人名称、投标价格以及其他主要内容。

投标人可以对唱标进行必要的解释，但所进行的解释不得超过投标文件记载的范围或改变投标文件的实质性内容。开标应当进行记录，存档备查。

d.评标与定标。评标应当按照招标文件的规定进行。

招标人或者招标投标中介机构负责组建评标委员会。评标委员会由招标人的代表及其聘请的技术、经济、法律等方面的专家组成，总人数一般为五人以上单数，其中受聘的专家不得少于三分之二。与投标人有利害关系的人员不得进入评标委员会。

评标委员会负责评标。评标委员会对所有投标文件进行审查，对与招标文件规定有实质性不符的投标文件，应当决定其无效。

评标委员会可以要求投标人对投标文件中含义不明确的地方进行必要的澄清，但澄清不得超过投标文件记载的范围或改变投标文件的实质性内容。

评标委员会应当按照招标文件的规定对投标文件进行评审和比较，并向招标人推荐一至三个中标候选人。

招标人应当从评标委员会推荐的中标候选人中确定中标人。中选的投标者应当符合下列条件之一：满足招标文件各项要求，并考虑各种优惠及税收等因素，在合理条件下所报投标价格最低的；最大满足招标文件中规定的综合评价标准的。

除采用议标程序外，招标人或者招标投标中介机构不得在定标前与投标人就投标价格、投标方案等事项进行协商谈判。

招标人或者招标投标中介机构应当将中标结果书面通知所有投标人。招标人与中标人应当按照招标文件的规定和中标结果签订书面合同。

⑤ 招投标流程总结如下。

一、公开（邀请）招标采购方式

1.主持人致主持词。宣布开标会开始，介绍采购项目内容及投标人名称，宣布本次招标活动的主持人、监标人、唱标人、记录人、联络人等工作人员名单。

2.宣读大会《会场纪律》。

3.查验投标单位与会代表资格。公证员（监标人、工作人员）查验投标单位与会代表资格身份证明。

4.查验保证金交纳情况。请公证员（监标人、工作人员）查验。

5.宣布各标书送达时间，查验标书密封情况。请公证员（供应商代表）检查投标文件密封情况，并公布检验结果。

6.公开启封投标文件。请公证员（监标人、工作人员）启封标书，并做好记录。同时要求各投标人对开标情况如有疑问，请当场提出。

7.转入评审阶段。宣布进入评标阶段，请投标人在指定场所等候，等待评标小组通知对有关事宜进行澄清，所有联络工作请与本次招标活动的联络人联系。

8.宣读《评标专家须知》并介绍评委会成员。主持人宣读《评标专家须知》，介绍出席评标会议的评标委员会成员和其他工作人员，征询评标委员会成员回避主张。

9.推选评标委员会组长。请评标委员会成员推选评标委员会组长。

10.讨论招标文件、评标办法（指未进行事前论证的项目）。由采购人介绍项目基本情况，并对招标文件的内容进行介绍。

11.评定技术标及商务标。

12.公开启封价格标投标文件。公开唱标，请各投标人确认投标报价。

13.决标。评标委员会根据招标文件规定的评标办法和投标人的投标情况进行评审，由评标委员会组长根据评标委员会成员签字的原始评标记录和评审结果编写评标报告，评标报告由评标委员会成员确认、签字。

14.宣布评标结果。主持人在开标会场宣读评标结果及供应商质疑权利。

15.公证员致公正词。请公证处公证员致公证词。

16.开标、评标活动结束。感谢大家参与本次政府采购招标工作，感谢对政府采购工作的支持。

二、竞争性谈判采购方式

1.主持人致主持词。宣布竞争性谈判采购会开始，介绍采购项目内容及谈判供应商名称。宣布本次采购活动的主持人、监标人、唱标人、记录人、联络人等工作人员名单。

2.宣读大会《会场纪律》。

3.查验谈判供应商与会代表资格。公证处（监标人、工作人员）查验谈判供应商与会代表资格身份证明。

4.查验保证金交纳情况。请公证员（监标人、工作人员）查验。

5.宣布各谈判文件送达时间，查验谈判文件密封情况。请谈判供应商代表检查谈判文件密封情况，并公布检验结果。

6.公开启封谈判文件。请公证员（监标人、工作人员）启封谈判文件，并做好记录。同时要求各谈判供应商对启封情况如有疑问，请当场提出。

7.介绍谈判小组成员并推选谈判小组组长。主持人宣读《专家须知》，主持人逐个介绍谈判小组成员，询问是否存在回避问题，并由谈判小组成员推荐一名组长作为主谈人。

8.谈判供应商资格评审。请谈判供应商在指定场所等候，等待谈判小组通知对有关事宜进行澄清，所有联络工作请与本次招标活动的联络人联系。

9.确定谈判顺序。由工作人员准备号牌让参加谈判的供应商代表抽取，以确定谈判顺序，并予以公布。

10.谈判小组与供应商逐一谈判。按抽签确定好的顺序，谈判小组与供应商代表逐一进行谈判。

11.最终报价。由各谈判供应商代表在事前准备好的报价表上填写最终报价交谈判小组。

12.评审谈判结果。谈判小组根据供应商的最终报价及谈判文件中的评审要求进行评审，并推荐或确定成交候选人。

13.宣布谈判结果。主持人宣读谈判结果及供应商质疑权利。

14. 谈判采购活动结束。感谢大家参与本次政府谈判采购工作，感谢对政府采购工作的支持。

三、询价采购方式

1. 主持人致主持词。宣布询价采购会开始，介绍采购项目内容及询价供应商名称。宣布本次采购活动的主持人、监标人、唱标人、记录人、联络人等工作人员名单。

2. 宣读大会《会场纪律》。

3. 查验询价供应商与会代表资格。公证处（监标人、工作人员）查验询价供应商与会代表资格身份证明。

4. 查验保证金交纳情况。请公证员（监标人、工作人员）查验。

5. 宣布各报价文件送达时间，查验询价文件密封情况。请询价供应商代表检查报价文件密封情况，并公布检验结果。

6. 公开启封询价采购文件。请公证员（监标人、工作人员）启封报价文件，并做好记录。同时要求各询价供应商对启封情况如有疑问，请当场提出。

7. 询价供应商资格评审。请询价供应商在指定场所等候，等待询价采购小组通知对有关事宜进行澄清，所有联络工作请与本次招标活动的联络人联系。

8. 唱标。请工作人员当场拆开报价书，公开唱标，并做好记录。同时要求各投标人对开标情况如有疑问，请当场提出。唱标记录表（含各投标人名称、投标价格、价格折扣等有关内容）由报价人、唱标人、记录人、询价小组确认签字。

9. 宣布询价结果。根据符合采购需求、质量和服务相等且报价最低的原则确定成交供应商，并当场宣布结果。

10. 询价采购活动结束。感谢大家参与本次政府询价采购工作，感谢对政府采购工作的支持。

- 投标人身份确认。招标人和工作人员依照招标文件要求，对参与开标的人员进行身份确认。投标企业的法定代表人或委托的公司总经理、专职交易员须出示法人卡和交易员卡，项目经理出示本人身份证，符合要求方可进场参与开标。投标人代表应按招标文件规定的时间，提前到达开标会地点并签到，无故缺席、迟到或不佩戴法人卡、交易员卡的视为放弃。

- 缴纳投标保证金。投标人须缴纳招标文件中规定数额的投标保证金。

- 主持人（招标人）宣布开标会议开始。

- 采招监管办监督人员宣布投标人身份确认情况、投标须知及会场纪律。

投标人进入会场按指定位置依牌入座。

遵守开标纪律，不得大声喧哗，禁止吸烟，自觉爱护公共财物及设施。

各投标单位之间不得交头接耳，交流信息。

按秩序递交投标书，不得前拥后挤。

自觉服从会场工作人员的指挥。

主持人宣布会议结束后，投标人方可退场。

如违反投标须知及会场纪律的投标人，按扰乱投标秩序论处，将列入不良行为和黑名单。

- 主持人介绍该工程的评标办法及工期、质量等要求。并询问投标人对招标文件有无异议，有异议当场解释，确认无异议后开始开标。

- 各投标人按招标文件要求填写投标书（时间为5分钟）。

- 投标人依序递交投标书。

• 交易中心工作人员开标、唱标及记录，投标人法人代表或委托的公司总经理先对唱标内容予以口头确认。

• 确定中标候选人。按评标办法抽取让利标底，并计算确定中标候选人。

• 开标结果确认签字。开标后投标人法定代表人或委托的公司总经理、招标人、唱标人、记录人及监督人均应在开标记录单上签字确认。

• 公示中标候选人。招标人应按规定将中标候选单位公示2天，并按要求提交招投标情况书面报告。

• 发放中标通知书。公示无异议，发放中标通知书。

公开招投标程序如下。

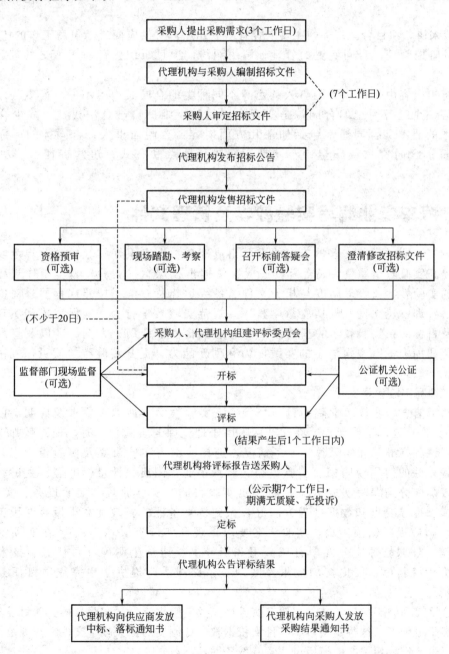

(4) 实验室项目合同管理

在确定中标人后，即进入合同谈判阶段。实验室项目合同谈判的方法一般是先谈技术条件，后谈商务条款。技术谈判的主要内容包括合同技术附件内容、合同实施技术路线、质量评定标准、采购设备和系统报价以及人员投入开发的比重等。商务谈判的主要内容，即投标函中的基本条件包括投标价的优惠条件，质量、工期、进度、服务违约处罚，其他需要谈判的内容。

项目合同管理就是为了实现实验室项目计划，保证供应商或承包商按照合同约定履行义务，而运用各种手段、采取各种措施对实验室项目的建设和运行进行管理。在实验室项目的整个实施过程中，合同管理都贯穿其中，这是对实验室项目进行全面管理的一个重要组成部分。

一般来讲，项目合同管理的主要内容有以下几点：对供应商或承包商工作的监督管理；采购质量监控管理；合同变更的管理；解决纠纷；项目组织内部对于变更的理解；支付管理。

合同的内容由合同双方当事人约定。不同种类的合同其内容不一，简繁程序差别很大。签订一个完备周全的合同，是实现合同目的、维护自己合法权益、减少合同争执的最基本的要求。合同通常包括如下几方面内容：合同当事人；合同标的；标的的数量和质量；合同价款或酬金；合同期限、履行地点和方式；违约责任；解决争执的方法。

2.7 汽车专业编写实验教学及管理文件

实验教学是高等学校教学工作的重要组成部分。为组织好实验教学，规范实验教学过程，提高实验教学质量，高等院校一般会依据本校课堂（实验）教学工作规程要求制定严格的实验教学及管理制度与相关文件。各级学院及教学系按照规程要求对实验教学进行严格管理，建立良好的实验教学秩序，规范实验教学行为，确保完成和实现学校教学任务及目标。在实验教学的基础性文件（如实验教学计划、大纲等）以及管理文档方面需规范和加强，以增强学生的实践能力和创新能力，提升实验教学质量，规范实验教学管理。

(1) 编写实验教学文件

以北京信息职业技术学院为例，来看一下实验教学文件编写要求及说明。依据学院《课堂（实验）教学工作规程》在"开展附属于理论课的实验教学时，任课教师应根据教学大纲（课程标准）和实际教学设备情况，选择或编写实验讲义及实验指导书，并准备实验设备相关的使用说明书、实验数据、参考手册、图册、计量标准等。主讲教师和实验指导教师应分别编写实验教案，反映出实验目的、实验原理、实验设备、实验步骤、安全措施、指导要点和数据处理方法等，做到认真备课。新教师和讲授该课程三次以内的任课教师应提前做预实验，实验教案要求体现预实验有关内容"。"在实训室开展一体化教学，任课教师应开发项目任务书和指导书，让学生明确项目任务、技术指标要求、能力训练目标、要提交的成果及实现技术路线等，提供学生完成项目任务所需的技术资料"。

在这里提到的实验教学文件主要有实验讲义及实验指导书、实验教案、项目任务书和指导书、实验报告等。这些实验教学文件需依据教务处颁发的相关教学文件编写规范及格式要求完成编写工作（相关文档模板可从学院教务网站下载）。

案例17　重庆大学实验教学规范化管理文件

一、实验教学计划管理

1.教学计划（含实验教学环节）由教务处统一管理，实验室及设备管理处负责实验教学运行管理，并就相关事项与教务处和学院协调。教学主管部门、各学院、教师和教学管理人员都必须共同维护教学计划的严肃性和权威性，严格按照教学计划组织和开展实验教学工作。

2.实验课程必须纳入专业培养计划管理，并按照培养计划规定的实验课程组织实施实验教学活动。

3.学院在制订专业培养计划和学期教学执行计划时，应充分考虑课程的实验环节，凡课程中含有实验环节的应将实验课（含计算机上机）的学时从课程的总学时中分离，列入教学计划中"实验"或者"上机"栏目，便于实验课程的教学组织与安排。

4.教学计划在执行过程中，因特殊情况需要对实验课程进行调整或者增减变化的，必须经教务处同意并办理相关手续后才能执行。

5.学校和学院根据培养计划对实验中心（室）实验教学执行情况进行督促、检查、考核；凡未列入教学计划中的实验课程，学校在核算实验教学工作量和运行经费时不予确认。

二、实验教学大纲管理

1.实验教学大纲是开展实验教学的基本依据。凡培养计划设置的实验课程，都必须制定相应的实验教学大纲。实验教学大纲的编制应遵循科学性、可行性、先进性、整体优化，紧密结合课程内容体系，符合学生培养目标和要求的原则。要将教学改革成果融入实验教学大纲中，注重理论与实践的有机结合。

2.实验课程内容及项目若有更新和增减变化，其实验教学大纲应及时进行修订，使其始终保持与实验内容及项目执行的一致性。实验教学大纲原则上每两年修订一次。

3.实验教学大纲的制定（修订）由学院、实验中心（室）组织人员拟定（修订），并组织专家论证，经学院主管教学院长和课程负责人审核签字后执行。

4.实验教学大纲的主要内容及要求如下。

（1）本课程实验教学的任务、要求和应达到的教学目的。

（2）学生应掌握的实验技术及基本技能。

（3）明确的实验课程内容（项目）和学时分配。

（4）采用的实验教材（讲义）或指导书。

（5）实验课程的考核方式。

5.实验教学大纲按照学校统一的内容要求及格式规范编制。

三、实验教材（指导书、讲义）

1.实验课程必须要有配套的实验教材或者指导书（讲义）。应根据实验课程自身特点和要求选用较高质量的实验教材或指导书，也可组织具有丰富教学经验的教师和实验教学人员编写实验教材（讲义）或指导书。

2.实验教材（指导书、讲义）编写应符合以下要求。

（1）体现本实验课程教学的目的和要求。

（2）实验的原理、方法、手段和达到的教学目标。

（3）训练学生综合运用知识解决实际问题的能力。

（4）有较强的实践性和可用性。

（5）应有一定量由学生自主完成的综合性实验项目或题目要求。

第2章　汽车专业校内实验室建设与管理

四、实验教学运行管理

1.实验教学任务下达与安排。实验教学任务主要依据教学计划确定。学校实验教学主管部门按照教学计划规定的实验课程在当学期期末以前向各学院下达下一学期的实验教学任务，学院及相关实验室应根据实验任务安排，落实实验课指导教师，并做好实验仪器设备和实验材料等准备工作。

2.实验课程安排及课表。实验课程的安排一般是根据教学计划由教务处将实验课程信息排入各专业班课表，实验中心（室）应根据专业班课表或者教师课表的实验课程信息，根据实验室容量、时间循环、实验仪器设备的台套数，安排专人在每学期的第五周以前完成二次排课，实验中心（室）应将实验课表公布，同时送一份到实验室及设备管理处实验教学科备案。此课表将作为学校检查、督导和了解实验教学运行及秩序的主要依据。

3.实验课程分组及组织分组循环上课。实验中心（室）在组织教学时，必须保证学生能够充分使用仪器设备。对于部分实验课程和实验项目，因实验室容量和仪器设备数量限制，不能以建制班上课的，必须实行学生分组教学，并编制学生分组名单和分组上课循环时间表，保证学生能够保质保量完成实验教学任务。

4.学生实验报告。学生上实验课程，必须完成实验报告的撰写，任课教师应认真批改学生的实验报告，并加注评语和评定成绩。学生不能完成实验或者不能按要求完成实验报告的，应让其重做。各学院、实验中心（室）应统一和规范学生实验报告的格式与要求，严格实验教学管理。

(2) 编写实验管理文件

依据北京信息职业技术学院《实验实习设备日常管理与维护工作规程》，在实验实习设备使用的准备工作、日常教学过程中实践场地设备管理、实践场地设备卫生保洁以及实践场地设备使用统计与耗材准备的实验室管理各个环节中均涉及实验管理文件，因此将相关文件编写负责人及要求总结如下。

一、《实践场地设备清单》【期初检查】

管理员编制，每个实训场地一本。需随时更新。

二、《实践场地运行管理记录》（就是现在的大白本）【期中、期末各检查一次】

管理员负责建立，任课教师填写。每个实践场地每学期建立一本。开学初管理员填写每周的具体日期，每次使用后由任课教师填写《实践场地运行管理记录》，记载使用用途、场地安全卫生和设备状况。使用量小的实践场地，可以使用活页运行管理记录纸。每次教学结束后，实验实习指导教师（含任课教师）填写《实践场地运行管理记录》，记录以2~4学时为单位填写。每次教学结束后，实践场地管理员检查设备的完整性，查看《实践场地运行管理记录》中的安全卫生检查记录及所记载的设备故障信息，发现设备故障，第一时间与技术员联系，落实设备维修问题。

三、《仪器设备运行记录》（就是原来的小白本）【期中、期末各检查一次】

管理员负责建立，使用者（学生）填写。大型仪器设备（特指5万元以上设备或成套实验设备，如车床、数控机床、电工实验台、电子实验台等，不含机房的普通电脑）【注意：5万元以上设备必须填，电工实验台等成套设备根据管理需要也可以填】，每个设备一个小白本，谁用谁填，每用一次填写一条记录，全班用一台设备（如程控交换系统）则让课代表填写。每次使用大型仪器设备，由使用者记录使用时间、仪器设备完好情况等信息。对于使用大型仪器设备的实验实习教学，组织学生填写《仪器设备运行记录》，每个教学单元（2~4学时）填写一次。每次教学结束后，实践场地管理员检查设备的完整性，查看《仪器设备运行记录》中的安全卫生检查记录及所记载的设备故障信息，发现设备故障，第一时间与技术员联系，落实设备维修问题。

四、《设备点检记录表》【期初、期中、期末各检查一次】

技术员建立并填写。重点（关键）设备（5万元以上）和标准计量仪器，根据设备的点检周期进行定期检查检验。重点（关键）设备开学前、专周实训前、放假前分别检查一次，保证设备的完好性。标准计量仪器如压力表、天平等，每年检定一次，保证计量精度。《设备点检记录表》的具体格式根据设备情况自行设计，应包含检查的部件、指标等，包括每次检查检定的结果或状态。

五、《机房准备情况记录表》【期初检查】

机房技术员填写。机房设备在放假前一周进行软件安装和设备维修，做好计算机设备准备，保证开学第一周能够投入教学使用。设备准备完成后，由机房技术员填写《机房准备情况记录表》。若临时进行机房重新装机，完成后机房技术员填写《机房准备情况记录表》。

六、《实验实习设备准备情况记录表》【期初、期中、期末各检查一次】

管理员与技术员一起填写。实验（实训）室、实习车间在开学前、专周（实习）实训前应进行实习实训设备准备情况检查，填写《实验实习设备准备情况记录表》，保证设备满足实验、实习、实训教学需要。

七、《实验实习设备维修记录》【期中、期末各检查一次】

技术员填写。对于简单故障，实践场地（兼职）技术员自行进行维修，填写《实验实习设备维修记录》。

八、《实践场地使用率统计表》【期末检查】

管理员填写。每学期末，实践场地管理员汇总统计本学期实践场地使用情况，在《实践场地运行管理记录》中填写和完善"实践场地使用情况统计信息"，填写《实践场地使用率统计表》。

九、《材料设备购置计划表》（每学期末提交下学期购置计划）【期末检查】

管理员与技术员一起填写。每学期末，实践场地管理员和技术员根据下学期该实践场地承担教学任务情况，结合现有设备状况和下学期耗材需求，提出设备更新、耗材采购、工具添置计划，填写《材料设备购置计划表》，报教学系（部）主任和教学院长审批，做到设备质量和数量均满足教学需要。

十、《大型设备保养计划》（非 ISO9000，需自行设计）

技术员填写。对于大型设备（如汽车、机床、复印机等）的维护工作，实践场地（兼职）技术员制订大型设备保养计划，提交技术中心主任初审，报教学系主任审核。根据设备管理权限，按照《设备采购（审批）、使用和管理工作规程》落实设备保养工作。

十一、《设备维修申请》（非 ISO9000，需自行设计）

技术员填写。对于技术员难以维修的复杂故障，技术员向技术中心主任汇报，并提出维修申请，经教学系（部）主任批准，报设备处联系供应商提供维修服务。

十二、《设备申请表》

管理员填写。经学院领导批准的采购申请，由教学系填写《设备申请表》（资产管理处提供模板），按照《设备采购（审批）、使用和管理工作规程》办理。

十三、《设备报废单》

管理员填写。对于确实不能使用或已无使用价值的实验实习设备，实践场地管理员提出设备报废意向，填写《设备报废单》（使用资产管理处提供的模板），向技术中心主任汇报，技术中心主任进行初审，汇报给教学系主任，教学系主任同意后，按照《设备保修退库报废工作规程》办理。

依据北京信息职业技术学院教学系《实验实习设备日常管理与维护工作规程》实验管理文件的支持性文件和使用记录如下。

支持性文件：《技术中心建设工作规程》、《课堂（实验）教学工作规程》、《校内实习、实训教学工作规程》、《设备采购（审批）、使用和管理工作规程》、《设备保修退库报废工作规程》、《实践场地运行管理记录》（与课堂（实验）教学工作规程共用）、《仪器设备运行记录》（与课堂（实验）教学工作规程共用）、《安全检查记录》（保卫处提供）、《设备申请表》（资产管理处提供）、《设备报废单》（资产管理处提供）。

　　使用记录：《实践场地设备清单》《设备点检记录表》《机房准备情况记录表》《实验实习设备准备情况记录表》《实验实习设备维修记录》《实践场地使用率统计表》《材料设备购置计划表》。

2.8　汽车专业实验室运维管理

（1）实验室的技术管理

　　实验室的建设和管理工作伴随着实验室的发展不断壮大，对实验室管理工作的研究也逐步深入。实验室的技术管理包括设备管理、经费管理、材料管理和安全管理几方面，这里先介绍前面的内容，将安全管理放在后面的章节介绍。通过技术管理促进了实验室建设与管理的规范化、制度化，使实验室的各项工作得以顺利开展。

　　① 实验室设备管理。实验室设备管理即利用科学有效的管理理念、方法、措施、程序，做好实验室设备的计划、选型、采购到日常使用和维护工作。实验室设备管理一般要经历五个主要阶段，即计划选购阶段、开箱验收阶段、安装调试阶段、管理阶段及维护阶段。实验室设备管理的任务，就是通过科学化的管理控制，注重每一个阶段管理与控制，最大限度保持设备的良好性能，延长设备的工作期限，促进实验室工作的开展，充分发挥设备的投资效能。实验设备管理流程如下。

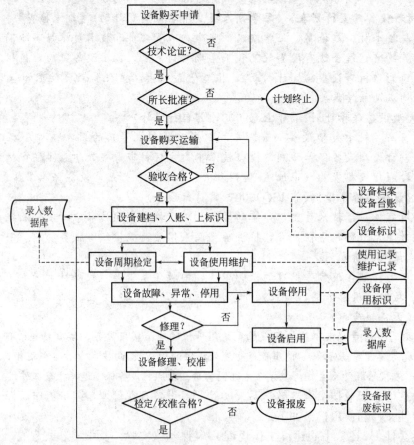

虽然不同性质的实验室对设备管理有不同的管理方法和要求，但管理原则都应遵循"全面、适用、经济、动态"。全面就是应把实验室的各类设备都纳入管理体系中，以免遗漏。适用就是设备管理的方法和手段应适合实验室的规模、设备数量和种类。经济就是设备管理也应讲究节约成本。动态就是随着管理对象的数量增加、报废、性能下降、故障等情况的变化，进行相应的调整。

a.设备采购。必须以需求为原则，在进行充分的市场调查，包括设备性能及价格对比，提交评估数据，并与设备请购单一起提交部门经理审批，最后经总经理审批后由总经理办公室统一协调购买。

b.设备报废。当设备发生故障，经专业检测人员确认不能修复，或修复的价值不大后，由实验室填写设备报废申请表，并提交部门经理审核，最后由总经理或相关授权人员的批准后，方可报废。废弃的设备由实验室审查是否仍有其他利用价值，以便丢弃或封存。

c.设备更新。当原有设备的测试精度或功能出现问题，不能满足测试所要达到的目的时，由实验室提出设备采购申请，经部门经理审核，并由总经理批准后，由总经理办公室统一协调采购。原有设备封存管理，不得丢弃。

d.设备校验。实验室负责建立所有测试测量仪器的校验计划，所有正常使用的测试测量仪器都必须纳入实验室的年度校验计划中，按时到计量局进行校验，并将校验合格标记粘贴到设备上，保存好校验报告。对校验不合格的设备安排维修、更新或报废工作。

e.设备操作。所有设备必须由经过培训合格的人员或是被实验室主管认可的专业人员进行操作；所有操作必须按实验室的相关设备操作说明流程严格执行，确保人员、设备的安全。实验室负责提供相关的劳动防护用品。在测试之前必须确认电源是否符合安全要求，并确认被测机器的安全，严禁带电调试或维修，确保自身安全后方可进行下一步操作。在出现意外安全情况，先切断电源和水源，然后上报实验室管理人员，并做一些力所能及的控制措施，但一定要注意安全。

f.设备外借、回收。原则上，不得将大型、精密或昂贵的仪器设备外借，如确实需要，必须获得相关授权人的批准。其他常规测试仪如需外借，实验室做好相关的借出登记。在仪器回收时，实验室负责人员需做好仪器、设备的完好性确认，如发生损坏，则由使用人负责赔偿。

g.设备保养、维护。实验室专人负责设备的日常保养、维护工作，及时更换老化或损坏的配件；不得随意搬动、拆卸、改装设备仪器，如确有需要必须经实验室主管同意；所有设备应注意防震、防潮、防坠落危险、防止阳光直接照射、防腐蚀和防止高温热源的影响。实验室专人负责保持设备的干净清洁，做完测试后须及时清理场地。

② 实验室经费管理。实验室经费管理是实验室各级各类管理者，对实验室教学、科研活动等各类经费，进行"计划、落实、监督和调整"的管理工作。实验室经费管理的目标是加强实验室各类经费的宏观和微观管理，既能以最小的耗资获取最大的教学科研效益，又能达到增效节支的目的。

a.实验室经费来源。目前高等学校实验室经费的主要来源有：国家下拨经费，是国家直接对高校划拨的教育经费，根据学校生源数量拨款，但目前由于政府资金投入长期不足，致使高校教学资源严重匮乏，对实验室的经费投入远远无法满足实验教学的需要；专项实验室建设经费，是教育部、财政部或其他部门用于专项资助实验室建设的经费；学校自筹划拨经费，是高校在政府财政拨款之外，开拓办学经费来源的新渠道，以收取学生教育成本经费再投入实验室建设的经费；国内国际贷款，如低息日元贷款项目、世界银行贷款项目，参与实验室建设；社会捐赠，学校根据自身的办学特点，树立良好的社会形象，争取社会企事业单位或个人对学校进行的社会捐赠；院自筹经费，各学院根据自身经费优势，对实验室投入的经费；科研项目开发经费，单位或个人科研项目经费适当用于实验室建设，以提高实验室科研能力的经费；校企合作经费，高校加强与企业合作，高校为企业提供技术和人力资源，企业为高校实验室建设提供资金支持。

b. 实验室经费类型。高等学校实验室经费的类型有：仪器设备费，仪器设备是学校固定资产的重要构成部分，其经费管理和计划分配是实验管理的最重要内容和最重要的目标，仪器设备费也是实验室经费中最为重要的一部分，直接关系到实验室硬件设施的档次和水平；实验材料费和低值易耗品经费，这是一笔较小的经费项目，因而往往没有引起重视，但其却是实验室正常运转中不可缺少的投入，也是高校最难管理的一项经费，实验材料费和低值易耗品经费管理和使用的好坏，对于加强实验教学水平，保证实验教学质量都具有非常重要的意义；实验室维修费，是用于实验室房屋修缮装修、水电改造等建设用经费，该项费用相对于仪器设备费和低值易耗品经费更少，但管理起来却比较复杂；仪器设备维护费，是用来对已购置仪器设备的维修、养护的经费；实验人员培训费，是为了提高实验室人员管理水平，定期对实验人员进行各类培训的经费。

c. 实验室经费预算管理。实验室应当严格按照下达的经费预算执行，一般不予调整。确有必要调整的，应按照原渠道报经上级部门批准。

实验室经费支出属于政府采购范围的，应按照《政府采购法》及政府采购的有关规定执行。使用实验室经费形成的固定资产和无形资产按照相关资产管理的规定进行管理。经费形成的大型科学仪器设备、科学数据、自然科技资源等，按照规定开放共享，提高资源使用效率。经费的年度结余，按照有关部门关于经费拨款结余资金管理的有关规定执行。实验室经费开支范围如下。

• 各类课题开支：可开支课题直接需要的材料费、元器件费、资料费、加工费、上机费、专用小仪器购置费、测试费、调研费、协作费、学术活动费、计算费及实验室补贴等。但各项开支不得突破经费预算的范围。

• 实验室正常运行费开支：仪器设备的备件及维修费用；学术活动费用和学术委员会会议费（包括交通、食宿费用等）；实验室行政办公费；管理人员差旅费；科研消费品费用；课题申请及成果评价的专家评审费；实验室对外开放基金；实验室雇佣少量勤杂人员的工资；实验室环境改造费；实验室主任对在科研教学等工作中有突出贡献人员的奖励费。

• 项目建设费开支：按项目建设任务书批准的内容，专款专用，主要用于装备现代化的、先进的通用仪器、设备，引进必需的技术软件，必须扩建、改造的实验室用房及配套条件。

• 实验室收入：凡在实验室进行的科研课题，按规定标准收取一定的管理费，如仪器租用费等。该费用应作为实验室正常运行费的收入，并按该项目规定开支。横向收入，按有关规定管理。

 案例18　实验室经费管理实例

暨南大学重点实验室运行经费使用管理办法

根据教育部《高等学校重点实验室建设与管理暂行办法》（教技［2003］2号）及科技部《国家重点实验室建设与管理暂行办法》的规定，特制定本办法。

一、重点实验室运行经费使用条件

1. 重点实验室运行经费只用于我校已正式批准的省部级以上科技重点实验室（以下简称重点实验室）。

2. 各重点实验室必须按照主管部门颁布的管理办法以及暨南大学重点实验室管理办法的规定，制定相关的重点实验室内部管理实施细则，设立重点实验室自己的网站并及时更新网页信息。所有上述材料须报科技处备案。

3. 各重点实验室开放课题经费只能用于重点实验室以外的人员，利用重点实验室条件开展研究工作。

4. 各重点实验室必须定期召开重点实验室学术委员会会议。

5. 学校将按主管部门对重点实验室的检查标准定期组织专家对重点实验室进行检查，检查不合格者，将暂停划拨重点实验室运行经费，直到下次检查合格为止。

二、重点实验室运行经费的开支范围

1. 实验室的日常行政与管理费用。

2. 学术委员会会议费及专家咨询费。

3. 重点实验室主任基金，比例为 15% 用于支持青年学术骨干开拓性工作。

4. 开放课题基金比例不少于 30%。

5. 实验室学术交流的费用，以及用于学术交流的接待费用。

6. 实验室技术人员的绩效奖励。

7. 实验室网站（页）的维护等日常运行开支。

8. 实验室开放运行的消耗性试剂和器材的补充费用。

三、重点实验室运行经费的使用规定

1. 运行经费在学校财务建立专门账号，受学校的监督与管理。

2. 各重点实验室必须根据重点实验室运行经费开支范围的要求，在学校制订下年度财政预算之前（以财务处通知为准），向科技处填报重点实验室运行经费使用预算，没有填报运行经费使用预算的，不下拨运行经费。

3. 运行经费的使用与报销程序须符合学校财务规定。

4. 超出开支范围的特殊用途，需经主管校长批准。

5. 运行经费的使用情况每年须向实验室成员公开，并向科技处、财务处、学校主管领导书面汇报、备案。

6. 学校将不定期对重点实验室运行经费进行审计，违反本办法和学校有关财务规定的、或不按预算使用运行经费的重点实验室将被暂停下年的拨款。

暨南大学重点实验室运行经费使用管理办法，自公布之日开始实施。

③ 实验室材料管理。凡一次使用后即消耗或不能复原的物资，如金属、非金属的各种原材料、燃料、试剂等，均为实验室材料。实验室低值易耗品是指在一次使用中不改变其形态性能，但又低于固定资产的价格和使用年限标准的物品，如键盘、鼠标等。下面主要介绍一下材料及低值易耗品的管理。

实验室业主单位对材料及低值易耗品是否重视和实施量化管理，标志着这个单位科学管理水平的高低。因此，在管理过程中不仅要研究人力资源定额、经费定额，还必须研究实验材料的定额管理，因为这是进行计划管理、经济管理和科学管理的基础，也是向管理要效益的前提。材料及低值易耗品的有关定额的制定，就是用定量的方法找出实验中有关材料消耗规律的问题，它是材料科学管理的基础。

第一章　总　则

第一条　为规范实验材料、低值易耗品管理行为，加强实验材料、低值易耗品管理，提高实验材料、低值易耗品利用率，特制定本办法。

第二条　各单位使用财政性资金（含预算资金和预算外资金）以及自筹资金，采购实验材料、低值易耗品适用于本规定。法律、法规另有规定的除外。

第三条　教务处是学校实验材料、低值易耗品管理的职能部门，按照部门和单位的隶属关系，实行统一领导、分级管理。

第四条　各学院要建立健全实验材料、低值易耗品采购计划管理制度，保证各项实验材料、低值易耗品采购活动按计划进行。

第五条　根据统一领导，分级管理，合理调配，节约使用的原则，各实验室自行建立实验材料、低值易耗品使用台账并负责实验材料、低值易耗品的日常管理。

第六条　各实验室必须建立严格的实验材料、低值易耗品管理责任制，对实验材料、低值易耗品的计划、购置、保管、领用、回收等都要有人负责，做到验收严肃认真，进出手续清楚、账卡记载及时、定期核对检查、保持账物相符。

第七条　各单位应该经常对师生员工进行勤俭节约、爱护公共财物的教育，树立良好的道德品质，自觉管好、用好各种物品。反对铺张浪费，对工作认真负责、成绩显著的人员，应该予以表扬与奖励。对工作不负责任或违章操作造成损失的人员，给予适当的批评或处分。

第二章　实验材料、低值易耗品的范围和分类

第八条　本办法所称的实验材料、低值易耗品，为教学、科研等各方面使用的不属于固定资产的物资。

实验材料：凡一次使用后即消耗或不能复原的物资，如各种原材料、燃料、气体、试剂、核素和装、改使用的元件，零配件等。

低值易耗品：凡不够固定资产标准又不属于材料范围的用具设备，如工具、量具体、玻璃器皿、一般用具以及独立使用的元件、配件等。

第三章　实验材料、低值易耗品的经费来源和管理

第九条　教学用实验材料、低值易耗品购置经费，由学校预算资金统筹安排。

第十条　教学用实验材料、低值易耗品的经费管理，由实验室与资产管理处根据学生人数，学科及专业特点，实行学院（中心）经费按定额核定包干使用的办法。

第四章　实验材料、低值易耗品的计划与购置

第十一条　实验材料、低值易耗品供应实行计划管理。各使用单位必须按时上报所需物品计划。

教学实验用实验材料、低值易耗品，各实验室应根据实际需要和资金的可能，每学期末前十天报下学期实验用实验材料、低值易耗品申请计划，经实验室主任和系部报学院（中心）主管领导同意后，上报实验室与资产管理处审批。其他各单位按年度工作需求报年度申请计划。科研、外协及研究生所需实验材料、低值易耗品，由课题负责人、项目负责人和导师负责。

第十二条　审批后的实验材料、低值易耗品采购计划是实验材料、低值易耗品供应工作的依据。

实验室与资产管理处物资供应科要严格按照实验材料、低值易耗品采购计划采购。

第十三条　实验材料、低值易耗品采购实行集中采购和非集中采购两种采购方式。

集中采购：纳入集中采购目录的实验材料、低值易耗品，由实验室与资产管理处统一组织招标采购。

非集中采购：未纳入集中采购目录的实验材料、低值易耗品，由实验室与资产管理处物资供应科组织采购，如有下列情况，经实验室与资产管理处同意后，各使用单位也可自行采购：

一、零星、急需的实验材料、低值易耗品；

二、专业性较强的实验材料、低值易耗品；

三、其他特殊情况下购置的实验材料、低值易耗品。

第十四条　凡一次购买批量较大的实验材料、低值易耗品须订立经济合同。合同必须加盖"吉林大学材料合同专用章"方能生效。

第十五条　采购人员购回实验材料、低值易耗品，应及时填写"入库验收单"，送保管员验收入库，如发现质量、数量等问题，应及时查明原因，进行处理。

第十六条　财务结算程序

一、经实验室与资产管理处物资供应科按集中品目统一招标购买的实验材料、低值易耗品，由实验室与资产管理处物资供应科到财务处按规定报销。

二、经实验室与资产管理处非集中采购的实验材料、低值易耗品，由实验室与资产管理处派出机构在财务处派出机构按规定报销。

三、使用单位自行采购的零星、专用及特殊情况下的实验材料、低值易耗品，使用单位在购物发票背面由经办人和实验室主任签字，报实验室与资产管理处派出机构审批后，在财务处派出机构按规定报销。

第五章　实验材料、低值易耗品的领用与库房管理

第十七条　实验材料、低值易耗品入库须填写入库单，由库管员清点验收后入库。如发现问题及时向有关领导反映。

第十八条　实验室与资产管理处派出机构应每月向实验室与资产管理处物资供应科上报一份实验材料、低值易耗品消耗明细表，并注明出库物品的经费科目。

第十九条　库房安全防火、防盗：

一、人离库房必须关掉电源，库房内严禁吸烟，不准存放个人物品；

二、人离库房必须关好门窗，发现问题及时上报。

第二十条　各单位应按有关规定办理实验材料、低值易耗品的领用保管手续。

第二十一条　在用的实验材料、低值易耗品管理。

低值易耗品，使用单位要建立明细账。分室要建立登记本，定人管理。丢失、损坏及时办理报废，主任签字后，销账。要加强对在用实验材料、低值易耗品的管理，每学期要进行清查，保持账物相符。

第二十二条　本办法由教务处负责解释。

第二十三条　本办法自公布之日起施行。

④ 实验室家具管理。家具是学校教学、科研、办公、学生生活必不可少的基本物质，也是各部门数量最多的物资。实验家具管理的目的就是利用有效的管理措施，把用于采购、保养、维修、改造、更新的费用控制到最低点，使家具最大限度地发挥投资功效。

a.实验家具的采购与选择。在进行实验室家具的采购与选择时，一般需注意以下几点：健康、性价比、封边、配件、售后服务及舒适性。

b. 实验家具的保养与维护。实验家具与普通家具相比更多显现其专业性和高精密性。在实验家具的保养上，非实验室操作人员可能会采取不恰当的方式进行维护，而实验室内人员，可能也会有一些纰漏和误区。实验台在材质上分为全钢结构、钢木结构、全木结构等，而实验台台面也有陶瓷板、环氧树脂板、千思板、实芯理化板、大理石板、不锈钢板等材料，在实验台的使用和清洁养护方面也要分材料分使用功能进行。

虽然实验台都具备防腐蚀、耐高温等特性，但长期处于酸碱腐蚀、高温环境下也会缩短实验台的使用寿命。因此实验台的保养应注意以下几点：不宜使实验台长时间处于温度超过135℃的环境内；不要使用锋利或尖锐的硬物去划刻实验台台面；台面上的物品正确摆放，煤气灯和酒精灯等产生火焰的器具放置于三脚架上；清洁时使用丙酮或性质较为温和的清洁剂清洗，尽量使用温水；对于较顽固的污渍，可用次氯酸滴在污渍上清洗干净；

通风柜不同于实验台，通风柜效果的好坏除了取决于一个合理的设计外，也离不开操作人员正确的保养。正确的通风柜养护应做到：在操作人员进行实验时，将易产生有毒物质的实验物质放置在距通风柜内操作口150mm以上的位置，防止有毒气体扩散到实验室中；保持排风处畅通；不要放置与通风柜无关的物品在通风柜内，或将通风柜当储物柜使用；定期对通风柜、排风管等各个环节进行检修维护。

c. 实验家具管理规定、维修及报废程序。高校对于实验家具管理规定、维修及报废程序都给出了切合本校实际的管理办法，一般由学校的资产与设备管理处负责统一管理。

(2) 实验室的质量管理

① 实验室质量管理体系。高等学校实验室（包括各种操作室、训练室）是隶属于学校或依托于学校管理，从事实验教学或科学研究、生产试验、技术开发的教学或科研实体。近年来高校实验室培养实践型、创新型人才的优势日益突显。为确保各项实验实践教学活动的顺利开展，保障高等学校的教育质量和水平，提高办学效益，进而努力实现实验室开展实验教学、科学研究、服务于经济建设和社会发展的目标，确保其契合社会发展的需求，建立一套完整的实验室质量管理体系，提升实验室管理水平，对当下实验室管理有重要的理论和现实意义。

a. ISO9000质量管理体系简介。ISO9000是国际标准化组织颁布的ISO9000～ISO9004五个标准的总称，即"ISO9000系列标准"。ISO9000系列标准是国际标准化组织颁布的影响最为强烈，范围最为广泛的标准。我国从1989年开始等效采用ISO9000系列标准，并从1992年将其作为国家标准，据此开展了质量体系认证工作。ISO9000系列标准具有较高的应用普遍性，其应用范围涵盖航空航天、食品、印刷、科技、教育、信息技术等39类行业，其中教育隶属于第37类。ISO9000系列标准适用于教育行业，基于ISO9000系列标准的实验室质量管理体系的建立，一方面能保证实验实践教学运行的规范化，另一方面也可提高实验室管理的水平，应用得当，可强化实验室管理，提升实验室水平，改善教学、科研效率，提升实验实践教学质量。

b. 实验室质量管理体系的构建。

• 制度建设。要加强实验室管理水平，提升实验室质量，不可或缺的就是要做到有"章"可循，有"法"可依。学校领导者通过总结实验室管理过程中的经验，分析其中的关键因素，根据社会需求，结合ISO9000族标准体系，科学地制定实验教学"人才培养方案"，并制定一套完善的规章制度体系来保障培养方案的顺利执行，达到培养出符合时代特色的、社会需要的人才的目的。

• 师资建设。实验教师在实验实践教学活动的开展过程中起着重要作用，加强师资队伍建设，提升实验队伍的质量是提高实验实践教学的重要手段。实验师资队伍质量的提升应从三个方面加以控制——提高实验队伍进人标准、加强实验队伍管理、注重实验队伍培养。

· 资源管理。实验室资源配置合理与否会对高校办学效益产生直接影响，同时也会直接影响到人才培养方案的顺利执行。实验室资源包括人员、仪器设备、房屋等，在进行实验室资源配置时要把握"度"的原则，适度即好，杜绝因资源不足而导致的教学质量缩水或因资源过剩产生的资源浪费。

· 教学质量管理。实验教学是高校人才培养的重要组成部分，其与高校理论教学相辅相成，但又独立于理论教学，旨在通过该方面的培养来激发、锻炼学生的实验能力、动手能力、创新思维和探索精神。实验教学的质量好坏关系到人才培养的优劣，要提高对实验实践教学质量的监控，并在实际教学活动中总结经验，去粗存精，不断改进，形成良好的实验教学管理层次。

· 效益评估。实验室效益评估是实验室建设与管理的重要内容，积极开展高校实验室评估，逐步建立健全评估制度，对推动实验室的建设与管理，提高实验室效益，最大限度地发挥实验室的作用具有极高的现实意义。对实验室效益评估有利于创新人才培养，有利于实验队伍建设，有利于改善实验条件，有利于优化实验教学过程，有利于深化实验教学改革，有利于实验室的可持续发展。

② 实验室质量管理体系的运行机制。一套完整、良好的运行机制也是实验室质量管理体系的重要组成部分，是实验室的各项管理措施有效执行的保证，是实验室有序运转的重要保障。基于实验室管理的实际情况，结合 ISO9000 的基本思想，建立如下运行机制。

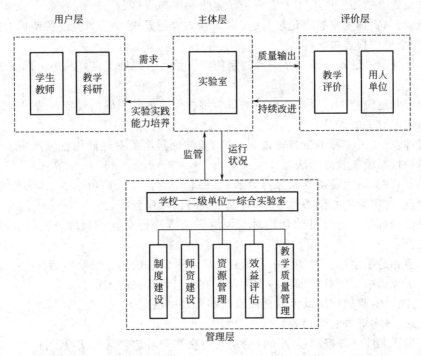

基于 ISO9000 的实验室质量管理体系，强调主体层、用户层、管理层、评价层的全员参与及相互协作，管理层将实验室运行的各个方面作为过程进行系统管理，确保实验室正常、有序、高效运行；学生在实验教师的指导下在实验室中开展学习活动，以此来培养实验实践能力，并及时对实验室运转的情况进行反馈；评价层则是实验室质量检验的重要环节，对实验室人才培养能力做出合理评价，促使实验室质量能够得到持续提高；上面的运行机制中实验室是指各子实验室，在子实验室中同样有着一套完整的实验室质量管理体系，由小到大逐

级整合，最终形成学校层面的实验室质量管理体系。在各子实验室中，任课教师负责实验实践教学活动；实验室负责人负责维护实验室的正常运行；而学生作为实验室的用户，在学习知识、培养能力的同时及时做出反馈，以促进实验室建设、实验教学质量等方面的提升。

③ 质量管理体系的文件化。下面以某校金工实训中心实验室为例，说明相关程序文件等。实训中心作为院系属下的一个部门，应制定完善的程序文件，并附有详细的管理规定和相关文件，包括文件控制程序、实训课程过程控制程序、工量具及重要设备控制程序、耗材控制程序、学生实训工件处理控制程序、工作质量持续改进控制程序、实验/实训室开放控制程序。

a. 实训室文件控制程序。目的主要是对文件进行有效管理，确保现场使用唯一的有效版本。

主题内容和适用范围：对文件的编写、审核、批准、标识、发放、修改、借阅等做了明确规定，适用于实验中心的所有管理文件、实验实习指导书、设备操作规程、设备说明书及实验记录。

相关文件：《实验室工作档案管理办法》。

工作记录：《实验中心有效文件清单》《实验中心文件发放借阅表》。

b. 实训课程过程控制程序。目的是加强对实验教学的管理，督促学生做好实验并达到预期的效果。

主题内容及适用范围：对所有实验实习记录的收集、整理、编目、查寻、存档和报废等做出了明确规定，适用于所有实验实习记录报告和管理表格。

工作记录：《实训安全教育记录》《实训课程内容记录表》《工具/设备使用台账》《耗材申请表》《安全操作报告单》等。

c. 工量具及重要设备控制程序。目的是使实训设备时刻处于良好状态，确保实验实习的正常进行。

主题内容和适应范围：对实习设备的日常维护保养做了明确的规定，适用于所有实习设备及所有与实习有关的人员。

相关文件：《金工实习工量具管理制度》《教学仪器设备管理使用管理规定》《学院大型精密贵重稀缺仪器设备管理办法》。

工作记录：《实训室设备维修保养台账》《实验中心设备维修申报表》《实验中心设备维修改造计划表》《实验中心设备台账》《实训室设备出入库台账》。

d. 耗材控制程序。主要目的就是对实训所需物资进行有效的管理，确保实验实习工作的正常进行。

主题内容和适用范围：对实验中心所用物资的采购、使用、回收、储存、报废作了明确规定，适用于实训中心所有实训用的物资及所有与实训有关的人员。

相关文件：《实验教学用低值易耗品及材料管理办法》。

工作记录：《物资采购计划表》。

e. 学生实训工件处理控制程序。目的是对每次实训后学生优秀实习工件、典型意义的不良样件及参赛作品进行有效管理以达到长期良好的保留，作为今后的实训教学工作的经验和宝贵财富。

相关文件：《优秀工件陈列展示管理规定》《不良样品展示管理规定》。

f. 工作质量持续改进控制程序。目的提高实训教学质量，增加实训的开出项目。

主题内容及适用范围：对实训中心的统计分析工作和合理化建议的收集整理及整改措施的落实等做出了明确的规定，适用于金工实训教学的管理工作。

g. 实验/实训室开放控制程序。高职院校主要是重点培养动手能力强、高技能型人才，因此实训室为了有效利用和挖掘实验室资源条件，提高实训教学水平，进一步加强素质教育，充分发挥实验室在实施素质教育以及高新技术开发和科技成果转化中的重要作用，鼓励支持学生在课余时间参加开放实验教学、科研和各类社会活动。

目的：有效利用和挖掘实验/实训室资源条件，提高实训教学水平，充分发挥实验室在锻炼和提高学生技能方面的重要作用。

主题内容和适应范围：在实训室开放过程中所涉及的时间安排、人员、耗材、成绩评估、设备使用等都有明确规定，适用于所有基础学科实验室、金工实训室、各专业实训室的教学及管理活动。

相关文件：《实训室开放管理细则》《实训室开放课资材管理规定》《刷卡式课程记录使用说明》《实验/实训课成绩评定方法》。

工作记录：《实验/实训课开放课学生签到表》《实验/实训开放安全记录表》《实验/实训资材申请》《月度实验/实训课程计划书》。

(3) 实验室 6S 管理

① 6S 管理的内涵。"6S 管理"由日本企业的 5S 扩展而来，5S 管理作为一种倡导从小事做起，力求使员工养成事事"讲究"的好习惯的独特管理办法，是一个很好的模式，是非常值得借鉴的。可以通过实施现场管理的先进理念来整合高校实验室的日常管理，打好实验室管理、发展及建设的基础。6S 的实质是一种执行力的企业文化，强调纪律性的文化，是实现现场精细化管理的基础和管理平台，由整理、整顿、清扫、清洁、素养、安全构成，因其日语的罗马拼音均以 "S" 开头，故简称为 "6S"。

整理（SEIRI）——将工作场所的任何物品区分为有必要和没有必要两类，有必要的留下来，其他的都清理掉。目的是腾出空间，空间活用，防止误用，塑造清爽的工作场所。有必要和没有必要物品的判断基准，要依据企业的实际情况（工艺定额、工时定额、储备定额等）来确定。

整顿（SEITON）——把留下来的必要的物品依规定位置摆放，并放置整齐加以标示。目的是使工作场所一目了然，消除寻找物品的时间，拥有整齐的工作环境，清理过多的积压物品。整顿的实施应具备相应的管理流程，履行没有必要物品整顿处理的相关手续，做好记录并备案。

清扫（SEISO）——将工作场所内看得见与看不见的地方清扫干净，保持工作场所干净、亮丽的环境。目的是稳定品质，减少工业伤害。清扫是改善环境的重要行动和措施，是消除生产现场"跑冒滴漏"的群众性基础管理工作。

清洁（SEIKETSU）——维持上面 3S 成果，保持良好、优雅的生产工作环境，环境可以影响心情、影响精神、影响工作，可以塑造企业形象的内涵。

素养（SH ITSUKE）——每位成员养成良好的习惯，并遵守规则做事，培养积极主动的精神（自主性、习惯性）。目的是培养有好习惯且遵守规则的员工，营造团队精神。它是企业文化的组成部分，是企业形象的重要体现。

安全（SECUR ITY）——重视全员安全教育，每时每刻都有安全第一的观念，防患于未然。目的是建立起安全生产环境，所有工作都应在安全的前提下进行。

② 6S 管理在实验室日常工作中的实施。不难看出，6S 模式中的许多事件都是在日常工作中经常遇到的事情，都是很容易做到的，但却贵在坚持，落实到位。

a. 统一思想，成立 6S 管理领导小组，推行 6S 管理，在贯彻执行《高等学校实验室工作规章》基础上，根据本校的实际情况，制定实验室建设工作实施细则，汇编成册，将实验室各项工作流程化。

b.各实验室应有明确的实验室规章制度，设备管理细则，实验室功能介绍，图片展示等。

c.建立设备档案，做到对实验室设施设备的数量、存放、借出、报修、损耗报废等情况有据可查，做到及时清理，提高工作效率。

d.实验设备有功能介绍卡片，按标识规定位置摆放，实验结束后原位摆好。

e.按照6S管理要求，规范实验人员在实验室的行为，如实验学生进入实验室时，应注意其仪表，不得带食物进入，明确自己的工位，养成实验结束后，自觉整理仪器设备，清洁工位的习惯等，工作人员应定期清扫整顿工作环境。

f.健全安全管理制度、加强安全教育、强化安全设施等规范化管理措施，经常进行安全自查，采取各种必要措施，防患于未然，确保师生安全和实验设备安全。

g.加强实验室管理人员的培训工作，提高管理人员工作水平。

2.9 汽车专业实验室的安全、节能与环保

(1) 实验室的安全管理

实验室安全是实验室工作正常进行的基本条件。统计分析表明，实验室发生设备事故和人身事故往往都是管理不善、措施不力、操作不当或认识不够所致。因此，树立"安全第一"的概念，营造实验室安全工作环境和保证实验室人员的安全，是实验室管理需要解决的首要问题。

① 实验室内常见危险品。实验室事故有很多源于室内易燃易爆、有毒、有腐蚀性等危险品，实验室常见危险品有：

a.爆炸品。具有猛烈的爆炸性，当受到高热摩擦、撞击、震动等外来因素的作用或与性能相抵触的物质接触，就会发生剧烈的化学反应，产生大量的气体和高热，引起爆炸，如三硝基甲苯（TNT）、苦味酸、硝酸铵、叠氮化物、雷酸盐及其他超过三个硝基的有机化合物等。

b.氧化剂。具有强烈的氧化性，按其不同的性质遇酸、碱、受潮、强热或与易燃物、有机物、还原剂等性质有抵触的物质混存能发生分解，引起燃烧和爆炸，如碱金属和碱土金属的氯酸盐、硝酸盐、过氧化物、高氯酸及其盐、高锰酸盐、重铬酸盐、亚硝酸盐等。

c.压缩气体和液化气体。气体压缩后储于耐压钢瓶内，具有危险性。钢瓶如果在太阳下曝晒或受热，当瓶内压力升高至大于容器耐压限度时，即能引起爆炸。钢瓶内气体按性质分为四类：剧毒气体，如液氯、液氨等；易燃气体，如乙炔、氢气等；助燃气体，如氧等；不燃气体，如氮、氩、氦等。

d.自燃物品。此类物质暴露在空气中，依靠自身的分解、氧化产生热量，使其温度升高到自燃点即能发生燃烧，如白磷等。

e.遇水燃烧物品。遇水或在潮湿空气中能迅速分解，产生高热，并放出易燃易爆气体，引起燃烧爆炸，如金属钾、钠及电石等。

f.易燃液体。这类液体极易挥发成气体，遇明火即燃烧。可燃液体以闪点作为评定液体火灾危险性的主要根据，闪点越低，危险性越大。闪点在45℃及以下的称为易燃液体，45℃以上的称为可燃液体（可燃液体不纳入危险品管理）。易燃液体根据其危险程度分为：一级易燃液体（闪点在28℃以下，包括28℃），如乙醚、石油醚、汽油、甲醇、乙醇、苯、甲苯、乙酸乙酯、丙酮、二硫化碳、硝基苯等；二级易燃液体（闪点在29～45℃，包括45℃），如煤油等。

g. 易燃固体。此类物品着火点低，如受热、遇火星、受撞击、摩擦或氧化剂作用等能引起急剧的燃烧或爆炸，同时放出大量有毒有害气体，如赤磷、硫磺、萘、硝化纤维素等。

h. 毒害品。具有强烈的毒害性，少量进入人体或接触皮肤即能造成中毒甚至死亡，如汞和汞盐（升汞、硝酸汞等）、砷和砷化物（三氧化二砷，即砒霜）、磷和磷化物（黄磷，即白磷，误食 0.1 克黄磷即能致死）、铝和铅盐（一氧化铅等）、氢氰酸和氰化物（HCN、NaCN、KCN）以及氟化钠、四氯化碳、三氯甲烷和醛类、氨气、氢氟酸、二氧化硫、三氧化硫、铬酸等。

i. 腐蚀性物品。具强腐蚀性，与人体接触引起化学烧伤。有的腐蚀性物品有双重性和多重性，如苯酚既有腐蚀性还有毒性和燃烧性。腐蚀性物品有硫酸、盐酸、硝酸、氢氟酸、氟酸、冰乙酸、甲酸、氢氧化钠、氢氧化钾、氨水、甲醛、液溴等。

j. 致癌物质。如多环芳香烃类、3,4-苯并芘、1,2-苯并蒽、亚硝胺类、氮芥烷化剂、α-萘胺、β-萘胺、联苯胺、芳胺以及一些无机元素如 As、Cl、Be 等都有较明显的致癌作用，要谨防侵入体内。

k. 诱变性物品。如溴化乙啶（EB），具强诱变致癌性，使用时一定要戴一次性手套，注意操作规范，不要随便触摸别的物品。

l. 放射性物品。具有放射性，人体受到过量照射或吸入放射性粉尘能引起放射病。如硝酸钍及放射性矿物独居石等。

② 实验室事故的类型。

当心火灾-易燃物质

a. 火灾性事故。具有普遍性，几乎所有的实验室都可能发生。酿成这类事故的直接原因是：忘记关电源，致使设备或用电器具通电时间过长，温度过高，引起着火；供电线路老化、超负荷运行，导致线路发热，引起着火；对易燃易爆物品操作不慎或保管不当，使火源接触易燃物质，引起着火；乱扔烟头，接触易燃物质，引起着火。

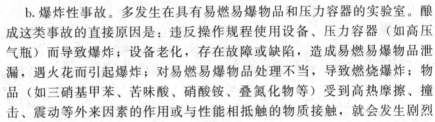
当心爆炸-爆炸性物质

b. 爆炸性事故。多发生在具有易燃易爆物品和压力容器的实验室。酿成这类事故的直接原因是：违反操作规程使用设备、压力容器（如高压气瓶）而导致爆炸；设备老化，存在故障或缺陷，造成易燃易爆物品泄漏，遇火花而引起爆炸；对易燃易爆物品处理不当，导致燃烧爆炸；物品（如三硝基甲苯、苦味酸、硝酸铵、叠氮化物等）受到高热摩擦、撞击、震动等外来因素的作用或与性能相抵触的物质接触，就会发生剧烈的化学反应，产生大量的气体和高热，引起爆炸；强氧化剂与性质有抵触的物质混存能发生分解，引起燃烧和爆炸；由火灾事故引起仪器设备、药品等的爆炸。

当心剧毒

c. 毒害性事故。多发生在具有化学药品和剧毒物质的实验室和具有毒气排放的实验室。酿成这类事故的直接原因是：将食物带进有毒物的实验室，造成误食中毒；设备设施老化，存在故障或缺陷，造成有毒物质泄漏或有毒气体排放不出，酿成中毒；管理不善、操作不慎或违规操作，实验后有毒物质处理不当，造成有毒物品散落流失，引起人员中毒、环境污染；废水排放管路受阻或失修、改道，造成有毒废水未经处理而流出，引起环境污染。

d. 机电伤人性事故。多发生在有高速旋转或冲击运动的实验室，或要带电作业的实验室和一些有高温产生的实验室。事故表现和直接原因是：操作不当或缺少防护，造成挤压、甩脱和碰撞伤人；违反操作规程或因设备设施老化而存在故障和缺陷，造成漏电触电和电弧火花伤人；使用不当造成高温气体、液体对人的伤害。

e. 设备损坏性事故。多发生在用电加热的实验室。事故表现和直接原因是：由于线路故障或雷击造成突然停电，致使被加热的介质不能按要求恢复原来状态造成设备损坏。

③ 常见事故的处理方法。

a. 火灾事故的预防和处理。在使用苯、乙醇、乙醚、丙酮等易挥发、易燃烧的有机溶剂时如操作不慎，易引起火灾事故。为了防止事故发生，必须随时注意以下几点。

- 操作和处理易燃、易爆溶剂时，应远离火源；对易爆炸固体的残渣，必须小心销毁（如用盐酸或硝酸分解金属炔化物）；不要把未熄灭的火柴梗乱丢；对于易发生自燃的物质（如加氢反应用的催化剂雷尼镍）及沾有它们的滤纸，不能随意丢弃，以免造成新的火源，引起火灾。
- 实验前应仔细检查仪器装置是否正确、稳妥与严密；操作要求正确、严格；常压操作时，切勿造成系统密闭，否则可能会发生爆炸事故；对沸点低于80℃的液体，一般蒸馏时应采用水浴加热，不能直接用火加热；实验操作中，应防止有机物蒸气泄漏出来，更不要用敞口装置加热；若要进行除去溶剂的操作，则必须在通风柜里进行。
- 实验室里不允许储放大量易燃物。

实验中一旦发生了火灾切不可惊慌失措，应保持镇静。首先立即切断室内一切火源和电源，然后根据具体情况正确地进行抢救和灭火。常用的方法如下。

在可燃液体燃着时，应立即拿开着火区域内的一切可燃物质，关闭通风器，防止扩大燃烧。

酒精及其他可溶于水的液体着火时，可用水灭火。

汽油、乙醚、甲苯等有机溶剂着火时，应用石棉布或干砂扑灭。绝对不能用水，否则反而会扩大燃烧面积。

金属钾、钠或锂着火时，绝对不能用水、泡沫灭火器、二氧化碳、四氯化碳等灭火，可用干砂、石墨粉扑灭。

注意电器设备导线等着火时，不能直接用水及二氧化碳灭火器（泡沫灭火器），以免触电。应先切断电源，再用二氧化碳或四氯化碳灭火器灭火。

衣服着火时，千万不要奔跑，应立即用石棉布或厚外衣盖熄，或者迅速脱下衣服，火势较大时，应卧地打滚以扑灭火焰。

发现烘箱有异味或冒烟时，应迅速切断电源，使其慢慢降温，并准备好灭火器备用。千万不要急于打开烘箱门，以免突然供入空气助燃（爆），引起火灾。

发生火灾时应注意保护现场。较大的着火事故应立即报警。若有伤势较重者，应立即送医院。

要熟悉实验室内灭火器材的位置和灭火器的使用方法。

燃烧物质	应选用灭火剂	燃烧物质	应选用灭火剂
苯胺	泡沫、二氧化碳、水	松节油	喷射水、泡沫
乙炔	水蒸气、二氧化碳	火漆	水
丙酮	泡沫、二氧化碳、四氯化碳	磷	砂、二氧化碳、泡沫、水
硝基化合物	泡沫	赛璐珞	水
氯乙烷	泡沫、二氧化碳	纤维素	水
钾、钠、钙、镁	砂	橡胶	水
松香	水、泡沫	煤油	泡沫、二氧化碳、四氯化碳
苯	泡沫、二氧化碳、四氯化碳	漆	泡沫
重油	喷射水、泡沫	蜡	泡沫
润滑油	喷射水、泡沫	石蜡	喷射水、二氧化碳
植物油	喷射水、泡沫	二硫化碳	泡沫、二氧化碳
石油	喷射水、泡沫	醇类（高沸点175℃以上）	水
醚类（高沸点175℃以上）	水	醇类（低沸点175℃以下）	泡沫、二氧化碳
醚类（低沸点175℃以下）	泡沫、二氧化碳		

发生火灾时要做到三会：会报火警；会使用消防设施扑救初起火灾；会自救逃生。

手提式干粉灭火器使用方法：先撕掉小铅块，拔出保险销；再用一手压下压把后提起灭火器；另一手握住喷嘴，将干粉射流喷向燃烧区火焰根部即可。

使用方法图解：

① 手提式干粉灭火器   ② 勾住保险环拉脱铁环   ③ 拔出保险销

④ 手握皮管喷嘴头   ⑤ 手压灭火器把手   ⑥ 对准火源根部

b. 爆炸事故的预防与处理。

• 某些化合物容易爆炸，如有机化合物中的过氧化物、芳香族多硝基化合物和硝酸酯、干燥的重氮盐、叠氮化物、重金属的炔化物等，均是易爆物品，在使用和操作时应特别注意。含过氧化物的乙醚蒸馏时，有爆炸的危险，事先必须除去过氧化物。若有过氧化物，可加入硫酸亚铁的酸性溶液予以去除。芳香族多硝基化合物不宜在烘箱内干燥。乙醇和浓硝酸混合在一起，会引起极强烈的爆炸。

• 仪器装置不正确或操作错误，有时会引起爆炸。如果在常压下进行蒸馏或加热回流，仪器必须与大气相通。在蒸馏时要注意，不要将物料蒸干。在减压操作时，不能使用不耐外压的玻璃仪器（如平底烧瓶和锥形烧瓶等）。

• 氢气、乙炔、环氧乙烷等气体与空气混合达到一定比例时，会生成爆炸性混合物，遇明火即会爆炸。因此，使用上述物质时必须严禁明火。

对于放热量很大的合成反应，要小心地慢慢滴加物料，并注意冷却，同时要防止因滴液漏斗的活塞漏液而造成事故。

c. 中毒事故的预防与处理。实验中的许多试剂都是有毒的。有毒物质往往通过呼吸吸入、皮肤渗入、误食等方式导致人员中毒。

处理具有刺激性、恶臭和有毒的化学药品时，如 H_2S、NO_2、Cl_2、Br_2、CO、SO_2、SO_3、HCl、HF、浓硝酸、发烟硫酸、浓盐酸、乙酰氯等，必须在通风柜中进行。通风柜开启后，不要把头伸入柜内，并保持实验室通风良好。

实验中应避免手直接接触化学药品，尤其严禁手直接接触剧毒品。沾在皮肤上的有机物应当立即用大量清水和肥皂洗去，切莫用有机溶剂洗，否则只会增加化学药品渗入皮肤的速度。

溅落在桌面或地面的有机物应及时除去。如不慎损坏水银温度计，撒落在地上的水银应尽量收集起来，并用硫磺粉盖在撒落的地方。

实验中所用剧毒物质由各课题组技术负责人负责保管、适量发给使用人员并要回收剩余部分。实验装有毒物质的器皿要贴标签注明，用后及时清洗，经常使用有毒物质进行实验的操作台及水槽要注明，实验后的有毒残渣必须按照实验室规定进行处理，不准乱丢。

操作有毒物质实验过程中若有咽喉灼痛、嘴唇脱色或发绀，胃部痉挛或恶心呕吐、心悸头晕等症状时，则可能为中毒所致。视中毒原因施以下述急救后，立即送医院治疗，不得延误。

固体或液体毒物中毒：有毒物质尚在嘴里的立即吐掉，用大量水漱口；误食碱者，先饮大量水再喝些牛奶；误食酸者，先喝水，再服 $Mg(OH)_2$ 乳剂，最后饮些牛奶，不要用催吐药，也不要服用碳酸盐或碳酸氢盐；重金属盐中毒者，喝一杯含有几克 $MgSO_4$ 的水溶液，立即就医，不要服催吐药，以免引起危险或使病情复杂化；砷化物和汞化物中毒者，必须紧急就医。

吸入气体或蒸气中毒者：立即转移至室外，解开衣领和纽扣，呼吸新鲜空气；对休克者应施以人工呼吸，但不要用口对口法，立即送医院急救。

d. 实验室触电事故的预防与处理。实验中常使用电炉、电热套、电动搅拌机等，使用电器时，应防止人体与电器导电部分直接接触及石棉网金属丝与电炉电阻丝接触；不能用湿的手或手握湿的物体接触电插头；电热套内严禁滴入水等溶剂，以防止电器短路。为了防止触电，装置和设备的金属外壳等应连接地线，实验后应先关仪器开关，再将连接电源的插头拔下。

检查电器设备是否漏电应该用试电笔，凡是漏电的仪器，一律不能使用。

发生触电时急救方法：关闭电源；用干木棍使导线与受害者分开；使受害者和土地分离。急救时急救者必须做好防止触电的安全措施，手或脚必须绝缘；必要时进行人工呼吸并送医院救治。

e. 实验室其他事故的急救知识。

• 玻璃割伤：一般轻伤应及时挤出污血，并用消过毒的镊子取出玻璃碎片，用蒸馏水洗净伤口，涂上碘酒，再用创可贴或绷带包扎；大伤口应立即用绷带扎紧伤口上部，使伤口停止流血，急送医院就诊。

• 烫伤：被火焰、蒸气、红热的玻璃、铁器等烫伤时，应立即将伤口处用大量水冲洗或浸泡，从而迅速降温避免温度烧伤；对轻微烫伤，可在伤处涂些鱼肝油或烫伤油膏或万花油后包扎；若皮肤起泡（二级灼伤），不要弄破水泡，应用纱布包扎后送医院治疗；若伤处皮肤呈棕色或黑色（三级灼伤），应用干燥而无菌的消毒纱布轻轻包扎好，急送医院治疗。

• 被酸、碱或溴液灼伤：皮肤被酸灼伤要立即用大量流动清水冲洗（皮肤被浓硫酸沾污时切忌先用水冲洗，以免硫酸水合时强烈放热而加重伤势，应先用干抹布吸去浓硫酸，然后再用清水冲洗），彻底冲洗后用2%～5%的碳酸氢钠溶液或肥皂水进行中和，最后用水冲洗，涂上凡士林；碱液灼伤要立即用大量流动清水冲洗，再用2%醋酸或3%硼酸溶液进一步冲洗，最后用水冲洗，再涂上凡士林；酚灼伤时立即用30%酒精揩洗数遍，再用大量清水冲洗干净后用硫酸钠饱和溶液湿敷4～6小时，由于酚用水冲淡1:1或2:1浓度时，瞬间可使皮肤损伤加重而增加酚吸收，故不可先用水冲洗污染面；受上述灼伤后，若创面起水泡，均不宜把水泡挑破，重伤者经初步处理后，急送医院就诊。

• 酸液、碱液或其他异物溅入眼中：酸液溅入眼中，立即用大量水冲洗，再用1%碳酸氢钠溶液冲洗，若为碱液，立即用大量水冲洗，再用1%硼酸溶液冲洗，洗眼时要保持眼皮张开，可由他人帮助翻开眼睑，持续冲洗15分钟，重伤者经初步处理后立即送医院治疗；若木屑、尘粒等异物进入眼中，可由他人翻开眼睑，用消毒棉签轻轻取出异物，或任其流泪，待异物排出后，再滴入几滴鱼肝油；玻璃屑进入眼睛内是比较危险的，这时要尽量保持平静，绝不可用手揉擦，也不要让别人翻眼睑，尽量不要转动眼球，可任其流泪，有时碎屑会随泪水流出，用纱布轻轻包住眼睛后，立即将伤者急送医院处理。

• 对于强酸性腐蚀毒物，先饮大量的水，再服氢氧化铝膏、鸡蛋白；对于强碱性毒物，最好先饮大量的水，然后服用醋、酸果汁、鸡蛋白；不论酸或碱中毒都需灌注牛奶，不要吃呕吐剂。

• 水银容易由呼吸道进入人体，也可以经皮肤直接吸收而引起积累性中毒。严重中毒的征象是口中有金属气味，呼出气体也有气味；流唾液，牙床及嘴唇上有硫化汞的黑色；淋巴腺及唾液腺肿大。若不慎中毒时，应送医院急救。急性中毒时，通常用碳粉或呕吐剂彻底洗胃，或者食入蛋白（如1升牛奶加3个鸡蛋清）或蓖麻油解毒并使之呕吐。

④ 实验室急救箱。医药箱内一般有下列急救药品和器具。

a.医用酒精、碘酒、红药水、紫药水、止血粉、凡士林、烫伤油膏（或万花油）、1％硼酸溶液或2％醋酸溶液、1％碳酸氢钠溶液等。

b.医用镊子、剪刀，纱布、药棉、棉签、创可贴、绷带等。

医药箱专供急救用，不允许随便挪动，平时不得动用其中物品。

(2) 实验室的节能与环保

节能减排不仅是政府的事，更是一项全民运动。不仅生产部门是其中重要组成部分，同时消费部门也对节能减排起到至关重要的作用。实验室作为基层消费部门，进行节能减排势在必行。此举不仅响应了政府的号召，削减了国家的负担，适应了新时代的新要求，顺应了可持续发展的方针，更是实际地减少了学校的开支，把更多的经费用于科研或教学。实验室是学生学习的场所，学习不仅要学习专业领域知识，更是要通过学习培养正确的世界观、人生观、价值观，同时培养创新精神和实践能力。在实验室深入开展节能减排工作，并将它与学生工作、组织管理进行有机的结合，通过各种行之有效的措施，让广大学生对节能减排有切实直观的认识和体会，使节能减排上升到理念，落实到生活。此举更是把节能减排放的思想通过具体实践灌输给未来的社会高级人才，在潜移默化中提高他们对节能减排的认识，使节能减排的意识深入他们的思想，使节能减排变成一种良好的个人习惯，甚至形成一种道德标准，为社会输送大批高质量、高标准、符合新时代新特色的高级人才，用来辐射全社会，达到带动全社会的目的。因此，在实验室广泛深入开展节能减排工作，意义重大，影响深远。

① 实验室的节能。实验室节能包括直接节能和间接节能两个方面。节能的两大途径是技术节能和管理节能。只有把各种节能与经济效益结合起来，才能提高能源利用效率、节约物质消耗、节省人力资源、提高机器设备使用效率。

实验室节能措施主要从资源节能、环境节能两方面入手。资源包括可再生性资源（如循环水、氢气）、不可再生性资源（如石油裂解的乙炔气、煤裂解的煤气、火力电）、可替代性资源（太阳能、风能、对流能、热交换能）。环境节能包括实验室建筑、供暖保温、散热、增减日照等。

实验室水资源的利用包括实验用去离子水、热交换水、洗涤用水、卫生用水。实验用去离子水一般是通过阴（阳）离子交换树脂的离子交换净化过程，去除自来水中的各种杂质得到的。根据电导率的不同，实验用去离子水可分为一次去离子水、二次去离子水、超纯水。去离子水在实验室溶解、稀释样品时经常用到，用量虽然不多，但是它的制取成本较高。为了延长纯水机过滤装置的使用寿命，有条件的实验室可以购买热电厂的副产品蒸馏水，代替硬度较高的自来水。去离子水每次制取量不宜过多，本着少量多次的原则，随用随制。润洗器皿时，应用尖嘴洗瓶分3次润洗。热交换水主要用于水浴加热和水冷却。在水浴加热前，操作人员应当提前在塑料桶内储存自来水，以免加热过冷的自来水浪费电能。仪器冷却水最好选用闭路循环蒸馏水，制冷温度尽量与室温和仪器参数相适应，以免制冷系统长时间启动或频繁启动。洗涤用水是实验室用量最大的一类水，操作人员一定要坚持用水少量多次的原则，坚决避免长流水的洗涤方式，尽可能安装节水装置。

电能的高效利用是实验室节能措施的最重要突破口。实验室电能主要用于热分解、热交换、仪器设备的运行和照明。热分解的首选方法是微波密闭增压消解法，其特点是热转换效率高、时间短、温度可控、样品完全消解。高温热分解设备（如高温炉等）应当充分利用样品批次之间的余热，避免冷启动。恒温仪器设备要增设保温层外罩，减少冷热气损失，避免恒温仪器设备频繁启动。恒温环境的热交换要注意环境的保温，仪器间增加隔断设置温度缓冲区，空调冷热温度的设定要适度。实验室的照明系统应采用内启动单端荧光节能灯。实验室电脑调成中等亮度，既能省电又能保护视力。在非必要情况下，任何仪器设备都不要长时间处于待机状态，仪器设备停止运行后一定要断开电源总开关，防止漏电和电能损失。

实验室的环境节能也可以称为客观条件节能，主要体现在实验室建筑设计节能方面。目前，由于经费和区域空间的限制，实验室的独立建筑设计并不广泛，绝大多数实验室建筑依附于教学楼、办公楼、仓储库房，有的甚至紧邻居民小区，这些因素将会阻碍实验室建筑设计的节能理念。

② 实验室的减排。实验室减排就是指实验室减少有害有毒气体、液体、固体废弃物和粉尘的排放量。它是"十一五"纲要总体目标的要求，也是实验室资质认可的考核目标。资源的开发和利用是环境污染的主要来源。只有从防微杜渐入手，才能逐步解决许多困扰人类面临的资源和环境问题。虽然实验室减排的项目繁杂，实验室的个性差异很大，但是，根据实验室的共性，还是可以制订出具体有效的治理措施和方法。对强腐蚀剂、可吸入毒害物、放射源、易燃易爆物、强磁场、强电场、超低温、超高温、强光、高压、高频电磁波（微波）辐射、高致病性病原体等设置图文警示标识。在保证实验结果的前提下，选择相对污染少的分析方法，用无毒害、无污染或低毒害、低污染的试剂替代毒性较强的试剂。一些特定实验需使用剧毒药品时，一定要用封闭的收集装置收集废液。实验室减排项目包括气体类、液体类、固体类和噪声，减排的主要措施和方法是建立配套废气吸收塔、沉淀降解、活性炭吸附、水泥浇筑分类固化法、焚化法、静电除尘、屏蔽与减振等。

③ 实验室的降耗。实验室降耗主要是指实验室的仪器设备和物资材料的降耗。其他（如办公用品）应根据实验室规模来确定降耗。通过信息网络平台，实验室之间可以建成各类仪器、试剂调度网络。各实验室可以结合区域性的试剂调度网，选择一部分危害大、用量少、易失效的试剂进入网络，实现实验室之间资源共享，避免大批化学试剂失效。易失效、剧毒的化学试剂，可以建议供应商降低包装剂量（5～10g 为包装单位）。建立成本核算体系，把一些偶尔检测的项目或使用频率相对比较低的大型精密仪器检测项目分包出去，降低生产和维护成本，尽量减少试剂库存，使易失效、剧毒的化学试剂为"零库存"。减少仪器设备的闲置，仪器设备应及时折旧与更新，避免重复引进大型精密仪器设备。循环再利用是实验室降耗的有效途径。

④ 实验室的环境保护。

a. 实验室环境保护与节能、减排、降耗的关系。实验室及其相关部门要依据《中华人民共和国环境保护法》完善管理制度，研究解决办法，采取有效措施，努力避免实验室的"三废"污染。相关部门也应给予资金和技术支持，建立全面、系统、科学、持续改进的治理方案，有计划、有步骤推行新型环保技术。多方面沟通协调，逐步成立专门的实验室废弃物处理中心，有偿集中收集处理实验室废弃物。废弃物处理中心的费用由政府补助和自筹两部分组成。可回收废品被收购后所得资金则用于废弃物处理中心的环保技术研发。

　　建立健全实验室环保档案，确立环保补贴项目和环保成本，研发环保技术，制订环保计划，改善环保基础设施。强化节能减排自我责任，加强节能减排管理，将节能减排指标完成情况纳入实验室发展综合评价体系，建立节能减排工作问责制。建立和完善节能减排指标体系、监测体系、考核体系，以及项目节能评估审查和环境影响评价制度。强化重点实验室节能减排管理，推动实验室加大结构调整和技术改造力度，提高节能管理水平。总之，节能、减排、降耗是环境保护的前提、条件、基础、保障，实验室自身管理是关键。

　　b. 实验室环境保护的预期目标和效果。废弃物零排放是实验室环境保护的预期目标。在进行教学实验中，要积极发挥教学多媒体的作用。虽然计算机辅助教学模拟化学实验（虚拟仿真实验）是一种"零投入"和"废弃物零排放"的特殊实验方式，但是仍然离不开动手实际操作。通过改善实验条件、设施，有效防止毒害气体逸散和毒害液体外溢；改进实验检测方法，减少试剂使用量，最大限度降低污染。同时，还应发挥区域中心实验室的功能和作用，集中主体高科技项目，面向社会招标，从而达到资源共享，相对降低实验室污染物的排放。对污染相对较大的实验室更要集中治理污染，避免浪费大量资源。这样有利于环境保护，实现科学发展。

第3章
汽车专业校内实训基地建设与管理

职业教育实训基地是指为提高职业院校学生的实践和动手能力，由政府、职业院校举办或与行业、企业联办的实验实习场所，是教师、学生和员工培训工作过程实践学习的集中地和职业、岗位技能训练的特定区域。

实训基地包括校内实训基地和校外实训基地。校内实训基地，是由教育举办机构投资建设的，依技能教学需要，按学生人数或学习分组作业安排而设计的实训机构与场地。校外实训基地是学校与专业对口的生产企业，通过契约方式，依法依需确定的社会性真实工作过程实践学习与职业、岗位技能训练的企业和多个点状企业区域。

校内实训基地由多个实训中心组成，一个实训中心由多个实习、实训室或车间组成。校内实训基地的好处是能按照技能教学需要和学生人数分组需要设计，不足的是其情景不够真实。弥补其缺陷的方法是，校内实训基地模拟企业化管理（产品是向外销售的商品）。校外实训基地的优点是真实，缺点是完全按照企业生产需要设计，很难与专业技能教学一一对上号，只能是专业对口，但不可能与教学需要完全适应。解决这些缺陷的主要方法是：一定要找到专业方向对口的实习企业，用延长实习时间和多个企业实习解决技能项目对应问题，一个企业只要安排可容纳的实习岗位人数，实习生尽量分散安排。

3.1 汽车专业实训基地功能的调研与论证

（1）实训基地的基本功能

实训基地之所以成为职业院校学科专业实践教学的必需场所，因其有着独特的功能作用。

① 实践教学与教育的功能。实训基地具有教学、培训、科技开发和生产四位一体的功能，是职业院校开展实践教学的必需条件。在实训基地开展的实践教学，其内容是丰富多彩的，有对应理论课程的应用训练，对应专业基础课的一般性技能训练，对应专业课程的专业技能训练，对应课程设计与毕业设计的综合技能训练，还有对应素质教育的工业化训练以及对应工种考核的专门化训练。所以，为确保课程实践教学工作顺利实施，必须从专业核心能力出发，按照职业院校教学大纲的要求，为专业课程实践教学的基本技能与综合技能训练，配备必需的软件和硬件设施，这些软件和硬件设施就是实践教学的实训基地的内容。同时，必要的资金、设备、耗材等方面，是保证实践教学计划顺利实施的基本条件，这些也是基地

汽车专业实验实训基地建设与管理实务

建设的内容。而实践教学最重要的，是必须给学生提供一个动手操作、亲自实践的机会和场地，这些都是实训基地才能解决的。也就是说，实训基地是实践教学的必需条件。能力培养需要进行职业素质培养训导，而职业素质训导也必须在基地才能展开。现代教育发展的结果，是人才培养目标由原来的理论开发，转向与理论素质开发并重的技能开发，职业教育成为以能力为中心、以满足岗位或职业需要为导向的素质教育，职业教育的所有教学内容，大多需要通过实践教学才能真正达标，这就必须有一定的场地才能操作。

实训基地对学生职业素质的影响也是十分明显的，不但能有效提升学生的专业素质和职业技能，还可以通过实训基地的教学合作与分工，加强学生团结协作的精神；通过综合性、创新性的训练项目可以增强学生刻苦钻研、勇攀科学高峰的意志；通过开放性、自主性实训，可以培养学生独立思维与自立的能力；通过各种流程的训练，并开设安全与质量教育的相关课程或讲座，可以培养学生的安全意识与质量意识等。显然，实训基地的实践教学与教育功能是非常明显的。

② 职业培训、鉴定和认证功能。实训基地的又一个重要功能，是承担职业院校的职业技术培训、职业技能鉴定和职业证书认证的场所。随着我国社会的转型，从学历型向资格型转向，其就业准入制度逐步推行，跟着就需要大量的专题培训、鉴定和认证工作。实训基地就直接承担着区域职业技能培训和职业技能鉴定与职业资格认证中心的功能，并越来越得到强化。借助实训基地，职业院校可以加强实践教学，使学生的职业技能训练与国家资格证书认证全面接轨，并且把学校的课程设置、实践教学计划等，都与职业资格证书的要求挂起钩来。学生能在毕业得到学校毕业证书的同时，得到相关的职业资格或技能等级证书。实训基地一般都拥有丰富的教学资源，人才和技术优势，学校可以借以和劳动部门、行业协会等合作，逐步开发出新的职业资格和技能等级标准证书，满足社会和区域经济发展的需要。此外，实训基地还可以面向社会，开展职业技能培训，如技师培训、职业经理人培训、秘书培训、导游培训、公关人员培训等，使之成为区域性职业技能培训基地，这是职业院校实训基地的又一突出功能。

③ 科技研发与教学服务功能。实训基地可以成为科研活动的场所，离开实训基地的依托，职业院校的许多科研工作将无法开展。借助实训基地大力开展教学科研活动，这既是学校独有的办学特色，是提高学校办学水平的需要，也是课程实践教学基地自身建设与发展的需要。许多科研活动，如职业院校专业师资队伍建设、教学质量的提高、教学资源的利用和改造、未来发展目标和策略建构等，都有赖于科研的强化。实训基地为这些科研活动提供必需的条件。同时，基地承担着教学资源输出、教学手段提供和教学后勤保障等工作，这些本质上都属于服务性工作，特别是在职能转型之后，管理转化为服务，实训基地就直接承担着大量的服务保障工作，缺少实训基地，许多教学活动及其服务保障工作就无法开展。

总之，职业院校实训基地的功能是极为显著的，它直接决定了职业院校实践教学能否顺利进行并发挥作用，实现教学目标。而且，这些功能又能进一步拓展，发挥示范辐射作用，促成学校功能体的最大作用发挥。所以，加强学校的实训基地建设，充分发挥其功能，对促进职业院校教学质量提高，实现人才培养目标，推进现代化进程，都具有重要的意义和作用。

（2）实训基地建设调研

下面以关于职业教育实训基地建设调研为例，进行说明。

① 调研思路。

a. 调研方法。考虑到我国实际国情，可采用文献资料法、对比分析法、典型调研等方法，着重对我国现行职业教育实训基地的建设模式进行考察。通过搜集个案、文献资料和相关论文，结合对部分个案的走访考察，在获取第一手资料的基础上，对资料进行深入筛选、比较与分析，力求使研究获得较高的信度和效度。

b. 调研范围。调研的范围涵盖18所职业院校的实训基地，包括北京轻工职业技术学院、浙江金融职业学院、江西交通职业技术学院、河南省建筑职工大学、海南省商业学校、山东省轻工工程学校、无锡机电高等职业技术学校、广州民航职业技术学院、河北软件职业技术学院、武汉市财贸学校、常州工程职业技术学院、天津中德职业技术学院等高等职业教育院校，调查对象遍布13个省市地区，涉及的学科包括建筑、交通、工程、财务、机电、计算机软件、农学、餐旅、民航、钢琴调律等专业。

c. 调研角度。目前职业教育实践教学条件参差不一，尚未形成统一的规范，从研究的背景入手，经过反复研讨，在确定了研究思路后，拟定了调研提纲，并提出从实训基地的建设模式、成本投入、管理模式、培养目标、实训形式、师资来源、实训成效以及与岗位技能的差距等多角度，对其形式、定位、运作分别进行调研。

类目	形式	关注点
建设模式	校内实践基地、校外实践基地	实训基地的建设模式
成本投入	企业投入、政府财政投入、引入企业资金校企共建、校校共建	建设实训基地的资金来源
管理模式	校内独立管理、校企合作管理、企业独立管理	实训基地管理的方式
培养目标	技能鉴定、资格认证、岗前培训	实训基地对学生培养目标的定位
实训形式	顶岗实习、半工半学、模拟实训、实习	实训基地对学生的培养方式
师资来源	校内教师、兼职教师、企业专业人员	实训教师的构成
实训成效	①设计项目、实训报告、产品 ②模拟岗位、零距离上岗	①学生完成实训后提交的成果 ②学生通过实训后达到的技能层次及水平

② 实训基地现状分析。

a. 实训基地的建设模式。从管理体制角度被调研院校的实训基地可分为两大类：校内实训基地和校外实训基地。校内实训基地包括院校自建的实训基地和校校合作共建或共享的实训基地，它由校内实验室、实训室组成。校外实训基地则包括校办产业形式的实训基地、校企合作共建的实训基地，或独立地向院校提供实训教学服务的赢利性实训基地。

b. 实训基地建设的资金来源与管理模式。目前实训基地建设的资金投入主要有三种来源：一是政府财政支持，如常州工程职业技术学院由省政府财政支持建设的化工实训基地；二是引入企业资金校企共同投入，如无锡机电高等职业技术学校引入深圳百利公司资金校企共建的校内模具制造基地；三是完全由企业投入，如河南省建筑职工大学的校外实训基地——河南省现代预应力应用技术有限公司，这类实训基地是处于正常运营的，企业投入的最终目的是为了企业自身更好的发展。建设资金的来源对实训基地的管理模式将产生直接的影响。根据三种不同的建设资金来源，与之相对应的是三种不同的管理模式：校内独立管理、校企合作管理、企业独立管理。

c. 实训基地的培养目标。实训基地的定位是影响基地建设的一个关键因素。调研数据显示，不论是校内实训基地还是校外实训基地，通常有两方面的培养要求：培养学生和锻炼教师，即通过实训实现对学生的技能训练或岗前培训，同时达到提高教师专业技能的目的。浙江金融职业学院的校内生金融综合实训基地，既可以承担金融业务模拟实训，又可以开发金融类的产品服务于社会。江西交通职业技术学院的校企合作实训基地驾驶培训有限责任公司，旨在对师生进行多方位的培训，该校进而成立了国家职业技能鉴定所，实现对师生的专业技能鉴定与认证。河北软件职业技术学院将实训基地的建设定位于两个目标：一是培养企业需求的人才；二是为学校培养专业教师。同时，在实训基地的工作过程中，通过教师轮流去合作企业挂职锻炼的方式，有利于培养双师型教师。

d.实训基地的实训形式。对实训基地实训形式的分析主要体现为关注实训基地对学生的培养方式。在对实训基地进行调研的过程中，发现对于校内实验室、实训室这类校内实训基地，实训的形式大多为仿真实训、模拟岗位或模拟实习，如河南省建筑职工大学的建筑工程技术专业的校内实训中心，提供完全模拟仿真的施工现场条件，使学生得到相应的模拟仿真训练；常州工程职业技术学院的校内实训室，采用仿真与实操合一的方式，使学生在仿真环境中得到实际操作训练。

校外实训基地对学生的培养，采用的是顶岗实习、半工半学或产学研结合的方式，典型的有广州民航职业技术学院与深圳航空有限责任公司市场营销中心合作，对民航运输管理专业的高职学生安排了半年的顶岗实习，把学生放在真正的岗位上进行职业技能训练；海南省商业学校餐旅类的实训基地海南清澜假日酒店的实训形式为，学生以轮换方式半天上课半天上岗，以员工的身份直接从事各相关岗位的实际工作，在实际的操作中学本领；北京轻工职业技术学院的钢琴调律专业实训基地则紧紧依托行业，以学训一体的实训形式既实现毕业生与就业岗位的对接，又成为全国钢琴调律师分会的培训基地。

e.实训基地的师资来源。目前实训基地的师资主要有两种来源：校内教师和企业专业技术人员。北京轻工职业技术学院的钢琴调律专业由北京星海乐器有限公司的总工程师亲自给学生带班，担任专业课教师；常州工程职业技术学院实施"三双"师资培养工程，取得双师、双证、双语的教师既是理论传授者又是生产实习的指导者，实现教师与师傅合一；河北软件职业技术学院的校外实训基地，由玛雅公司的工程技术人员全面负责专业课程的教学与实训工作；海南省商业学校餐旅类的实训基地海南清澜假日酒店，由校内的双师型教师和有经验的酒店经理共同承担实训教学工作。

f.实训基地的实训成效。根据不同的实训形式，实训成效也有所不同。校内实验室、实训室这类校内实训基地，其实训成效通常为提交的实训报告，如河南省建筑职工大学的建筑工程技术专业的校内实训中心就是如此。与企业合作建设的校内实训基地，学生在实训结束后，可通过认证获得相关的职业资格证书，如江西交通职业技术学院的国家职业技能鉴定所。这类实训基地所培养的学生其技能层次及水平与实际岗位的要求仍有一定差距。

校外实训基地，特别是一些正常运作的企业，学生以顶岗实习或半天上课半天上岗的形式开展实训。学生通过实训将直接创造经济效益。学生在这类实训基地进行实习，面对的是现实的岗位技能要求，所遇到的问题也是实际岗位所面对的问题。在这种环境中，学生的技能得到更有效的培养和提高，能力得到更充分的发挥。

 案例 20 常州机电职业技术学院校内实训中心建设调研报告

一、调研的目的及意义

为满足骨干院校模具设计与制造专业重点专业建设，发挥长三角经济高速发展和企业集聚的优势，在学院校企合作理事会的指导下，依托行业，以江苏长三角模具城、江苏省模具实验区等规模型基地为平台，加强校企合作，在江南装备制造技术产教园内建设集教学、培训、技能鉴定、生产与技术服务为一体，实现区域内资源共享、工学结合紧密的生产性实训基地。通过调研，能够科学制订本实训基地的建设方案。

二、调研的方法

主要调研方法如下。

1. 走访调研。进行了全国示范高职院校实验实训中心建设的考察调研，分别赴广东及常州等地高校及教育园区，进行了基于学院层面的工业中心及基于区域层面的共享实训基地建设的调研。

2. 信息调研。通过网上信息资料查询等方法，对项目有关理论研究、建设成果、政策、地方产业及专业技术等方面进行调研。

3. 专家咨询及研讨。通过专家研讨会、访谈等方法，与合作企业充分沟通交流，校企合作共建实训室；对实训中心功能定位、实验实训设备选型及参数确定进行调研。

三、调研的内容

（一）全国高职院校走访调研

1. 深圳职业技术学院。深圳职业技术学院工业中心是全国高职示范性实训基地，共有35个实训室、125个实训分室，具有178个功能场室，总建筑面积达13.3万平方米，设备总值为4.01亿元，设备数达39719台套。该工业中心为教学单位，共有35个实验实训室，其中有5个为公共共享公管实训室，主要有电工、金工、电子、数学及物理实验室，另30个实验实训室由系部负责建设与管理，由工业中心负责进行后勤保障。我们重点对工业中心进行了参观考察。工业中心主任黄炳华副教授热情接待了我们。他简要介绍了学院工业中心机构组成、职能分工、办学特色等基本情况。工业中心独立编制有70多人，主要承担各院系公共课程，包括电工电子、金工机械等，各专业实验实训室仍由各院系负责。后勤保障提供水、电、维修等任务，有些后勤服务职能实现社会化。所有专业均参加电工、金工普训，进行职业素质训导，实训期间要统一着装，实行打卡，并参加早训。设备管理实行"谁建设、谁使用、谁管理"的原则，保证人尽其才、物尽其用。通过参观和交流，我们感觉深圳职业技术学院的师生均有一种朝气，无不展现出自信、自豪、自强的风貌。学校倡导"敬业、创新、求实、奉献、协作"的校训精神，学生在真实的工作环境当中，确实锻炼了过硬的技能，得到社会广泛认可。

2. 广州番禺职业技术学院。2011年赴广州番禺职业技术学院参观考察。重点考察了该校实验实训室的管理。该校引进行业机构入园，以企业家姓名命名实训楼，合作进行人才培养。该校实训中心及各实验实训室为人才培养提供了良好的支撑，同时，实验实训室实现了精细化的管理。重点参观考察了机械、电子、汽车、玩具、计算机等实验实训场室。据介绍，广州番禺职业技术学院本校区在1995年启用，1997年才在教育部备案，当时由番禺财政负责。2001年焦兆平书记对学院进行重新定位，重点抓内涵建设和教学质量，适度控制发展规模。实训中心建设以专业为依托，以示范性建设为抓手，重点建设玩具、珠宝等国家级示范建设专业，在人员配置、环境建设、校企合作、校外基地建设、顶岗实习、教材编写、师资建设、职业技能鉴定等方面加大投入，形成良好的局面。广州番禺职业技术学院认为：专业建设非常重要，要紧紧围绕专业建设来确定师资，考虑设备，建立管理体制，推进校企合作。校内整周的实训以固定编制的实训指导老师为主，课内的实训则以理论课指导老师为主。校内实训及考证不能以赢利为目的，强化技能；校外实习则要依靠行业协会牵线搭桥。以玩具专业为例，产学合作做得很好，与企业联系紧密，企业提供足额的顶岗实习机会，玩具协会、企业共同参与学院制订教学计划、确定课程标准、参与编写教材等。佛山南海美泰玩具厂每年提供100多个实习岗位，充分满足教学需要。另外，实践性、生产性强的课程，聘请企业技术人员开课，如检测专业的一门检测技术课程，就是聘请企业人员上课，效果非常好。

3. 广东轻工职业技术学院。2011 年 11 月 23 日，广东轻工职业技术学院副院长王玫瑰、吴茂昶，实训中心、校企合作办处长揭广州，教务处副处长别文群热情接待了我们。副院长王玫瑰系统地阐述了该院根据高职教育规律、提高人才培养质量的方法和措施。双方就"校中厂"建设与管理进行了深入的研讨。会后参观了该院模具"校中厂"、152 创意工场及南海校区。模具"校中厂"结合当地产业特点和办学方向，引进了一家塑料成型模具企业，在该企业内进行正常的产品生产，同时，在企业内设置教学功能区，将学习项目与企业生产项目结合起来。该院的校企合作、师资培养及人才培养模式等方面给我们留下深刻的印象，对指导我们进行产教园建设与管理具有很大的价值。

4. 常州信息职业技术学院。2012 年 3 月，我院对常州信息职业技术学院及其工业中心进行了参观考察。该院为实施"三依托、三合一"工学结合人才培养模式，围绕江苏信息产业发展规划和常州市"十一五"社会经济发展规划，以服务企业为宗旨，依据区域经济构成和行业企业人才需求实际，组建了"五大校企联盟"，按照"扬优、扶新、集群"专业建设思路，围绕区域经济发展调整和优化专业结构，以重点专业建设为龙头，全面创新"三依托、三合一"工学结合人才培养模式。

(1) 依托校内工业中心和常州高职园区工业中心实训基地，实现学做合一。把学生的理论学习和动手实践结合起来，在做中学，使学生熟悉工作岗位的要求、内容、环境，培养学生的动手实践能力。学院调整了原有实验实训场地，改建和新建了 15 个融教学、培训、职业技能鉴定为一体的校内生产性实训基地。

(2) 依托校内信息产业园，实现工学合一。信息产业园占地 155 亩，是学院与知名行业企业共建的生产性实训园区，为学生工学结合提供了强有力的支撑和保障。通过在信息产业园的工作实践，把学生的学习内容和工作实际结合起来，使学生掌握工作岗位的基本要求和内容，培养了学生的岗位基本技能，从而实现工作与学习合一。

(3) 依托"五大校企联盟"，实现顶岗与就业合一。学院通过组建"五大校企联盟"，吸纳企业 505 家。依靠联盟内企业，学院落实学生在不同企业顶岗实习，把学生的顶岗实习与就业结合起来，使学生掌握工作岗位的综合技能，能完全胜任岗位工作，顺利实现学生到企业职员的角色转变。机电工程系设有数控技术、模具设计与制造、机电一体化技术、机械设计与制造等多个专业。现有专职教师 60 余人，其中副教授/高级工程师以上职称 18 人，目前该系在校学生已近 3000 人。该系坚持产学研结合，从严执教，严格管理，着力营造良好的学习氛围。注重学生实践能力的培养，不断加强现代化实践教学基地建设，建有机械设计实训中心、现代制造技术实训中心和模具设计与制造实训中心；建立了国家三维 CAD 培训基地、美国 Autodesk 授权高级培训中心、UGS 公司 NX 软件 CAD/CAM 应用培训中心等多个鉴定站。该系推行实施"工学交替"的人才培养模式，2007 年模具设计与制造专业被确定为国家示范性建设专业，《冷冲压工艺与模具设计》课程被评为省级精品课程。该系培养的学生理论基础扎实、知识面广、动手能力强、有创新精神，在社会上广受欢迎和好评，毕业生供不应求。

(二) 常州地区装备制造业产业调研

常州市高端装备制造业主要涉及轨道交通设备制造业、工程机械及车辆制造业、新型农业装备制造业、数控机床和基础装备制造业等领域。轨道交通设备制造业主要包括内燃机、转向架、牵引传动系统、电气控制系统和车内装饰等产品，其中牵引传动系统在城市轨道交通中占有率达到 45%，骨干企业包括南车戚机公司、南车戚研所、常宏中心和今创集团；工程机械及车辆制造业主要包括装载机、挖掘机、平地机、压路机、大吨位自卸车、城市客车、专用车辆及车辆零部件等产品，其中挖掘机和装载机销售量分别占全国的 9% 和 5%，主要骨干企业有小松、常林、现代、常州黄海、旷达和星宇车灯等公司；新型农业装备制造业主要包括柴油机、拖拉机、种植机械、收割机械等产品，其中5～40马力（1千瓦＝1.341马力）轮式拖拉机国内市场占有率全国第一，农业机械产品销售量占全国的15%，龙头企业有常柴、常发、东风农机和正昌等公司；数控机床及基础装备制造业主要包括数控加工中心、冶金成套设备及专用轧辊、纺织机械及关键零部件、港口机械以及各类轴承等产品，锻钢冷轧辊产量亚洲第一，钢箔、经编机、罗拉、喷丝板等纺织机械和关键零部件以及冶金成套设备国内名列前茅，骨干企业有宝菱重工、宝钢轧辊、新瑞机械、溧阳重材、润源机械、光洋轴承和常州港口机械等公司。

（三）常州科教城常州高职教育实训基地调研

常州高职教育园区在建设过程中，同步规划、建设了实训、实验和生产一体化的公共教育共享平台，集中建设了设备先进、规模较大的实训中心。

1.常州高职教育园区的规划设计纳入城市建设总体规划。常州市政府与五所学校共商建设规模，将常州高职教育园区教学与实训区域统筹考虑，并与整个城市规划相结合。由市政府牵头，成立建设指挥部统筹规划教学区与实训区的布局，并使整个园区的规划与常州市城市规划相协调，既扩大了常州市的城市规模，又为高职教育园区实训中心的建设留有发展空间。五所学校的实训中心建成，为常州科教园区引进"外智"科技孵化提供了条件。

2.常州高职教育园区实训中心的经费筹措。一是高职教育园区管委会按股份制形式筹措的启动资金0.6亿元；二是常州市政府在政策上的支持和市长基金的资助2.6211亿元；三是教育部和省政府下拨的专项经费1.05亿元；四是各院校提供的基本建设资金0.9亿元和项目配套经费0.5亿元。

3.常州高职教育园区实训中心的管理模式。

（1）实训中心项目的筛选与分布。项目筛选原则是具有园区内共享性和社会共享性，校内实训（实验）室与高职教育园区实训中心项目具有不重复性，同时留有余地，具有超前性。项目筛选的程序是学校申报、专家论证、高职教育园区管委会批准。

（2）实训中心建设理念。指导思想是资源共享、集约发展、体制创新；管理体制是"联合共建、统筹管理、内外开放、充分共享"；建设体制是"政府主导、学校主体、统一规划、市场运作"。省市成立了建设领导小组，省教育厅和市政府进行了无间隙合作。

（3）实训中心管理模式。由高职教育园区管委会分管主任、五所高职院校分管领导及有关部门负责人组成理事会，作为中心的决策机构。理事会下设管理中心，设中心主任、副主任若干名，组成精干领导班子，负责日常管理经营。管理中心主任、副主任由管委会负责面向高职教育园区内部或面向社会聘任；管理中心下设若干项目管理部，项目管理部由管理团队组成，设管理部主任，由管理中心聘任，归管理中心管理。项目管理团队负责人由各校推荐，管委会同意，工作人员由学校派出和社会招聘。管委会制订考核指标体系，把设备使用率、实训覆盖率、设备完好率、产业与服务性收入等方面作为考核指标，由管委会面向高职院校和社会招标确定各专业实训项目管理团队。管理团队由管理中心负责管理、考核、评定及奖惩。

（4）实训中心运作方式。五所高职院校按教学要求编制实训计划，由管委会教育培训处汇总平衡后统筹安排，形成指令性计划，交管理中心具体执行。五所高职院校每年各提供实训费200万元，在当年的9月底前交至管理中心，作为基本运行费。五所高职院校学生实训除材料费外，不再另行收费。在常州市范围内的高校、中职的学生实训可以作为指令性计划安排，在收费方面原则上予以优惠。实训中心按市场运作，进行产品生产，开展教育培训、科技合作等社会服务；其他学校或社会培训机构的实训和社会服务，收费标准略高。

（四）实训基地建设模式的比较分析

1. 国外实训基地建设模式。

（1）澳大利亚"技术与继续教育"实训模式。技术与继续教育是建立在明确的行业（企业）职业岗位需求基础上的教育，是以就业为导向的教育。技术与继续教育实训反映在两个方面：一是行业或企业是教育内容和标准的制定者，院校是实施者；二是人才培养过程完全按照产学研结合的实训模式，从一开始学习技能就与职业岗位密切地结合在一起，包括少量的校内实训和大量的企业顶岗实训，且顶岗的岗位最好就是学生未来的职业岗位。

（2）德国"双元制"实训模式。德国职业教育对毕业生的能力要求由行业统一制订，不同专业面对不同岗位，就有不同的职业能力要求。技能培养的主要途径有校内实验实训室，地区性行业协会教育实习中心及社会各类企业等。在德国，最先进的设备是在职业教育技能训练中心，企业非常关注专业人才的培养，主动向行业协会教育中心和职业院校捐助最先进的机器设备，并提供技术支持。

（3）新加坡"教学工厂"模式。"教学工厂"这一概念是南洋理工学院院长林靖东先生针对大专院校毕业生不能够很快适应工作岗位的需求，而企业又要求学校必须重视实践能力培养的情况下提出来的。这是一种适合现代科技发展和职业技术教育需求的，将学校、培训中心、企业三元合一的教育模式。"教学工厂"就是将工厂环境引入学校，在学校内建起技术先进、设备完善、环境逼真的教学工厂。

（4）美国"合作型"实训模式。为使学生一年中有四分之一的时间到与自己专业对口的公司或企业进行实训，美国的辛辛那提大学推出了一项教育计划：与企业共同建设"合作型"实训基地。"合作型"实训基地面向社会、由社会参与办学，加强了学校与用人单位，乃至整个社会的横向联系。学校通过"合作型"实训基地获得社会企业的支持和更多更可靠的办学信息，从而强化学校的教育功能，促进学校从实际出发调整专业，改变课程设置，充实和更新教学内容。

（5）英国"三明治"实训模式。这种模式是在教学过程中穿插有工程实际训练的教育模式。"三明治"模式规定大学的头三年将一学年分为两个学期，学生一个学期在学校学习，另一个学期在企业里接受训练。第四年分为三个学期，学生都在学校里学习并取得学士学位，第五年选择企业学习，完成后取得硕士学位。"三明治"实训基地的模式，把应用性人才的培养与社会挂钩，解决了理论与实践相结合培养人才的问题，同时也使学校和社会、企业的联系得到了加强。

纵观世界各国实训模式成功实践，表明学生能力的培养必须突出实践教学、注重实训基地建设、注重教学与生产劳动相结合。

2. 实训中心模式的初步分析。

（1）理念的先进性。实训中心坚持"开放、共享、集约、高效"的先进建设理念，采用"企业参与、双元主体、统一规划、市场运作"的新型建设体制，开辟政府、学校、企业多元化的投资渠道，充分发挥政府、高校与企业三方面的优势，多种渠道、多种方式筹集资金，资源共享，共同投资和建设实训基地。通过学校自筹、实训基地自筹、校企共建、学校与科研单位或行业联合等多渠道筹集经费，走共同建设、共同发展的道路。在培植优质高职教育资源，促进产学研良性互动，培养高素质、高技能应用型人才等方面进行了许多有益的尝试与实践，对周边经济社会和高等职业教育发展产生明显的带动与辐射作用。所建实训项目的装备档次为中高档，具有一定的超前性，与长三角、珠三角及上海经济区生产力发展水平相适应并适度超前。

（2）建设的集约性与专业性。实训中心按照产业群或技术应用大类集中布局和建设，既能满足专业要求，也能实现"集约化"。这样，既可避免设备的重复购置，做到资源共享，提高投资效益，又可保障设备的配套齐全和达到相当规模。

（3）项目的多样性。一是营造一个环境：尽可能与生产、建设、管理、服务第一线相一致，形成真实或仿真的职业环境。二是确立两个中心：工业技能训练中心和职业素质训导中心。三是实现三个任务：实践教学（实训、实验、实习）；开发生产（产、学、发、研相结合）；培训鉴定（职业培训、技能鉴定、资格认证）。四是建成四个基地：培养第一线需要的高等技术应用型人才的实训基地；职业技术教育师资的培养基地；高新技术的开发、应用、推广基地；职业技能的培训、考核、鉴定基地。

（4）服务的开放性。实训中心在环境和总体设计上充分体现向社会开放，向企业开放，向国内外各类科研单位、企业、教育机构开放，充分共享，创造条件成为全省、全国紧缺专业技术人才和职教师资的培训基地。同时实现学校与社会共享、产学研结合，与地方经济发展互动，最大限度地提高装备、设施的利用率，为社会提供多方位服务。

（5）管理的效能性。实训中心的管理和运作采用"学校为主、多方受益"的原则，在管理模式上借鉴企业的运作方式，引进经营管理的理念和方法。充分利用有限资源，最大限度地节约资金，尽可能使所建的实训基地适用性强，能进行多学科的综合实训，并为相关专业实训提供服务。

（6）部分的产业性。实训中心使教育与科研、生产相结合，与发展培训产业相结合，同时促进社会和企业参与共同研发、创新、创业和生产，促进可持续发展。

（7）"校中厂"模式。"校中厂"是一种创新的教学模式，将现代工厂引入学校，也将学校的教学活动融入现代工厂的生产经营环境中。学校直接或间接参与到企业的生产、经营过程中，将学校教学与企业经营有机地结合起来，使学生在一个真实的生产经营环境中学习各种必需的技能。学生在教师和工厂的技术工人指导下进行实际生产操作，不但巩固了所学的理论知识，还学会了未来上岗所必须掌握的基本技能。可以说是真正做到了"学以致用"。"校中厂"的有利之处在于学校根据教学需要进行组织安排，方便对学生进行全方位的教育管理和差异化培养，学生在完成生产实习的同时完成了企业的项目任务，也掌握了必需技能，能够直接上岗工作，做到一举多得，是一种比较优越的校企合作的教学模式。"校中厂"实施实训课程的工作模型，通过典型模具制作实训课程的实践检验，证明具有一定的合理性和实用性，学生在实训结束后的总结中普遍反映收获多、感触深。因此可利用这一实训课程工作模型在设计过程中所依据的理论和操作经验，设计在"校中厂"实施的其他实训课程的工作模型。

四、调研的结论

坚持"开放、共享、集约、高效"的先进建设理念，采用"政府主导、校企合作、统一规划、市场运作"的新型建设体制，由学校提供场地、企业整体植入校中厂内，在校内建设集生产、教学、科研与服务多功能于一体的综合性生产性实训基地，充分发挥政府、高校与企业三方面的优势，多种渠道、多种方式筹集资金，资源共享，共同投资和建设实训基地，走共同建设、共同发展的道路。将"校中厂"培植为优质高职教育资源，促进产学研良性互动，培养高素质、高技能应用型人才，对周边经济社会和高等职业教育发展产生明显的带动与辐射作用。主要服务学院的材料成型与控制、机械制造技术等九大专业群，所建实训项目的装备档次为中高档，具有一定的超前性，与长三角、珠三角及上海经济区生产力发展水平相适应并适度超前。

1. 模具制造实训室建设。

(1) 培养模具设计与制造专业学生模具制造能力，主要服务于模具制造技术专业课程：开展模具制作等课程教学；开展模具精密加工、复杂模具研配、新技术培训等社会服务；开展项目课程教学；与"校中厂"充分合作，协同。

(2) 承担社会培训与技术服务。单次承担40人的教学或社会培训任务，产学结合、校企合作进行项目的研制和开发。

(3) 主要设备方案：基本型号的立式加工中心DMC 635 V eco，8000r/min铣轴、20位刀库和进给速度高达25m/min具有最高动态性的轴电机。另外它还具有最先进的数控技术：带ShopMill软件的Siemens系统或带Manual Guide i，性价比高。

苏州三光科技股份有限公司的主要产品三光牌低速走丝电火花数控线切割机、伺服数控中走丝线切割机、高速走丝电火花数控线切割机、电火花成型机及电火花高速穿孔机等。三光牌具品牌优势，在设计和制造中融入了国际主流机床的特点，深受各方用户的青睐。

设备名称	品牌型号	数量	培养能力
电火花成型机	乔懋450	10台	电切削加工
快走丝线切割	DK7740B	10台	电切削加工
数控铣床	新瑞	5台	数控加工
加工中心	哈挺	5台	数控加工
数控车床		3台	数控加工
注塑机	海天	2台	塑料成型
压力机		1台	冲压成型
高速冲床		1台	冲压成型
三坐标测量机	前哨	1台	逆向工程
电穿孔机		1台	电切削加工
精雕机		2台	数控加工
平面磨床		1台	普通加工
内外圆磨床		1台	普通加工

2. 模具CAD/CAE/CAM实训中心建设。企业对掌握模具CAD/CAE/CAM技术的学生需求量较大，尤其是高素质高水平的人才更加匮乏。在相关模具企业，目前用于模具CAD/CAE/CAM的国内外商品化软件品种较多，其中，AutoCAD软件是CAD软件中应用最为广泛的，优良的二次开发工具使其活跃在各类CAD专业领域。国内开发的软件主要有CAXA、PICAD、开目CAD、高华CAD等，而在进行复杂模具的CAD/CAE/CAM时，国外软件还是主流，目前国内应用主流软件有SolidWorks、Pro/E、UG、DEFORM、DYNAFORM、Moldflow等、同时根据企业需要要求学生能熟练使用CAD设计、CAM加工或CAE有限元分析软件，如AUTOCAD、UG、DYNAFORM，同时自己也要有一定的自学能力，能不断去领悟、实践。综上所述，当今企业需要的是具有动手能力的模具CAD/CAE/CAM技能型人才，需新建两个模具CAD/CAE/CAM实训室。

实训室可以针对在校学生安排在教学计划内的CAD/CAM/CAE课程进行教学；可以针

对在校学生进行 CAD/CAM/CAE 技能培训与鉴定；可以针对企业从业人员进行 CAD/CAM/CAE 技能培训与鉴定；可以针对社会人员进行 CAD/CAM/CAE 技能培训与鉴定；可以针对高职高专骨干师资进行 CAD/CAM/CAE 技能培训。

3.逆向工程及快速成型实训室建设。逆向工程及快速成型实训室的设备档次、规模能满足教学的需要，全面提高实训教学质量和效率，使学生的综合素质和实践能力得到培养和提高；该项目建设完成后，可进一步加强产学研密切合作，与社会、行业及企事业单位共同建设实习、实践教学基地，培养出一大批社会需要的技能型人才。该实训室主要承担模具设计与制造专业和艺术设计产品造型设计专业学生的实践教学环节，学生可在实训室进行三维扫描、检测和快速成型等实训项目；通过实训使学生了解逆向工程与快速成型加工先进的制造工艺和与传统加工检测完全不同的全新制造理念，开拓思维，掌握三维扫描与快速成型加工方法及其相配套的软件技术。

实训室建设完成后，除了满足在校学生全年 800 课时的正常教学外，具备 600 人/年社会培训能力和对外逆向设计和检测服务的能力。

中心主要设备配置分析如下。

（1）根据预算，考虑主要设备以及相关配套设施，主要设备为中大型三坐标测量机、中型关节臂集成扫描测量机。

（2）根据广泛调研，暂以海克斯康品牌作为蓝本提出初步建设方案，此为基础调研比较其他品牌情况，根据综合因素比较选购设备提供三套方案。

4.无损检测实训室建设。模具制造行业正向着快速、经济、精密、智能等多元化方向发展，为了适应模具行业的快速发展，更好地培养行业人才，建设无损检测实训室。

该实训室主要培养模具设计与制造专业群学生的模具制造能力，开展无损检测等课程教学；开展无损检测、力学性能、金相检验、新技术培训等社会服务。单次承担 40 人的教学或社会培训任务；产学结合、校企合作进行项目的研制和开发。

该实训室配置先进的无损检测设备，如数字超声波检测仪、涡流检测仪、现场金相检测仪等。

设备名称	培养能力
单通道全数字多功能涡流检测仪	涡流检测
数字超声波检测仪	超声检测
模拟超声波检测仪	超声检测
便携式磁粉检测仪	磁粉检测
X 射线观片灯	射线检测
无损检测现场金相分析系统	无损金相检测

5."校中厂"建设。提出"校厂一体"实训实习模式的解决路径，建设"校中厂"，这是校外基地教学化与校内基地生产化拓展结合。发挥"四方三层"理事会作用，推动政府、学校、企业共同投资建设。本着合作共赢的原则，合作办学、合作育人、合作发展为共同追求目标，引进模具企业入校，学院提供厂房等后勤保障，该企业维持其企业性质及其生产功能，同时与学院合作建设成为"校中厂"。以"校中厂"为平台，深入开展校企合作，进行专业人才培养及人才培养模式改革、课程教学实施、师资队伍建设、技术服务与研究等工作。

需引进一家规模适度的注塑模具生产企业，企业员工数 50 人以上，企业年产值 2000 万

汽车专业实验实训基地建设与管理实务

元以上，企业产品主要为汽车零部件配套模具，有一定的设备存量，设备与技术先进，有较完整的自备的模具设计与制造生产体系。企业决策者、经营者有高瞻远瞩的境界，社会责任意识强。学院成立专门管理机构，负责总体规划、建设和日常管理。依托常州科教城现有的社会服务机构，为园内机构、企业提供服务。以契约约束等形式，建立产权明晰、责权明确、管理科学、协调发展的运行机制。重点计划与常州博赢模具有限公司合作建设博赢模具"校中厂"。

（3）实训基地调研论证

实训基地建设需要项目负责人、论证专家共同参与完成项目论证。召开实训基地项目建设论证会，项目负责人汇报建设方案，阐述实训基地建设的必要性和可行性等，专家提出建议和意见。具体内容参见2.1.3。

3.2 汽车专业实训教学方案设计

实训教学是指通过模拟实际工作环境，教学采用来自真实工作项目的实际案例，教学过程理论结合实践，更强调学生的参与式学习，能够在最短的时间内使学生在专业技能、实践经验、工作方法、团队合作等方面提高。实训的最终目的是全面提高学生的职业素质，最终达到学生满意就业、企业满意用人的目的。

现以整周教学实训为例，说明一下实训教学方案设计。

 案例21 电工技能实训教学实施方案

一、课程的目的任务

本课程是机械、电气、机电专业的一门独立实践课，是学生在学习电路、电工技术、低压电器、电机等技术课程后的重要实践环节，教学内容着重于实践，加深对理论知识的认识，拓宽学生的视野，培养学生的基本技能、实验能力和自学能力，为后续理论课程和实验课程打下良好基础。

本课程的任务是培养学生全面掌握电工的基本操作技能，并达到的熟练程度，有独立分析问题和解决一般技术问题的能力，通过生产实践，使学生掌握电工基本操作技术，能独立完成一般的室内照明配线安装，能看懂电动机的一般基本控制线路，并能独立安装与检修。另外，在生产实习过程中，要培养学生良好的职业道德，养成文明生产的习惯，能够克服困难，并勤学苦练。

二、教学条件

1.教学条件符合电工作业条件（如场地、绝缘鞋、绝缘胶垫等）。

2.有专用的电工专业基础技能实训室、电力拖动实验室。

三、实训内容及要求

实训一：电工基本技术及电工常用仪表的使用

（一）教学要求

1.掌握单股导线、多股导线的连接方法。

2.掌握常用电工工具的使用方法。

3.掌握常用电工仪表的使用方法。

（二）教学内容

1.安全教育及考试。

2.单股导线的连接。

3.多股导线的连接及绝缘恢复。

4.万用表的使用、单臂电桥的使用。

实训二：低压电器的检修

（一）教学要求

1. 掌握低压电器的结构、原理及选用。
2. 掌握电器常见故障的维修方法。

（二）教学内容

1. 转换开关、按钮、行程开关、自动空气开关的结构、原理及故障维修。
2. 交流接触器的拆装及常见故障维修。
3. 直流接触器的拆装及常见故障维修。
4. 中间继电器、时间继电器结构及故障维修。
5. 热继电器、电流继电器的原理及故障维修。

实训三：照明电路的安装

（一）教学要求

1. 掌握照明电路的原理及安装方法。
2. 单相的结构、原理及安装。
3. 模拟照明空间的制作。

（二）教学内容

1. 照明电路的原理。
2. 单相的工作原理及安装。
3. 白炽灯两地控制照明电路的安装。
4. 模拟照明空间的制作。

实训四：三相异步电动机接触器点动控制线路

（一）教学要求

1. 掌握各电路的工作原理和布线规则。
2. 学会用万用表检测电路。

（二）教学内容

1. 控制电路的布线规则。
2. 点动控制电路的连接与检测。
3. 自锁控制电路的连接与检测。

实训五：三相异步电动机接触器自锁控制线路安装及维修

（一）教学要求

1. 掌握线路原理及安装工艺。
2. 掌握线路故障及维修方法。

（二）教学内容

接触器自锁控制线路安装及维修。

实训六：Y-△启动自动控制线路

（一）教学要求

1. 掌握线路原理及安装工艺。
2. 掌握线路故障及维修方法。

（二）教学内容

1. 手动Y-△降压启动控制线路安装及维修。
2. 自动Y-△降压启动控制线路安装及维修。

实训七：双重联锁的三相异步电动机正反转控制线路

（一）教学要求

1. 掌握各电路的工作原理，并能熟练布线。
2. 逐步熟练掌握电路的检测技术。

（二）教学内容

1. 可逆点动电路的安装与检测。
2. 接触器联锁正反转电路的安装与检测。
3. 按钮联锁正反转电路的安装与检测。
4. 双重联锁正反转电路的安装与检测。

实训八：三相异步电动机能耗制动控制线路

（一）教学要求

1. 掌握线路原理及安装工艺。
2. 掌握线路故障及维修方法。

（二）教学内容

1. 手动半波能耗制动控制线路安装及维修。
2. 自动半波能耗制动控制线路安装及维修。
3. 全波能耗制动控制线路安装及维修。

实训九：三相异步电动机的多地控制

<table>
<tr><td>

（一）教学要求

1.掌握线路原理及安装工艺。

2.掌握线路故障及维修方法。

</td><td>

（二）教学内容

1.甲、乙两地单独启动控制线路的安装及维修。

2.甲、乙两地单独停车控制线路的安装及维修。

</td></tr>
</table>

实训十：工作台自动往返控制线路

<table>
<tr><td>

（一）教学要求

1.掌握行程开关的结构和原理。

2.掌握线路原理及安装工艺。

3.掌握线路故障及维修方法。

</td><td>

（二）教学内容

1.行程开关结构与原理。

2.限位控制电路的安装与检测。

3.自动往返控制电路的安装与检测。

</td></tr>
</table>

四、提高教学质量的主要措施

1.注重学法指导，让学生学习时要抓住物理概念、基本理论、工作原理和分析方法。

2.加强实训课教学，通过实训可以巩固所学理论，训练操作技能和严谨的科学作风。

五、教研教改

探索项目教学法。

六、教学进度安排

1.点动控制电路实训，2课时。

2.自锁控制电路实训，2课时。

3.过载保护控制电路，2课时。

4.触点联锁可逆控制电路，2课时。

5.按钮联锁可逆控制电路，2课时。

6.两地控制一台电动机电路（上），2课时。

7.两地控制一台电动机电路（下），2课时。

8.电动机Y-△降压启动控制电路（上），2课时。

9.电动机Y-△降压启动控制电路（下），2课时。

10.电动机顺序启动电路（上），2课时。

11.电动机顺序启动电路（下），2课时。

12.三相异步电动机的多地控制（上），2课时。

13.三相异步电动机的多地控制（下），2课时。

14.工作台自动往返控制线路（上），2课时。

15.工作台自动往返控制线路（下），2课时。

 案例22 北京信息职业技术学院整周实训教学计划

实习/实训教学指导工作计划

编号：JX/GC7.5-02-JL01

实习/实训名称			汽车维修电工(取证)实训	
班　　级	1523152	进行时间	2017年5月22日至6月2日	
实习/实训地点	汽车实训基地		学生人数	24
指导教师	XXX、XX			
课题名称	汽车维修电工(取证)实训			

教学 目的	应用技术	汽车电子、电气控制系统维修思路和维修方法		
	能力目标	1.掌握汽车电子、电气控制系统的组成和各部分的功用 2.能用汽车检测仪、示波器、万用表对CAN数据总线进行故障的判断和排除 3.会诊断及排除汽车电子控制系统及灯光系统中常见故障 4.能运用所学知识进行车身舒适系统功能调试		
下发学生 有关材料		实习/实训任务书	■有　□无	■是　□否下发
报告内容 和要求		报告内容主要包括大众系列奥迪A4、帕萨特B5等车辆电路系统故障检修流程;CAN数据总线故障检查排除工作流程;奥迪A4车身舒适系统功能调试方法;灯光系统检查流程及实训总结等内容。报告要求条理清楚,内容完整		
时间安排 实训进度 辅导教师		1.讲明安全操作规程、实训安排等,相关理论知识复习和电气线路识图认知6课时 2.奥迪A4、帕萨特B5等电路系统测量与维修12课时,CAN数据总线10课时,奥迪A4舒适系统功能调试6课时;灯光系统检修6课时 3.实训综合复习4课时,学生撰写实训总结2课时,实操考试10课时 4.辅导老师:×××、××,全班分4组		
实习/实训教 学考核方法		理论和实践并重,考查学生掌握情况 总成绩=考勤成绩×15%+平时表现×20%+报告及总结×25%+实操考核×40%		
计划采用 改进措施		给学生充足时间进行实际动手练习,教师在过程中加强帮助指导		

3.3　汽车专业实训教学设备、工具和技术方案

实训教学设备、工具及技术方案的选择需要支撑实训教学方案,综合考虑经济成本、基本方法及工具精度等要求。实践教学设备管理是教学设备生产、流通与教学科研使用消费之间的桥梁和纽带,如何做好实训教学设备管理,最大限度地发挥教学设备的使用效益,最大限度地发挥实践教学资金作用,使实践教学设备更好地为教学科研服务,需要认真地探讨研究。

 案例23　自动化类专业实训基地实训项目与设备配置推荐方案

高等职业教育自动化类专业实训基地实训项目与设备配置推荐方案

(教育部高等学校高职高专自动化类技术专业教学指导委员会　联系人:×××)

序号	实训 模块	实训 项目	主要实训内容	主要设备名称	数量 (台/ 套)	必修专业	选修 专业
1	钳工 操作	钳工 操作	1.划线 2.锯削 3.锉削 4.钻孔、扩孔、锪 孔、铰孔、攻螺纹	锉、锯、旋具、扳手、划针、样冲、錾子、榔头、铰杠、板牙架、防护镜、辅料等常用工具,游标卡尺、量角器、米尺、R规等常用量具,台虎钳,工作台	48	机电一体化技术 电气自动化技术 楼宇智能化工程技术 生产过程自动化技术 电力系统自动化技术 计算机控制技术 工业网络技术 检测技术及应用 液压与气动技术	
				平板、方箱、游标高度尺、台钻	6		
				钻头、丝锥、铰刀等常用刀具	若干		

序号	实训模块	实训项目	主要实训内容	主要设备名称	数量（台/套）	必修专业	选修专业
2	电工操作	电工基础	1.电工器材的使用 2.电工仪表的使用 3.电工工具的使用 4.电工测量仪器的使用	电工实验器材、教学模板	48	机电一体化技术 电气自动化技术 楼宇智能化工程技术 生产过程自动化技术 电力系统自动化技术 计算机控制技术 工业网络技术 检测技术及应用 液压与气动技术	
				万用表、转速表、钳形表、功率表、兆欧表	12		
				压线钳、组套工具、电锤、喷灯、弯管器	6		
				测量电桥	6		
		安全用电与防护	1.电工标志与标识 2.电气安全实验 3.触电防护与急救 4.电气防火 5.接地与防雷	标识牌、安全用电实验模板	24	机电一体化技术 电气自动化技术 楼宇智能化工程技术 生产过程自动化技术 电力系统自动化技术 计算机控制技术 工业网络技术 检测技术及应用 液压与气动技术	
				人体模型、仿真模型	6		
				安全用具、电气灭火器材	12		
				教学录像与仿真	12		
		配电与照明安装	1.低压配电与测量 2.低压配电柜的安装与调试 3.照明电路安装与调试 4.照明线路的安装与敷设	电工操作台、教学网孔板、低压配电柜	12	机电一体化技术 电气自动化技术 楼宇智能化工程技术 生产过程自动化技术 电力系统自动化技术	计算机控制技术 工业网络技术 检测技术及应用
				低压电器、电测量仪表、组套工具	12		
				照明控制箱、照明灯具	24		
				管件、桥架、槽道、电缆、固定卡件	48		
		电动机控制线路安装与运行	1.三相异步电动机的基本控制 2.三相异步电动机的可逆控制 3.三相异步电动机的双速控制 4.三相异步电动机的启动控制 5.三相异步电动机的制动控制	电工操作台、教学网孔板、低压电器、交流电动机（含双速电动机和绕线式电动机）、万用表、钳形表、兆欧表、组套工具、电阻器	24	机电一体化技术 电气自动化技术 楼宇智能化工程技术 生产过程自动化技术 计算机控制技术 液压与气动技术	电力系统自动化技术 检测技术及应用
		电动机维护与检修	1.三相异步电动机的拆装与检修 2.电动机的参数测试 3.三相异步电动机机械特性实验 4.交流电动机线圈的缠绕与测试	电工操作台、常用电工工具、交流电动机、电工测量仪表、兆欧表、测速表、磁粉制动器	24	电气自动化技术 机电一体化技术 生产过程自动化技术	楼宇智能化工程技术 电力系统自动化技术 检测技术及应用 液压与气动技术
				线圈绕线机、测量表	24		

序号	实训模块	实训项目	主要实训内容	主要设备名称	数量（台/套）	必修专业	选修专业
2	电工操作	电气控制设计与制图	1.电气符号图例与标识 2.电气控制原理设计 3.电气控制原理图设计 4.电气工艺布线图设计	标识牌、电气控制实验模板	48	电气自动化技术 机电一体化技术 楼宇智能化工程技术 生产过程自动化技术	电力系统自动化技术 检测技术及应用 液压与气动技术
				计算机、AutoCAD软件、电气控制标准与规范	48		
3	机床操作	机械加工	1.车削加工 2.铣削加工	普通车床及附件	12	机电一体化技术 液压与气动技术	生产过程自动化技术 电气自动化技术
				普通铣床及附件	12		
				机械加工常用刀具	若干		
				游标卡尺、内径千分尺、外径千分尺等常用机加工量具及辅助工具	24		
4	电子应用	电路板焊接与装调	1.电子焊接工具使用 2.焊接工艺实训 3.电子产品（收音机等）安装与调试 4.电子产品的检修 5.印制电路板制作工艺实训	电烙铁、线路板、电子元件、集成电路、收音机等产品套件、万用表、镊子	48	机电一体化技术 电气自动化技术 楼宇智能化工程技术 生产过程自动化技术 电力系统自动化技术 计算机控制技术 工业网络技术 检测技术及应用 液压与气动技术	
				线路板台钻、真空吸笔、热风拔放台	6		
				晶体管测试仪、集成电路测试仪、信号发生器、示波器、直流稳压电源	6		
				印制电路板制作装置（或线路板雕刻机）、SMT贴片工艺制作装置	1		
		电子线路测量	1.电子仪器的使用 2.电子元件识别与检测 3.模拟电路测量 4.数字电路测量	晶体管测试仪、集成电路测试仪、信号发生器、示波器、直流稳压电源	6	机电一体化技术 电气自动化技术 楼宇智能化工程技术 生产过程自动化技术 计算机控制技术 工业网络技术 检测技术及应用 液压与气动技术	电力系统自动化技术
5	电子CAD实训	电子线路设计	1.电子元件图例符号识读 2.电路原理图及元件库设计 3.印制电路板及封装库设计 4.电子仿真技术	图例符号教学模板、仿真教学软件	24	机电一体化技术 电气自动化技术 楼宇智能化工程技术 生产过程自动化技术 计算机控制技术 工业网络技术 检测技术及应用	电力系统自动化技术
				计算机、protel 99 SE软件、电子仿真软件	24		

注：实训设备数量按48名学生配置。

汽车专业实验实训基地建设与管理实务

3.4 汽车专业实训基地环境设计规划

(1) 实训基地的公用工程

① 给排水及消防设计。设计依据:《建筑给水排水设计规范》(GB 50015)、《生活饮用水卫生标准》(GB 5749)、《室外排水设计规范》(GB 50014)、《室外给水设计规范》(GB 50013)、《自动喷水灭火系统设计规范》(GB 50084)、《建筑灭火器配置设计规范》(GB 50140)及其他现行的有关设计规范、规定、标准。

给水及消防系统设计如下。

a. 水源:由周边市政管网引入(在市政引入管上设低阻力倒流防止器,最大限度利用市政水压),在场区内形成环网,为满足室内外消防要求,水压不低于 0.30MPa。

b. 用水量估算。

用水量计量的单位为 m^3/h 或 m^3/d。在工业企业中常用的用水量为日用水量(以 m^3/d 计)、平均小时用水量和最大小时用水量(以 m^3/h 计)。工业企业前期设计(可行性研究和初步设计)阶段中,给排水专业一个重要任务是进行工业企业用水量计算。平均小时用水量和最大小时用水量是工业企业用水量的重要参数,因为它决定着工业企业内部管网的管径和从市政管网引入给水管的管径以及初次水增容费的多少。同时,如果该企业远离城市或城市供水量不能满足企业自身的用水量需求时,企业一般需要自建水厂,需要的话,还要自建污水处理场。此外,上述两个用水量又决定着自建水厂和污水处理场的规模。换句话说,平均小时用水量和最大小时用水量影响着待建企业的给排水部分的投资。因此,此阶段的给排水专业的用水量计算是十分重要的。合理计算工业企业中各种用水量,正确给制水平衡图,对设计中确定工业企业自建取水厂、污水处理场规模,合理缴纳水增容费及控制水资源、节约用水等有非常重要的意义和积极的指导作用。

从用水量的单位可以看出,决定工业企业用水量的因素有两个:一个是用水立方米数,另一个是用掉这些水的用水时间。但要正确计算小时用水量,除对这两个因素进行必要的分析外,还需对各用水设备或用水点的最大用水量是否在同一时间段发生进行概率分析。

c. 系统选择。

• 室外给水系统。分别从周边市政供水管网接入给水引入管,形成双向供水,在两根给水管上安装水表和闸阀,场内供水管网相互贯通构成环状。供应各建筑的生活用水、绿化和浇洒道路用水及各建筑的室外消防用水。

• 室内给水系统。分两个区,三层及以下为低区,由市政管网直接供水;三层以上采用变频加压给水设备供水,设备流量为 $10m^3/h$,扬程为 10m,工作压力不大于 2MPa。

d. 管道材料。建筑内的给水管道采用内涂塑钢塑复合管,衬塑管件螺纹连接。消火栓管道采用内外壁热镀锌钢管,小于或等于 DN80mm 螺纹连接,大于 DN80mm 卡箍连接。排水管道采用硬聚氯乙烯排水管,粘接。室外给水管道采用球墨铸铁管,管内壁衬水泥砂浆,承口橡胶密封圈接口。

e. 消防给水系统。消防用水量按同时发生火灾次数一次,室外消火栓消防用水量为 20L/s,室内消火栓消防用水量为 20L/s,火灾持续时间即连续用水时间按 2h 计算,则一次火灾用水量为 $288m^3$。

• 室内消火栓系统。室内采取办公消防合用供水系统,供应办公用水和室内消火栓系统用水。消火栓采用 SN65 型单栓室内消火栓，水枪喷嘴口径为 19mm，25m 长麻质水龙带，室内消防给水系统为独立系统，消火栓的布置按任何一点均有两股水柱到达设计。

• 室外消火栓系统。室外消防水泵接合器应有明显的标志，其周围 15～40m 范围内应设置 DN100mm 地上式室外消火栓。室外消火栓间距不超过 120m，保护半径为 150m。室外消防水由市政管网在基地内形成管网，以保证室外消防需要。

② 灭火设施。

a. 自动喷水灭火系统。按照《自动喷水灭火系统设计规范》（GB 50084）的要求，公共活动用房、走道、科研室等部位需设自动喷水灭火系统，系统火灾危险等级按中危险级 I 级，喷水强度按 6L/(min·m²)，作用面积按 160m²，系统最不利点处喷头的工作压力不低于 0.05MPa。

自动喷水灭火系统每个防火分区或每层均设信号阀和水流指示器。

火灾发生后喷头玻璃球爆碎，向外喷水，水流指示器动作，向消防控制中心报警，显示火灾发生位置并发出声光等信号。

系统压力下降，报警阀组的压力开关动作，并自动开启自动喷水灭火给水加压泵。与此同时向消防控制中心报警。并敲响水力警铃向人们报警。给水加压泵在消防控制中心有运行状况信号显示。

自动喷水灭火系统给水加压泵，应在泵房的控制盘上和消防控制中心的屏幕上均设有运行状况显示装置。

b. 灭火器。按《建筑灭火器配置设计规范》（GB 50140）规定，本项目按中危险级配置手提干粉灭火器，要求每个配置点不少于两具，不多于五具，最大保护距离按 20m，确保最不利点至少在 1 具灭火器的保护范围内。

③ 排水系统。

a. 排水体制。本工程室内排水采取污、废合流排水系统，采用单立管排水系统排放至室外，室内排水主管系统采用主通气立管系统，以改善通水条件，排水立管管径为 DN110mm，排水出口管管径为 DN160mm，按规范设置清扫口，并在适当位置设置地漏。

室外排水主要为生活污水及雨水，排水方式采用雨水、污水分流的排放方式。污水经一收集，经化粪池简单处理后，排至市政污水管道。建筑物屋面雨水采用有组织排水，设置屋面 PVC 雨水口、雨水斗、落水管，将雨水排至室外地面，经院内雨水排放管网收集后，排放到市政雨水管中。

b. 排水量估算。项目排水最高日排水量按给水量的 80%。

c. 排水管材。室外污水管道及小于或等于 DN400mm 的室外雨水管道采用埋地硬聚氯乙烯双壁波纹管，弹性密封橡胶圈接口，管道基础采用砂砾垫层基础。大于 DN400mm 的室外雨水管道采用硬聚氯乙烯双壁波纹管，柔性接口，管道基础采用砂石基础。

④ 节能节水与环保。

a. 尽量利用市政管网供水压力直接供水。

b. 根据国家相关要求，所用卫生器具均采用节水型卫生器具及配件。

c. 所有水泵均设隔振基础，进出水管上设减振、消声软接头。

d. 场地雨水排水采用蓄渗与排放相结合的方式，首先在场地内通过低凹地形、下沉绿地以及其他形式的透水地面，充分削减地表雨水径流，多余部分，通过场地雨水排水系统排至市政雨水管网。

⑤ 暖通设计。设计依据:《采暖通风与空气调节设计规范》(GB 50019)、《全国民用建筑工程设计技术措施暖通空调·动力(2009)》、《公共建筑节能设计标准》(GB 50189)、《民用建筑热工设计规范》(GB 50176)、《城市工程管线综合规划规范》(GB 50289)、《空气调节设计手册》、《供暖通风设计手册》。

防排烟设计:建设项目设置良好的通风设施,保证室内空气新鲜,有利于人员的身体健康。

a.采用自然排烟方式时,其可开启的净面积不小于地面面积的 2%,同时排烟口距该防烟分区最远点的水平距离小于 30m。

b.不具备自然排烟条件的防烟楼梯间及其合用前室均设置机械加压送风系统。楼梯间每隔两层设一个自垂式加压送风口,前室每层均设多叶送风口(常闭,电信号开启,远距离手动开启、手动复位、输出信号),送风道采用竖井风道。火灾时,由消防控制中心打开着火层及其上、下层的多叶送风口,并同时开启加压送风机进行加压送风。加压送风机在地下室时,需设置在专用的风机房内,在地上时,设置在屋顶。

c.各通风系统送、排风总管穿机房墙体或防火分区处及垂直风管与每层水平风管交接处的水平管段上均设 70℃熔断的防火调节阀。

d.排烟风机可采用离心风机或采用轴流风机,并应在其机房入口处设有当烟气温度超过 280℃时能自动关闭的排烟防火阀。排烟风机应保证在 280℃能连续工作 30min。

e.各层卫生间分别设排气扇,通过风管直接排至室外。风管采用硬聚氯乙烯管材。

f.所有防烟楼梯间、前室及合用前室均利用可开启外窗进行自然排烟。

⑥ 空调设计。

a.空调系统及末端。采用独立新风+冷辐射式显热消除末端的新型空调系统。这种空调形式的系统没有回风和室内湿表面,所以既不会带入室内污染物,也不会产生污染物,特别有利于防止室内污染物的传播。

b.空调自控。为了节省能源及提高工作效率,保证系统正常运行,空调控制系统要求集中管理,分散控制,对各设备与参数进行实时监控。

⑦ 消声及隔振。

a.水泵进、出水管上采用可曲挠橡胶接头,使设备振动与配管隔离。

b.风管直角弯头处应装导流风叶,与噪声源连接的管道上均设置消声器或消声弯头。

c.空调及通风机房内墙壁及楼板均贴吸声材料,进行吸声处理,机房的门为防火隔声门,并向外开。

d.空气处理机组水管进出口、水泵进出口、冷(热)水机组水管进出口等设置减振短管。

⑧ 供电通信设计。设计依据:《民用建筑电气设计规范》(JGJ 16)、《火灾自动报警系统设计规范》(GB 50116)、《建筑设计防火规范》(GB 50016)、《供配电系统设计规范》(GB 50052)、《低压配电设计规范》(GB 50054)、《建筑照明设计标准》(GB 50034)、《建筑物防雷设计规范》(GB 50057)、《综合布线系统工程设计规范》(GB/T 50311)。

设计范围:建筑物内的供配电系统、照明系统、空调系统、电力系统、宽带数据网络系统、电话系统、有线电视系统、广播系统、闭路电视监控系统、消防火灾自动报警控制系统、接地保护与防雷系统等。

⑨ 供配电设计。

a.负荷等级和负荷估算。消防设施为二级负荷,其余用电为三级负荷。

项目用电负荷按照面积系数法进行计算,考虑空调用电、机械设备用电及场区其他用电，科研实训综合楼建筑面积 $6000m^2$ 按 $80W/m^2$，实训车间 $800m^2$ 按 $60W/m^2$，地下人防 $1000m^2$ 按 $15W/m^2$ 计。

b. 配电系统。根据负荷计算结果，以及建筑物的功能分布，项目供电参数为电压 380V/220V，50Hz，三相交流电，功率因数经补偿后在 0.9 以上。低压配电电压为 220V/380V，配电方式以放射式为主、树干式为辅，对消防用电设备均采用双电源末端切换。楼内垂直布线采用电气竖井以放射式和树干式方式敷设，每层设配电箱，水平干线采用穿管暗敷或沿吊顶暗敷，地下采用电缆沟或穿管埋地敷设。室内分支线路则采用 BV-500 型铜芯塑料绝缘线穿钢管或 PVC 管沿墙、现浇楼板或吊顶内暗敷。在电气系统设计中，应严格遵守电气安全规程，电气设备除符合国家有关电气设备的设计、安装规定外，电气线路全部采用加金属套管保护的铜芯线，以保证用电安全。在电气系统设计中，确保用电设备及电气接地系统的可靠性，要设置完备的防雷装置。

⑩ 照明设计。

a. 照度标准：按《建筑照明设计标准》(GB 50034) 执行。

b. 照明控制。分设正常照明电源主干线和事故照明干线：正常照明电源主干线采用新型预制分支电缆树干式引上分层配电；事故照明干线为双电源回路，从电源自动切换箱放射式配出供公共照明。每层均设置 380V/220V 的照明配电箱，采用分散控制和集中控制相结合的方式，以节约能源。

c. 照明光源。楼梯间、消防控制室、配电间、公共通道等处依规范均设事故照明及疏散指示，由双电源回路供电，且采用自带蓄电池的应急照明灯具。实训室照明均选用节能型日光灯，公共照明也选用节能灯具，声光控自动开关控制。并按相应的照度标准设计。会议室等按 150lx 设计，厕所、走道、楼梯间按 20lx 设计。灯具选择可参照以下标准：照明灯具以节能型荧光灯作为主光源，走廊、楼梯间、厕所等公共场所采用吸顶式灯具，以紧凑式荧光灯为光源，对特殊场所可采用金属卤素灯为光源。室内根据需要配置插座，以满足不同的用电需求。

⑪ 建筑物防雷与接地设计。按照《建筑物防雷设计规范》(GB 50057) 规定设计。

a. 防雷。本工程按第二类防雷建筑物要求设计防雷装置。屋顶沿女儿墙、屋脊、屋檐设置避雷带作防雷接闪器并在屋面组成不大于 10m×10m 或 12m×8m 的网格；利用建筑物钢筋混凝土基础作接地体；利用建筑物构造柱内的两根主钢筋作防雷引下线，引下线间距不大于 18m，引下线与屋顶的避雷带及钢筋混凝土基础等焊连成可靠的电气通路；按规范要求采取防雷电感应及防雷电波侵入措施；在变电所低压母线、相关楼层配电箱及终端配电箱内设置电涌保护器。

b. 接地与安全。低压配电系统接地型式为 TN-S；凡不带电的金属设备外壳及配电线路保护管等均应按规范要求接 PE 线；电力系统接地、弱电系统接地、防雷接地等共用钢筋混凝土基础接地体，接地电阻不大于 1Ω。

⑫ 弱电设计。

a. 广播系统。楼内集中设置广播系统，各层设置有扬声器，广播系统平时播放背景音乐或事项通知，当发生火灾事故时作为疏散指示系统。广播导线选用 ZR-RV 阻燃型导线，所有导线均穿钢管暗敷。

b. 电话通信系统。楼内各职能部门、管理部门均设有对外联络电话，以方便与外界的联系。

c. 电缆电视系统。在楼内大厅设共用电视插座，接收城市有线电视节目，可根据实际需要，播放所需的各种娱乐、培训节目，把闭路电视系统作为一种先进的电化教学工具，运用到再就业培训工作中。

d.管线设计。

• 综合管理，统一敷设，弱电管线设计采取电缆管道敷设方式，即把电话线路、有线电视线路、网络线路、安防线路、有线广播线路等统一敷设在电缆管道的各管孔中。

• 弱电电缆管道敷设的位置应在道路的人行道或绿地上，这样可以减少其他线路对弱电线路的干扰，便于今后维修。

• 电缆管道的最小覆土深度为：人行道下 0.40m，车行道下 0.80m。当管道与其他管线平行或交叉敷设时，应满足规范及规程要求。

(2) 实训基地的环境设计

① 实训基地的建设规模。从对多所高职院校新校区建设的调研中了解到，实训基地的建设规模始终是争议最大的地方。首先高职学校实践教学课时的比例达到 50% 以上。其次高职学生半年到一年的校外顶岗实习，又使实际在校参加实训的学生人数大幅降低，面积指标又要相应降低。所以实训基地的建设规模应根据学校各个院系的实践教学安排以及学校的发展和专业规划来合理确定。

不同专业的实训工种或者项目不同，实训操作空间要求的面积大小差异较大。例如，财经、文秘、医药等专业通常实训操作面积较小，而建筑、机械、汽车等专业需要的实训操作面积较大。实训基地的建筑面积要视学校的专业设置而定。

② 实训基地的规划与功能布局。实训基地是高职校园建设的重要特色，无论教学实践还是投资都是学校的重点区域，其重要性不言而喻，将其分割成几块显然是不利于管理和使用的。另外，实训区将承担学生实训和实际生产、科研等任务，分离为单元会阻碍生产区域整合与校园交通流线梳理。所以实训区适宜集中建设，独立成区。考虑到实训操作会产生噪声、废水和废气等污染，实训区与教学区和生活区应保持一定的距离，设置一定的阻隔措施。实训基地建设的资金投入大，按照学校发展规划可以分期建设并预留一定校企合作用地。

为方便使用，避免人流交叉，实训基地的建筑设计应布局合理，降低结构设计和施工的难度，从而降低造价。

a.为便于统一管理和使用，同系、同专业的实训室可考虑布置在一起。

b.工种相近的实训项目放在一起。这种方式比较多用，因为工种相近，对实训室的建筑、场地环境要求往往也类似。

c.操作空间要求相近的实训项目放在一起。空间要求包括面积、层高和形状等，这种布局便于建筑的平面设计。

d.实训设备类型相近的实训项目放在一起。设备自重较大的放在首层，较轻的放在上部。这种布局便于建筑结构的统一设计。

e.实训物理环境相近的实训项目放在一起。物理环境包括实训操作过程中产生的光、声、液、气等污染以及实训自身所需要的环境，这种布局利于建筑统一的室内设计、构造设计和管网等设备的设计。可以放在室外的实训项目尽量建成室外实训场地或者在室外进行，可以降低造价，节约建筑面积。

f.其他因素的考虑，如财产安全、对外开放和使用环境等需求。在实际建筑功能分区时，应综合考虑多种因素，做出最合理的设计，以节约造价，满足使用要求，发挥最大使用效率为最终目的。

③ 实训基地的建筑设计。高职院校的实训基地主要由学校自主建设，有些则是校企合作共建或者为满足"订单式"培养的需求来建设。但无论由谁建设，实训场所都需要呈现真

实的职业环境，所以非常有必要请相关行业或者参与共建的企业专家一起来共同进行规划和设计，以便更准确地满足生产实训的要求。

a. 实训基地的建筑风格。实训场所需要提供真实的生产环境，实训建筑的设计和工业建筑的设计基本相似，也容易呈现出工业建筑的风格。但需要注意的是，实训基地毕竟是一所高校的教学场所，所以设计时在倾向于工业建筑风格的同时需要反映一定的校园文化气息，并保持校园整体建筑风格的协调和延续性。

b. 实训基地的平面形状和尺寸设计。

• 平面形状。与工业建筑类似，为方便实训场地设备的布置和实训操作流程的安排，实训建筑的平面形状以矩形居多，适当采用 L 形和山形等较规整的形状。

• 尺寸设计。不同的实训内容，设备的尺寸和操作空间的要求也不一样。总结多所高职院校实训基地的建设经验，并结合学生实训操作和实训教学的特点分析，发现普通的实训建筑柱距一般为 4.5～6m，跨度多为 6m、9m 和 12m，层高为 3.6～4.5m，层数在 4～6 层为宜。这样的尺寸设计方便布置实训设备和操作空间的划分，便于日后的改建和重新布局，为构件的标准化和施工也带来便利，保持了使用上的灵活性。有大型、重型设备和需要大面积操作区域的实训场所，如机械加工、汽车制造和建筑施工等实训场所，适宜独立建造为单层的实训楼，柱网尺寸参照工业厂房设计，层高根据设备尺寸、操作空间要求和安全要求设计。没有大型设备，也不需要大的操作空间的实训场地，可按照普通实验建筑进行设计，如财经、文秘、食品和医药等专业的实训场所。

c. 实训建筑的门厅。需要考虑设置休息、等候、接待和人流缓冲空间，必要时还要考虑设置实训成果展览空间以及实训内容、管理制度和工艺流程等文字图框的粘贴区域。

d. 实训建筑的空间组合。没有大型实训设备，也不需要较大实训操作空间的实训地基适宜建设为多层建筑。结构多采用钢筋混凝土的框架结构或者轻钢结构。有大型设备与需要大型实训操作空间的实训建筑多为单层或者混合式空间组合。混合式空间组合形式即将需要设置大型设备以及需要平面、高度尺寸大的实训场地布置在建筑平面的中间区域形成中庭，四周布置多层的普通实训场所。中庭是个多层的架空区域，顶部可设计成采光天棚，使整个建筑内部的采光通风环境大为改善。

e. 实训室的设计。实训室的组成包括操作区、演示区和准备区。有时这三个区域可设置在一个区域，当设计人数较多、规模较大或者实训操作复杂时则应单设演示区和准备区，演示区要配备相应的多媒体教学设备。常州科教城的实训大楼，在进入每个实训室的前部都设有"前室"，走道的两侧分别是成果展示区、休息区和演示区，前室的面积大约相当于两个普通教室。这种布局方式应该说是定位合理，具有前瞻性的，它的设置对进入实训区是一个缓冲，空间的灵活性大，实用性强。

实训室的面积和形状：单个实训室至少需要满足 1 个班级（50～60 人）的学生同时使用，大的实训室则要满足 2～3 个班级的学生同时使用，而像职教园区集中的大型实训基地，一个实训室可能需要满足 200～300 人同时使用，面积可达 1000m^2 以上，单个实训室的具体建设面积需要综合考虑设计使用人数、每个实训台的使用人数、设备尺寸、操作空间尺寸、安全间距和走道宽度等因素，折算出建筑面积，最好是与企业专家共同设计，需要注意的是学生的实训操作比较生疏，实训持续时间长，而且上课时间集中，走动的频率较高，室内通道和室外走廊的宽度应在设计标准的基础上适当加大 0.5～1m；实训室的平面形状没有太多的变化余地，为了满足结构和使用的要求，一般都为矩形。

实训室的室内环境与构造设计：普通的实训室内环境适宜宽敞明亮，尽量利用自然采光和通风，多开窗，对室内环境有特殊要求的例外；室内装修应根据实训操作的环境要求来设计，有些实训操作过程中会产生一定的废水、废气、粉尘和噪声污染，要做好建筑的构造设计，控制污染物的排放及污染带来的影响，考虑美观的同时还要兼顾吸声减噪、耐腐蚀、防火、防爆、防辐射等特殊的要求。

为节约造价，提高净空高度，实训场所一般不做吊顶。墙体装修宜简洁，空白位置张贴相应的操作流程、管理制度、仪器使用说明等。地面宜选用平整、不易起尘、易清洁或者有一定弹性的装修，还可考虑使用不同颜色的涂料绘出操作区、安全区和交通区的界限，提高实训操作的安全性，并为安全疏散提供导向。

每个实训室应设置不少于两个出入口，如不能全部通向走廊，其中之一可通向邻室，房门应向外开。实训室门的尺寸除考虑安全疏散外，还要考虑设备搬运的要求。要综合考虑给水、排水、采暖通风、电力以及考虑电视、电话、广播、网络等弱电系统的管线、管道布置要求，全面规划，统一布局，力求管网布置经济、合理、美观、整齐，便于使用和维修，便于改造。经常使用水的实训室要在室内单设水池，地面要做好排水设计。其他不用水的实训室也要考虑在附近设置便利的清洁用的水池。重型的设备要在安装位置建造专门的设备基础。

3.5 汽车专业编制实训基地建设项目方案

参见 2.5 中的内容。

3.6 汽车专业实训基地建设项目管理

参见 2.6 中的内容。

3.7 汽车专业编写实训教学及管理文件

(1) 编写实训教学文件

实习、实训文件包括实习、实训课程标准；实习、实训计划以及实习、实训指导书。相关文件建设必须在实习、实训前完成。

① 实习、实训课程标准。实习、实训课程标准是进行实习、实训的指导性文件，必须依据专业培养方案制订。它是制订实习、实训计划及组织实习、实训和对学生进行实习、实训考核的根据。课程标准的主要内容包括课程基本信息；实习、实训目的与要求、内容与方法；实习、实训时间安排、场所的选择、考核方式、安全管理及成绩评定标准等。

② 实习、实训计划。实习、实训计划是按实习、实训课程标准的要求，结合实习、实训现场条件拟定的执行程序。实习、实训计划包括实习、实训地点、内容、时间、人员安排、程序安排及考核等，可参见案例22。

③ 实习、实训指导书。实习、实训指导书是根据实习、实训课程标准的要求编写的，应能较全面地反映该实习、实训环节的教学要求和教学内容，以便于学生自学，有利于启发学生的思维，增强学生主动学习的意识。实习、实训指导书还应包括实习、实训思考题、作业、安全教育、参考资料等内容。

关键字 [实训教学]　搜索 □显示更多搜索条件

[按分类]			
▣🖿 所有内容	▶ JXGC7.5-02-JL03实训教学记录	教育督导室	17-10-10
▣🖿 教育督导室	▶ JXGC7.5-02-JL02实习-实训教学指导工作总结	教育督导室	17-10-10
▣🖿 ISO9000质量记录模板	▶ JXGC7.5-02-JL01实习-实训教学指导工作计划	教育督导室	17-10-10
	▶ JXGC7.3.1-04-JL05生产性实训项目指导计划书	教育督导室	17-10-10
[按时间]	▶ JXGC7.3.1-04-JL04实训项目指导书	教育督导室	17-10-10
所有时间	▶ JXGC7.3.1-04-JL03实训项目任务书	教育督导室	17-10-10
今天	▶ JXGC7.3.1-04-JL02实验（实训）报告	教育督导室	17-10-10
最近三天	▶ JXGC7.3.1-04-JL01实验（实训）指导书	教育督导室	17-10-10
最近一周	▶ JWGC7.5-09-JL04项目经理生产性实训报告	教育督导室	17-10-09
	▶ JWGC7.5-09-JL03学生生产性实训报告	教育督导室	17-10-09
	▶ JWGC7.5-09-JL02生产性实训答辩评审表	教育督导室	17-10-09
	▶ JWGC7.5-09-JL01生产性实训项目指导计划书	教育督导室	17-10-09
	▶ JSGC-03-JL03生产性实训人员名单	教育督导室	17-05-19
	▶ JWGC7.5-09-JL03学生生产性实训报告	教育督导室	17-05-16
	▶ ZWGC7.5.5-01-JL02图书馆实验实训室设施检查	教育督导室	17-05-12

（2）编写实训管理文件

参见 2.7.2 中的内容。

 案例25　实习、实训工作实施细则

实习、实训工作实施细则

实习、实训是高职教育实现人才培养目标极为重要的实践性教学环节，是学生掌握和应用理论知识，培养分析问题和解决问题能力的重要途径。学院各单位应从培养适应社会工作岗位需要的高素质技能型人才的目标出发，对学生的实习、实训工作予以足够的重视和支持。

一、实习、实训组织领导

实习、实训工作在主管实践教学工作的副院长领导下，由教务处（实训管理中心）、各有关部门和各系分工负责，共同完成。其分工职责如下。

（一）教务处（实训管理中心）

1.负责全院实习、实训管理工作。

2.制订实习、实训的指导性文件；审查实习、实训课程标准及计划；研究、处理实习、实训中的重大问题。

3.检查各专业实习、实训质量，协调各系做好实习过程的监督与检查工作。

4.组织实习、实训教学质量评估。聘请专家评选实习、实训先进单位及先进教师和学生，进行经验交流和奖励。

5.组织开展实习、实训教学研究和教学改革工作。

6.配合各系（部）建立、建设校内外实践教学基地。

7.规划学院实践教学基地建设并组织实施。

（二）总务处

按照主管实践教学副院长签发的实践教学外出实习用车单，负责安排实习交通用车，保证实习途中的安全。

（三）系（部）

1.组织制定与审核本系实习、实训课程标准，组织制订实习、实训计划，编写实习、实训指导书，并在实训教学计划实施前三周交教务处（实训管理中心）备案。

2.组织实施本系实习、实训教学工作。选派思想作风好、有组织领导能力、教学经验丰富、业务能力和责任心强、熟悉实习、实训教学的教师负责指导工作。

3.同各专业教研室联系、落实实习、实训场所并负责建设实践教学基地。

4.检查实习、实训质量。检查实习、实训的教学准备，实习、实训教学计划执行，实习、实训教学管理及实习、实训教学效果，负责落实外出实习学生的安全管理工作。

5.组织毕业实践教学，负责从毕业实践教学动员、顶岗实习考核、毕业设计（论文）指导、评阅、答辩到毕业实践教学总结工作。

6.组织座谈会和实习、实训经验交流会，评选优秀实习、实训单位和师生。总结本单位实习、实训工作的成绩和存在的问题，并提出改进意见。

7.负责收集、汇总实习、实训的各类教学文件（包括实习、实训课程标准；实习、实训指导书；实习、实训总结；学生实习、实训考勤；顶岗实习报告书、指导教师工作手册等），保存三年以备查。

（四）专业教研室

1.做好本专业实习、实训文件建设。实习文件包括实习、实训课程标准，实习、实训计划以及实习、实训指导书。相关文件建设必须在实习、实训前完成。

（1）实习、实训课程标准：是进行实习、实训的指导性文件，必须依据专业培养方案制订。它是制订实习、实训计划，组织实习、实训和对学生进行实习、实训考核的根据。课程标准的主要内容包括课程基本信息；实习、实训目的与要求、内容与方法；实习、实训时间安排、场所的选择、考核方式、安全管理及成绩评定标准等。

（2）实习、实训计划：是按实习、实训课程标准的要求，结合实习、实训现场条件拟定的执行程序。实习、实训计划包括实习、实训地点、内容、时间、人员安排、程序安排及考核等。

（3）实习、实训指导书：是根据实习、实训课程标准的要求编写的，应能较全面地反映该实习、实训环节的教学要求和教学内容，以便于学生自学，有利于启发学生的思维，增强学生主动学习的意识。实习、实训指导书还应包括实习、实训思考题、作业、安全教育、参考资料等内容。

2.选择实习场所。

（1）根据实习目的和要求，在基本满足实习课程标准的教学要求、保证实习质量的前提下，应就近安排。

（2）在实习经费包干范围内，应选择品种齐全，设备技术较先进，规模较大，管理水平较高，生产正常，实习条件（包括毕业顶岗实习）较好的单位进行。

（3）各专业及方向应至少建设 3～5 个实践教学基地，在教学与生产相结合的基础上，长期互利合作，提高实习效果。

（4）凡有条件在校内实习的专业，可安排在校内实习，但必须安排一定时间到校外实习或参观。以便学生更好地了解社会，接触生产实际。

二、实习、实训指导教师职责

1. 实习、实训任课教师根据教学任务的安排，在学期末填写申报下学期实践课程的实习、实训计划，经教研室主任和系主任签字后上交教务处，由教务处汇总核定后，报请主管院领导批准执行。

2. 实习、实训任课教师要严格按照实习、实训计划规定的内容和时间安排进行实践教学。认真按实习、实训指导书要求执行，不得任意删减实习、实训项目，如遇特殊情况必须变动时，须经系（部）主任签字同意，并报教务处（实训管理中心）批准。

3. 校内实验（训）任课教师上课必须携带教案、实验（训）指导书、实验（训）教学进度表和学生平时成绩登记册。实验（训）前要认真讲解和演示实验（训）内容、方法步骤、注意事项，实验（训）过程中要认真指导学生完成实验（训）任务并维持实验（训）课堂纪律，禁止学生做与实验（训）无关的操作，对违反纪律的学生应及时批评指正。

4. 实验（训）结束后，任课教师要组织学生整理好仪器、搞好清洁卫生，填写《实验（训）室使用情况记录》。同时要检查仪器、工具缺损情况，如发现有缺损，教师要立即组织当事人调查并告诉管理员，填写《仪器设备维修记录本》，按赔偿规定处理。

5. 实验（训）结束后，任课教师应及时收集学生实验（训）报告并认真批改，登记成绩，否则视为工作未完成。

6. 顶岗实习实行以企业管理为主、学院管理为辅的管理机制。各系必须配备学工干部和专业指导教师配合或协助实习单位管理、指导学生实习。负责与实习单位主管顶岗实习的领导、部门管理人员、企业兼职教师、学生及家长经常沟通。学工干部侧重做好学生的思想工作，专业指导教师侧重学生实习业务指导和考核等工作。并完成顶岗实习鉴定、成绩评定、资料归档等工作。顶岗实习中出现问题应及时向企业和学习汇报、处理。

7. 对于集中顶岗实习，由企业指派的实习管理人员和兼职教师、由系指派的学工干部和专业指导教师共同负责学生日常管理工作，学院必须有人常住实习单位。对于分散顶岗实习，学工干部和专业指导教师必须以电话、电子邮件、网上交流等形式，及时与学生及实习单位或家长沟通联系，进行思想教育与技术指导，及时掌握学生动态，沟通每周不少于1次，整个实习期间，走访不少于1次。

8. 专业指导教师承担学生顶岗实习任务后，应召开学生大会，向学生讲解实习、实训的目的、要求及内容，布置学生撰写实习、实训报告。落实安全措施。对于集中顶岗实习，专业指导教师应在顶岗实习前一周填写《集中顶岗实习教学项目单》，落实好时间、地点、车辆等各项具体事项。

9. 顶岗实习结束后企业兼职教师、专业指导教师、学工干部必须组织学生认真做好实习总结与鉴定、撰写《顶岗实习报告书》，评定学生顶岗实习成绩。对于集中顶岗实习，专业指导教师还须填写《集中顶岗实习教学总结》，与学生《顶岗实习报告书》一同上交系部存档。

三、校内实验（训）室管理员职责

1. 实验（训）室管理员要认真履行岗位职责，实验（训）前，要配合实验（训）教师预做实验。根据实验（训）教学安排，在课前准备好实验（训）条件，实验（训）时，随时了解仪器设备工作情况，及时排除故障，保证实验（训）顺利进行。

2. 认真贯彻仪器、设备、物品的管理制度，对所管仪器设备做到出入有账，账物相符。对所管消耗材料品种、规格做到标记明显、摆设整齐清洁、数量准确。并做好每次实验（训）耗材的购置和损耗登记；平时做好仪器、设备的养护，经常检查和维修，发现问题及时上报处理。

3. 要热心为实践教学服务，教书育人、为人师表。协助教师维护课堂秩序，做好实验（训）室各项工作，模范遵守实验（训）室各项规章制度。

4. 实验（训）结束时，做好验收、整理、复原工作，搞好清洁卫生，并负责门、窗、水、电方面的安全工作。

5. 负责实验（训）室的管理工作，拟定有关操作规程，督促检查各项规章制度的贯彻执行，搞好文明实验（训）建设工作，按时上交有关管理资料。

四、对实习、实训学生的要求

（一）对参加校内实验（训）学生的要求

1. 实验（训）前必须认真预习。掌握实验目的、原理、步骤、要求等，做好实验（训）前预习工作，方可进行实验（训）。

2. 须按规定时间进行实验（训）。因故不能参加实验（训）者，应向指导教师请假，所缺实验（训）要在期末课程考试前，在指定时间内全部补齐，否则，不得参加本课程的考试。

3. 实验（训）要遵守规章制度及仪器设备操作规程。严肃认真、仔细观察，积极分析思考。如实验（训）效果太差，在认真分析原因后，重新进行。

4. 上课时，服从教师和实验（训）室管理员的指导。要保持安静，遵守纪律，不准动用与本实验（训）无关的仪器设备，不准吸烟，不准带食物进入实验（训）室，不准随地吐痰，保持室内清洁卫生。

5. 实验（训）中，要注意人身安全和设备安全。要爱护仪器设备，遵守操作规程。实验（训）准备就绪后，经教师检查许可后进行实验（训），仪器设备如发生故障要立即停止使用，采取必要的安全措施并报告指导教师，凡违反纪律或操作规程，损坏设备者，要填写《仪器设备维修记录本》，根据情节轻重、态度好坏进行教育，直至处分和赔偿。

6. 实验（训）时要节约用水、电及实验（训）材料。

7. 每次实验（训）要安排值日生。实验（实训）结束后，清理好仪器设备、工具和周围环境，打扫卫生、倒垃圾。学生在实验（训）结束时要在实验卡上登记并经教师检查、实验（训）室管理员验收后，方可离开实验（训）室。

8. 学生要根据要求，独立、认真地写好实验（训）报告。实验（训）报告不合格者要重做。

（二）对参加校外实习学生的要求

1. 严格按照实习课程标准、实习计划、实习指导书的要求参加实习，听从带队指导教师指挥，服从统一安排，圆满完成实习任务。

2. 虚心向企业技术人员和工人师傅学习，认真思索，刻苦钻研，积极参加实践和收集有关资料，努力掌握生产实践知识。

3. 认真做好实习笔记或日记，按时完成老师布置的作业、思考题和实习报告。

4. 要爱护公物，勤俭节约，在实习过程中应珍惜生产原材料，爱护工具、仪器设备和图纸资料等。借东西要还，损坏东西要赔偿。

5. 严格遵守实习单位的安全、保密、操作规程、文明生产、劳动纪律等各项规章制度，杜绝事故，自觉遵守宿舍、食堂的守则、公约。

6. 学生实习期间外出活动，要经领队批准，利用节假日外出的，也要执行考勤，不得离队外宿，未经领队批准，不得擅自去游泳或到离住地较远的郊外活动，以免发生意外。

7. 实习是一门必修课，凡无故不参加实习者，按旷课处理。旷课三天以上或缺勤天数累计超过实习总天数的三分之一（含三分之一）者，其成绩按不及格处理。

8.实习期间，因违反安全规则和实习纪律，造成自身伤害者，由本人负责；造成国家或他人财产损失或他人伤害等，应承担经济或法律责任。

五、实习、实训成绩的考核

1.考核成绩分为优秀、良好、中等、及格、不及格五个等级。

2.考核必须坚持标准，既要考核学生完成业务学习情况，又要考核其在实习、实训期间的政治思想表现、学习态度和组织纪律性。

3.实习、实训成绩按课程标准的要求，根据实训报告、个人作业、顶岗实习报告、实习单位评价，笔试或口试（答辩）等方面综合评定。

4.实习、实训成绩优秀的学生应少于实习、实训学生总数的四分之一。实习成绩记入学生档案。实习成绩不及格者，可在毕业前利用寒暑假自行负责补课，经考核仍不及格者，给予结业处理。

本规定由实训管理中心负责解释。

3.8 汽车专业实训基地运维管理

（1）高职院校实习实训基地的管理模式

目前，高职院校实习实训基地的管理模式主要有集中管理模式、分散管理模式和集中分散管理模式。

① 实习实训基地集中管理模式。把实训基地单独成立一个部门，命名为实训中心、工业技术中心或工程技术训练中心，属于处级建制等。一般规模大，设施设备配套齐全的高职院校多采用集中管理模式。

② 实习实训基地分散管理模式。把实训基地按照专业划分到各系，全面纳入各系管理，各系下设实训教研室或实训科，一般属于科级建制。规模较小的高职院校多采用此种管理模式。

③ 实习实训基地集中分散管理模式。单独成立一个部门来管理实训基地，有独立的实训基地和实训教师，但各系也有自己的一些专业实训室。这种模式主要是把全校使用率比较高的实习实训基地归划到实训中心，如计算机实训基地、机械加工实训基地等，因为使用的系（部）较多，并且实习实训内容多，时间长，因此一般单独成立实训中心；而一些使用对象单一、专业性较强的实训基地归划到系（部）管理，如物流实训基地，仅供物流专业的学生实训，据此归划物流系，成立物流实训室。

（2）高职院校实习实训基地的管理模式分析

① 实习实训基地集中管理模式分析。这种模式的优点一是全校的实训资源实行统一管理，实训中心按照各系教学计划统一组织实施；二是人员编制齐全，配备有各类管理人员，分工较细，具体任务容易落实实施，人力资源不易形成浪费，计划、调度、维修人员工作量较饱满；三是教学资源共享，能够有效地开展培训、技能鉴定等社会服务项目；四是实训中心职责明确，全校实习实训任务全部由实训中心完成，出现问题不会产生推诿、扯皮现象，减少了内耗；五是各项管理制度齐全，实训教学便于标准化、管理规范，能很好地保证实训效果；六是能够给实习实训基地带来造血机能，由于实现了专业化管理，并有一定的规模就可以协助企业制造产品或加工零件等，给基地带来一定的补充资金，使实训材料能够得到有效的应用，提高了实训材料的利用率。主要问题是由于实习实训教学与各系（部）联系不够紧密，导致实习实训内容与理论教学内容的脱节。

② 实习实训基地分散管理模式分析。这种模式的优点一是便于理论教学与实习实训教学紧密结合；二是对于建设双师型教师队伍非常便利，可直接安排理论教师担任实习实训指导教师。缺点一是系主任既要管理论教学、科研，又要管实习实训教学，精力不可能全部集中到实习实训教学方面；二是各项管理制度建立不够齐全和完善，管理欠规范；三是组织管理机构较小，各类管理人员不健全，并且员工之间的工作量差异较大，容易造成实习实训指导教师、管理人员、服务人员间的矛盾；四是实训设备和实训材料不能得到有效地使用，降低了实训教学资源的使用效率低，重复建设现象严重。

③ 实习实训基地集中分散管理模式分析。这种模式的优点一是对于使用率高、影响面大的实习实训基地由专门部门进行运作和管理，设施设备、人员、材料等各个方面都有专人负责，专家多、内行多，因此可以有效地保证实习实训教学的质量；二是便于开展综合性的社会培训、技能鉴定等服务项目；三是形成造血机能。缺点是分散到系（部）上规模小，专业性强的实训基地由于使用面较小，使用率低，容易造成基地设施设备老化快，管理水平低，从而降低了实习实训教学质量。

(3) 现代学徒制下高职院校实训基地管理模式

与传统的实训基地相比，现代学徒制下实训基地管理模式发生了很大的改变，其不但要安排学生到企业生产第一线顶岗实习，还需要校企双方实施共同制订的实训方案，如采取工学交替的培训方式，以提高学徒的实践能力。

① 共同培养。现代学徒制下的实践训练是对学徒综合能力的培养，不仅要培训学徒企业的岗位技能，还要培养其岗位流动的基础技能和职业素质。

② 共同设计。现代学徒制下的实践训练是技能培训和课堂实践教学的有机结合，校企双方应共同制订人才培养计划与实施方案、编写指导教材。教师及企业师傅要按照人才培养计划与实施方案，有计划地完成各项实践训练与教学指导任务，从而确保实践训练与教学的质量。

③ 共同指导。现代学徒制下的实践训练由校企合作组建的混编师资团队共同负责校内、校外实训基地的教学和训练指导。同时，在师资团队中还要互相培训以提高自身的教学能力，如学校教师对企业师傅的教学能力进行培训，企业师傅对学校教师的实践技能进行培训。

实训基地管理模式改革主要分为五个方面。

第一，改革实践训练教学方式。组建由学校教师和企业人员共同组建的师资团队，明确学校教师和企业人员在校内、校外实训基地的技能指导职责与任务。

第二，改革实践训练教学内容。师资团队根据企业岗位的实际需要，开发适合学徒使用的实践训练指导教材，并结合岗位的工作过程设计学徒的实践训练环节，从而制订具体的技能训练指导计划。

第三，改革实践训练管理方式。校企合作双方选派导师对学徒的实践训练进行全程指导，尤其要做好学徒顶岗实习期间的安全指导工作，从而提高学徒的实践能力。

第四，修订实践训练评价标准。校企合作双方可根据企业的岗位技能标准，共同修订学徒实践训练考核标准，并组织实践训练教师定期对学徒进行考核与评价。

第五，改革实践训练管理制度。校企合作双方应将企业的生产制度引进实训基地，如考勤制度、安全操作规程、技能考核标准、技能训练规范等。校企合作双方还要制定适合现代学徒制下实训基地管理的制度。

现代学徒制下高职院校实训基地管理模式改革框架如下。

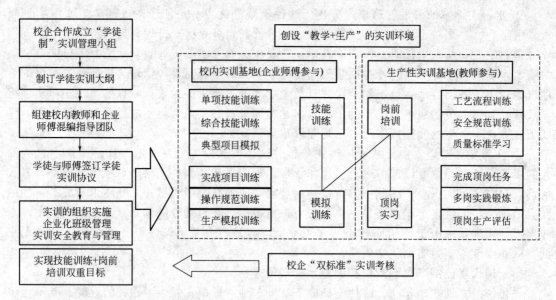

(4) 汽车专业实训基地管理

随着汽车产业的迅速发展，很多高职院校设立了汽车专业，汽车实践基地也在各高职院校内建立。高职院校汽车实践基地承担着培养高级汽车专门人才，提高学生实践能力、创新能力，实施素质教育的重要任务，是学校教学、科研工作的重要组成部分，是知识创新、技术开发的重要基地。汽车实践基地的特点是设备设施多而精，既具有昂贵的检测仪器、检测设备、车辆，又有各种试验台架，还有多样的汽车配件以及各种汽车用品。如何管理好实训实验室，如何使用好实训实验室，是摆在各高职院校面前的实际难题，需要通过规范化管理以及创新管理模式对实训实验室及实训基地进行管理。

① 建立科学规范的实验室管理体制。按照国家教育部颁布的《高等学校实验室工作规程》（原国家教委第 20 号令）有关精神，实行实验室院、系二级管理体制。学院教务部门成立实践教学科进行专门管理，系（部）成立由分管系主任担任组长，教学团队带头人及本系专任教师、实验室负责人参加的实验室工作小组，负责对实验室建设规划、仪器设备布局及实验室管理、实验队伍建设进行研究、咨询，提出建议。在学院主管部门和系行政领导下，实验室工作小组依据学院实验室建设规划，制订本系实验室的具体建设方案，并组织实施。

② 建立科学规范的实验室运行体系。实验室日常管理包括实验课程的安排、教师的安排、设备的使用计划、实验设备耗材的采购与使用计划、实验课的过程控制、考核等。要做到注重效益，保障安全。学院制定出综合性的实验室管理规章制度，系（部）实验室工作组根据企业专家指导意见、企业用人单位反馈以及相应岗位所需能力、教学规律及学生认知规律等，制订学生的实践教学流程图，根据流程图对学生进行相应的训练培养。按照企业车间管理制度进行实验室规范化管理，如实行实验室 6S 管理制度。保障实训安全，保持企业氛围，保证技能支撑。

③ 注重效益，提高大型、精密、贵重及各类仪器设备使用效率。大型、精密、贵重仪器设备是学校提高教学科研工作水平的重要物质条件。要建立大型、精密、贵重仪器设备"专管共用"和对外开放制度，提高大型、精密、贵重仪器设备的使用效率，促进资源共享。要对大型、精密、贵重仪器设备的使用从人员配置、设备条件、规章制度、使用机时、对外开放、功能利用率、自修率、新功能开发、设备更新改造、使用成果等方面规划管理，提高效率，促进大型、精密、贵重仪器设备更好地为教学、科研工作服务。建立完善的仪器设备

管理制度，加强仪器设备管理。从实际出发，科学制定从仪器设备添置到报废、仪器设备外借到归还等一系列规章制度，及时做好仪器设备的征订、入库、报损和赔偿等工作，经常做到对仪器设备的清点、整理、除尘。做到账目物品相符，使固定资产管理步入科学管理、现代化管理的轨道，用好实验室，发挥仪器设备作用。要求实训指导教师有效地发挥仪器设备作用，用现代化手段提高教学效益，除了课内充分利用外，课后还为科技兴趣协会或小组提供良好的活动环境，培养学生创新精神和实践能力。学期初制订实验教学安排表，并严格执行。

④ 健全队伍，提高实训指导教师和实验室管理人员素质。实践教学对于实训指导教师、实验室管理人员的实践能力要求非常高。采取措施，加强实训指导教师和实验室管理人员队伍建设，不断提高实训指导教师和实验室管理人员的思想政治觉悟、职业道德素质和业务工作能力。除了不断从企业聘请技术专家到院内承担实训指导外，每年有计划地安排教师到企业顶岗锻炼1～2周，针对实训教学中所遇到的问题以及最新的技术技能进行培训学习。坚持岗位职责考核制度和聘任制度，严格进行奖罚。有计划地引进实训指导教师和管理人员，不断提高实训教学队伍的学历层次、职业技能，形成合理的队伍结构。

⑤ 实验室创新管理。除了固定的实验室管理人员外，充分利用优秀学生资源，从汽车社团中吸收优秀学生，利用交叉课余时间，参与实验室建设及管理，参与实训课程。制定出他们的工作职责：协助实验室管理人员进行日常设备设施管理及维护保养；协助实训指导教师对实训课程课件、视频等资料进行收集及整理；协助实训指导教师进行简单实训的操作指导、解说；协助实训指导教师进行实训纪律考核等。

通过创新管理发挥学生的主观能动性，试行后，社团成员不仅在参加的区级汽车职业技能赛事中获得好成绩，还在顶岗实习以及企业上岗后得到了企业较满意的回馈。

⑥ 拓展途径，兼顾其他。实训实验室工作与其他工作一样，同样是促进学生全面发展的一个主阵地。为促进学生的全面发展，培养学生创新精神和实践能力，还要大力开展课外科技实践活动，为学生搭建一个提高实践操作能力的平台：利用实训实验室积极组织辅导，参加各级科技创新大赛；积极做好教师演示实训和学生分组实训，实训结束后撰写一定的心得或科技小论文；组织院内职工车辆，让学生进行实际的保养及维护工作，增加学生解决实际问题的能力。同时，学院还充分发挥实训指导教师的聪明才智，积极拓展、开发其他科技活动，更好地利用实训实验室，培养出更出色的高职人才，为区域经济发展提供技能人才支撑。

 案例26 **汽车专业实训室管理制度**

一、发动机构造与维修实训室管理制度

1. 进入实训室要有秩序，按指导教师编排的座位号入座，保持安静，不得喧哗。

2. 不准赤脚或穿拖鞋、高跟鞋、裙子进到实训室，要戴工作帽，系好衣扣，束紧袖口。

3. 在实训室内禁止吃零食、吸烟，严禁带易燃、易爆物品进入实训室。

4. 实训室管理员每天检查实训室的各种设备、线路、消防器材，确保各种设备符合安全规范要求。

5. 实训时要集中精神，不得说笑、打闹，坚持三不落地，工量具、零配件要摆放整齐。

6. 使用工具及电气设备，要遵守其安全操作规程，不得违章作业，并爱护使用。

7. 为保证实训室的教学秩序和操作安全，指导教师在课前要对学生进行整队并组织安全教育，强调本次实训内容。

8. 服从安排，精心操作，设备运行中注意异常现象，发生故障及时采取措施并报告，记录故障内容。

9. 指导教师要认真填写实训记录表，课前和课后要检查设备是否有问题或损坏，对不能正常使用的设备要及时注明情况，以便进行维修。

10. 实训结束后，指导教师统一要求学生把拆散的零件、工量具等复位，并组织学生进行卫生清扫。离开实训室要关好门、窗、用电器。

二、电气设备构造与维修实训室管理制度

1. 进入实训室要有秩序，按指导教师编排的座位号入座，保持安静，不得喧哗。

2. 装卸汽车发电机和起动机时，应将汽车电源总开关断开，未装电源总开关的，卸下的电线接头应包扎好。

3. 需要启动设备检查电路时，应注意线路有无断路，预先打招呼，不熟练人员不得随便启动。

4. 汽车内线路接头必须接牢并用胶布包扎好，穿孔而过的线路要加橡胶护套。

5. 装换蓄电池时，底部垫以橡胶，蓄电池之间以及周围用木板塞紧，电池头、导线夹夹牢，不准用铁丝代用。

6. 配制电解液时，严禁将水注入硫酸内，操作人员应穿胶鞋、戴橡胶手套和防护眼镜。

7. 蓄电池充电时应将电池盖打开，电解液温度不得超过45℃。

8. 服从安排，遵守操作规程，不得违章作业，发生故障及时采取措施并报告，记录故障内容。

9. 指导教师要认真填写实训记录表，课前和课后检查设备是否有问题或损坏，对不能正常使用的设备要及时注明情况，以便进行维修。

10. 实训结束后，指导教师统一要求学生把拆散的零件、工量具等复位，并组织学生进行卫生清扫。离开实训室要关好门、窗、用电器。

三、整车实训室管理制度

1. 实训室管理员是实训室的主要负责人，为实训室安全管理责任人。

2. 实训室是实验实践教学场所，除相关管理人员及当堂指导教师和学生外，任何外来人员未经许可，不得入内。

3. 实训室管理员和指导教师要树立安全第一的意识，掌握设备设施的安全使用知识，在学生进入实训室前，指导教师要做好学生的安全教育工作。

4. 在实训教学过程中，当堂指导教师是第一责任人，应负责学员的人身安全和设备设施的使用安全。

5. 不得擅自动用实训设备，不得做与实训内容无关的项目，不得随意拆卸实验设备上的零部件。

6. 实训过程中发现问题，要立即向指导教师或实训室管理员报告。

7. 严格按照仪器和设备的使用说明要求及操作规程操作，严禁动用与课程无关的仪器和设备。

8. 汽车整车实训室为开放式实训室，为教师和学生尽可能提供备课和动手操作机会，但学生必须在指导教师的安排下进行操作。

9. 指导教师要认真填写实训记录表，课前和课后检查教学设备是否有问题或损坏，对不正常的要及时注明情况，以便进行维修。

10. 实训结束后，指导教师统一要求学生把汽车、拆散的零件、工量具等复位，并组织学生进行卫生清扫。离开实训室要关好门、窗、用电器。

四、底盘构造与维修实训室管理制度

1. 进入实训室要有秩序，按指导教师编排的座位号入座，保持安静，不得喧哗。

2. 不得擅自动用实训设备，不得做与实训内容无关的项目，不得随意拆卸实验设备上的零部件。

3. 实训过程中发现问题，立即向指导教师或实训室管理员报告。

4. 严格按照仪器和设备的使用说明要求及操作规程操作。

5. 拆装汽车零部件时，要使用油盘，用锤敲击时要保护零件表面，防止变形损坏。

6. 车底作业时，应在举升机安全保护下进行操作。

7. 拆卸悬挂弹簧和进行制动试验时，要在教师指导下进行，避免发生意外。

8. 金属零件的清洗，只能用金属清洗剂或柴油，不得用汽油在实训场内清洗。

9. 指导教师要认真填写实训记录表，课前和课后要检查设备是否有问题或损坏，对不能正常使用的设备要及时注明情况，以便进行维修。

10. 实训结束后，指导教师统一要求学生把拆散的零件、工量具等复位，并组织学生进行卫生清扫。离开实训室要关好门、窗、用电器。

五、汽车数字化虚拟实训室管理制度

1. 汽车数字化虚拟实训室要专人管理，管理员负责本室安全监督、检查工作。

2. 进入实训室要有秩序，按指导教师编排的座位号入座，保持安静，不得喧哗。

3. 按操作规程使用计算机，不得执行非法操作，不得运行除虚拟实训以外的其他程序。

4. 学生进行实训时要遵守纪律，严禁擅自搬动、私自拆卸设备，严禁在实训室内玩各种游戏和浏览不健康的网页。

5. 学生进行实训时要认真观察实训现象，仔细分析思考，实事求是地做好实训记录，不得做规定以外的实训。

6. 学生禁止带手机、MP3等用电设备到机房充电，可以带存储器（如U盘）进入实验室使用，但要经指导教师允许下方可使用。

7. 爱护设备，严格按操作规程及设备使用说明书要求进行操作，如有故障及时报告。不按要求操作损坏设备，按学校有关规定进行赔偿。

8. 指导教师要认真填写上机使用记录，课前和课后检查教学设备是否有问题或有损坏，对不正常的要及时注明情况，以便进行维修。

9. 保持室内清洁，不得在室内乱丢果皮、纸屑及吃零食等。

10. 实训结束后，指导教师统一要求学生把键盘、鼠标、凳子复位，并组织学生进行卫生清扫。离开实训室要关好门、窗、用电器。

六、电焊实训室管理制度

1. 金属焊接（电焊）属于特殊作业，带队实习教师必须持有效的《特种作业人员操作证》，方可上岗操作。

2. 焊接实训室内的设备（电焊机）、焊接所用附属工具及保护用具由专人负责保管，并登记造册。

3. 学生焊接实训前，按规定要穿戴整齐，戴安全帽、手套和防护面具，穿绝缘鞋，否则不允许上岗实训。

4. 学生焊接实训前，指导教师先检查电焊机及金属操作台是否牢固、接地，检查焊钳、焊机、焊机导线是否符合安全操作要求。

5. 进入实训室的学生要有秩序，按指导教师编排的座位号入座，保持安静，不得喧哗。

6. 在实训过程中，要在指导教师的指导下进行焊接训练，遵守焊接安全规章制度，听从

指挥。

7.在实训过程中,在自己的工位进行练习,不允许私自调换工位或乱串,否则出现安全问题本人负责。

8.在实训过程中,严格按操作规程及设备使用说明书要求进行操作,如有故障及时报告。不按要求操作损坏设备,按学校有关规定进行赔偿。

9.指导教师要认真填写记录,课前和课后检查教学设备是否有问题或有损坏,对不正常的要及时注明情况,以便进行维修。

10.实训结束后,指导教师统一要求学生把电焊机、焊接所用附属工具等复位,并组织学生进行卫生清扫。离开实训室要关好门、窗、用电器。

七、汽车空调实训室管理制度

1.进入实训室要有秩序,按编号分组对号入座,保持安静,不得喧哗。

2.学生每学期首次进入实训室前,指导教师要进行安全教育,学习设备使用说明书和设备操作规程。

3.上课前,应对工具及实训设备进行外观、数量方面检查,发现问题立即报告,否则由当前使用者负责。

4.实训中要注意用电安全及电烙铁、氧焊机、真空泵的正确使用方法。

5.拆装设备时,要认真、细致,保存好螺钉(栓)、配件,拆卸时要记住螺钉(栓)、配件的位置,实训结束后要把设备按原样装回。

6.进行空调系统作业时,应在通风良好处。排除氟时应缓慢,防止冷冻机油一起冲出,同时不能与明火及炙热金属接触。

7.处理氟操作时要戴护目镜,谨防氟溅入眼内或溅到皮肤。

8.装氟钢瓶搬运时严防振动、撞击,避免日光暴晒,应放在通风干燥的库房中。

9.实训过程中,发现仪器设备有损坏、故障等异常情况,应立即切断电流,保持现场,并报告指导教师或管理员处理。

10.实训完毕,指导教师要求学生切断电源,将仪器和设备复位,桌凳摆放整齐,做好清洁工作,关好门窗,经管理员检查后,方可离开实训室。

八、汽车维修钣金实训室管理制度

1.实训前要先将实训场地清理干净,以免妨碍实训操作或引发火灾,并认真检查所使用的工具和机具状况是否良好,连接是否牢固。

2.实训操作人员要戴安全帽,穿工作服,做好安全防范工作,严禁违章作业。

3.进行校正作业时应正确夹持、固定、牵制,并使用合适的顶杆、拉具、夹具及站立位置,谨防物件弹跳伤人。

4.使用焊机时,必须事前检查各部及焊机接地情况,确认无异常情况后,方可按启动程序开动使用。

5.焊条要干燥、防潮,工作时应根据工件大小选择适当的电流及焊条。

6.氧气瓶、乙炔气瓶要放在离火源较远的地方,不得在太阳下暴晒,不得撞击,所有氧焊工具不得沾上油污、油漆,并要定期检查焊枪、气瓶、表头、气管是否漏气。

7.搬运氧气瓶及乙炔气瓶时必须使用专门搬运小车,切忌在地上拖拉。

8.进行氧焊点火时先开乙炔气阀后开氧气阀,熄火时先关乙炔气阀,再关氧气阀。

9.经常检查、保持水封回火防止器的水位。发生回火(回燃)现象时应迅速卡紧胶管。

10.严禁跨越或坐在机械设备上,严禁随意拆除和挪动设备。

11.使用工具不得置放落地,要按要求指定摆放,做到整齐有序,保持实训场地的卫生。

3.9 汽车专业实训基地安全、节能与环保

这部分内容参见 2.9 节。

 案例27 汽车实训基地安全管理制度

汽车实训基地安全管理制度

为加强实训基地管理，确保实训基地文明生产、文明实训，展现实训基地良好的形象，特制定本制度。

1. 实习、实训学生进入车间时，必须佩戴工作证，衣冠整洁，不打赤脚，不穿拖鞋，不光背赤膊，注意个人形象。

2. 遵守各种规章制度，敬业乐业，勤奋工作，服从工作安排。

3. 严格按设备的操作规程进行操作和生产，机械设备必须专人操作。

4. 不乱接电源，未经管理人员许可不使用其他用电设施。

5. 爱护公物，小心使用机器设备、工具、物料，不盗窃、不贪污或故意损坏财物。

6. 开源节流，节约用水、用电，严禁浪费公物和公物私用。

7. 讲文明，不说脏话、粗话，不打架、不吸烟、不随地吐痰、不酗酒闹事。

8. 讲究卫生，勤打扫，保持车间环境和个人卫生。不乱扔杂物，不乱涂乱画。

9. 生产或实训期间，忠于职守，不消极怠工，不串岗，不吃零食，不打闹嬉戏，尽职尽责做好本职工作。

10. 维护基地形象，敢于同有损基地形象和利益的行为作斗争。

11. 工作前应检查所使用的工具是否完好无损，施工中工具必须摆放整齐，不得随地乱放。工作完毕应清点检查并擦干净工具，按要求把工具放入工具车或工具箱内。

12. 拆装零部件时，必须使用合适的工具或专用工具，正确使用工具，切忌蛮干，不得用硬物、手锤直接敲击零件。零件拆卸完毕应按一定顺序整齐摆放，不得随地堆放。

13. 废油应倒入指定的废油收集桶，不得随地倒流或倒入排水沟内，以防废油污染。

14. 维修作业时应注意保护汽车漆面光泽，地毯及座位要使用保护垫布、座位套以保持修理车辆的整洁。

15. 在车上进行修理作业及用汽油清洁零件时不得吸烟，不准在车间内烧烘火花塞或点燃喷灯等。

16. 用千斤顶进行底盘作业时，必须选择平坦、坚实场地并用三角木将前、后轮塞稳，然后用安全凳按车型规定支撑稳固，严禁单纯用千斤顶顶起车辆在车底作业。

17. 修配过程中应认真检查原件或更换件是否符合技术要求，并严格按修理技术规范精心进行施工和检查调试。

第4章
汽车专业校外实习基地建设与管理

4.1　汽车专业校外实习基地建设概况

校外实习基地是对学生进行实践能力训练、职业素质培养的重要场所，也为教师实践锻炼、应用研究、技术开发、新技术推广等提供有力保障。校外实习是学校实践教学的重要环节，是学生职业能力培养的重要方面。校外实习基地建设是改善办学条件、彰显高等职业院校办学特色、提高教学质量的重点。

（1）校外实习基地建设的必要性

高等职业院校必须按照教育规律和市场规则，紧密联系行业企业，厂校合作，不断改善实习、实训基地条件。加强和推进校外顶岗实习力度，使校内生产性实训、校外顶岗实习比例逐步加大，加强学生的生产实习和社会实践，提高其实际动手能力。

（2）校外实习基地建设的原则

① 专业适用性。实习基地必须满足相关专业实践技能训练与职业岗位能力培养的需要，提供适合职业能力养成的实习岗位。

② 互惠互利、双向受益。职业院校和实习基地双方按照统筹规划、互惠互利、合理设置、全面开放和资源共享的原则来建设实习基地。

③ 相对稳定性。各专业尽可能选择专业对口、工艺和设备先进、技术力量雄厚、管理水平高、生产任务比较充足的单位开展合作，建立长期校企合作关系。

④ 相对集中性。实习基地要具备同时接收至少40名学生顶岗实习的条件，以便于学院、企业进行教学组织和管理。

（3）校外实习基地建设常见模式

校外实习基地既是校内实践教学的延伸，也是对高职实践教学体系的完善。目前国内常见的校外实习基地建设模式分为以下三种。

① 企业提供基地或设施，院校联系使用。"不求所有，但求所用"是很多高职院校建设校外实训基地的指导思想，特别是一些短期、小规模的实习基地。主要有两点原因：一是这部分高职院校原来隶属于行业管理，与企业有着深厚的感情基础和比较牢固的产学合作关系，学生到单位实习时，可得到企业大力支持，获得充足稳定的教学实习条件；二是实习基地使用企业的产品，起到了广告宣传作用，如有些电脑经销商为学校装备实验室，提供计算

机、打印机等设备供学生使用，学生使用了这些设备，对它们的性能有了认识和了解，就会为其进行宣传。

② 校企联办、共同使用。校企联合或校校联合投资建设学生顶岗实习基地，双方共同使用，共同管理，是高职院校建设校外实习基地的一种主要方式。联合建立的实习基地，归双方共同管理和使用，既接收学校学生实习，又接收行业工人培训。另外，在企业提供的校外实习基地上，企业可以通过培训人才来发现优秀人才，进而招聘使用，免除了先培训后上岗的麻烦，减轻了企业在培训方面的负担，学校与企业找到了"双赢"的结合点。例如，原沈阳电力高等专科学校的东大阿尔派实训基地和北京许记集团实习基地就是其中的典型代表，每年这两个单位都要从学校派到实习基地的学生中选拔一批职业素质好、理论基础扎实、实践技能水平高的留在企业工作。

③ 公共实习基地。主要有两种形式：一种是由政府投资建设，供多家学校共同使用的公共实训基地，如上海市职业培训指导中心公共实习基地，现已建有工业中心、服务业中心、新产业中心等不同职业门类的实训室，可提供 46 个职业类别、覆盖 200 多个岗位工种的实习；另一种是各类纪念馆和各类教育基地，如沈阳某职业学院利用九一八纪念馆作为学校的校外实习基地，对学生进行爱国主义教育，利用辽沈战役纪念馆进行革命传统教育和人生观、世界观、价值观教育，培养学生的奉献精神和进取精神。

在高职院校使用的校外实习基地中，企业投资提供和校企联合投资建设的比例较大，分别为 57.6％ 和 36.2％；利用社会公用实习基地的比例较少，仅占 6.2％。

4.2 汽车专业校外实习基地建设的措施和流程

随着社会制度的转型，高校和企业的合作形式从行政模式转变为自由选择合作模式。校外实习基地要想建设好，为学生提供更好的实践环境，高校和企业的合作方式就应进行相应的调整。通过校企合作的形式，能够充分利用高等学校和公司企业两种不同的教育资源，在人才培养方面实现各自优势，达到扬长避短、互补互利，充分尊重市场机制，通过合作双赢的方式，建设高水平的校外实习基地。

(1) 校外实习基地建设措施

① 建立健全实践教学体系，设计科学合理的人才培养方案。依据职业院校的类型、办学定位、专业培养目标，必须建立健全实践教学体系，顺利实施实践性教学环节。人才培养方案是人才培养工作的总体设计蓝图和实施计划，对专业教学具有重要的指导作用，是课程开发的基础，也是教师组织教学单元及实践活动的基础。高职教育必须更新教学观念，从培养高素质技能型人才的目标出发，设计科学的人才培养方案，构建科学的教学内容和课程体系，特别要重视顶岗实习的安排与具体落实措施。

② 充分发挥政策导向作用，激励行业企业参与积极性。充分发挥政府宏观调控、政策导向、法律规范的职能，制定相关政策，调动企业接收职业院校学生实习的积极性，建立健全一套行之有效的职业院校学生赴企业实习、实训的管理制度与运行机制，作为职业院校与合作企业长期保持校企合作、工学结合、顶岗实习的保障。

③ 利用学校人力资源优势，积极为企业进行技术服务。学校必须转变观念，积极主动地为企业服务，利用学校的人力资源优势，帮助企业解决技术问题；加强校企联系，利用学校文化资源，赴企业慰问演出；在校园内建立企业文化长廊，让学生尽早接受企业的理念和文化，以使他们能够尽快融入企业。

④ 加强顶岗实习组织管理，提高学生顶岗实习效果。进一步加强组织与管理。一是充

分发挥企业的积极性，选聘好顶岗实习指导教师，充分利用网络平台，加强与指导教师的沟通与交流，建立联系方式；二是以企业为主，学校定期选派教师与企业共同管理顶岗实习；三是建立职业教育集团，将企业和学校紧密结合，相互协作，共同完成顶岗实习的教学任务。

⑤ 广泛进行调研，选择一流企业作为顶岗实习基地。在充分调研论证的基础上，选择符合专业实习要求、生产工艺和设备先进、技术力量雄厚、管理水平高、生产任务比较充足的单位，建立顶岗实习基地，开展长期校企合作。让学生在校外顶岗实习时真正能够顶岗，而不影响企业生产，甚至于造成直接经济损失或不安全事故等；让企业感到学生的顶岗实习能为企业带来效益。

⑥ 积极引导学生及家长，树立正确的实习观念。加大宣传力度，树立新型的就业观，让学生充分认识到顶岗实习对提高实践能力，培养职业素质非常重要，是毕业前的真实训练，也是从事生产一线工作的重要教学环节，只有提高认识，才能收到好的教学效果。

⑦ 倡导实习生的务实精神，做好实习生的思想动员工作。处理好学生因"理想"与"现实"之间的差异而引起的思想波动。建立实习基地的根本目的是帮助学生树立职业意识、提高实践动手能力、缩短理论知识与实际之间的差距。在教学实习过程中，由于实习单位生产、生活环境与外界差异较大，往往会造成学生厌学的情绪，导致消极实习、违反基地管理制度等不良现象的发生。实习基地对学生的吃苦耐劳精神、团结协作意识评价有时很低，这样的评价虽属个别，但久而久之会影响学校与实习基地之间的合作效果，降低了社会对学校和学生的认可程度。如果不对学生积极引导，势必对实习基地建设造成不良影响。因此学院应经常组织有经验的老师对在外实习的学生进行实习动员和挫折教育，帮助他们树立不畏艰苦、勇于进取的心态，让他们更多地了解实习单位的情况，清楚实习单位的工作内容、工作环境、工作方式等。

⑧ 成立校企合作委员会，专人负责顶岗实习工作。实施校企合作、工学结合的人才培养过程中，许多院校都遇到企业的积极性不高，没有一个有效的机制来促使企业参与到人才的培养过程中。由职业技术学院牵头，联合多所职业院校、科研院所和大中型骨干企业共同组建职业教育集团，其目的是凝聚集团单位的整体优势，形成合力，加强与会员企业、院校的全方位合作，促进资源的集成和共享，充分发挥纽带和桥梁作用，不断探索新的人才培养模式，促进职业院校与企业的互惠共赢，推动职业院校和企业共同发展。通过校校联合、校企联合，扬长避短，互补互利，增强集团整体竞争实力及发展过程中的抗风险能力。搭建校企深度合作的有效平台，对于提升职业的核心竞争力、加快职业教育的改革与可持续发展，为培养和储备所需的人力资源起到了积极的作用。要搭建起校企合作、工学结合的有效平台，真正建立起良好的订单培养、顶岗实习、技术攻关、产品研发、企业职工培训、教师挂职锻炼等校企合作管理和运行的长效机制，集团单位为学生提供顶岗实习岗位，学校聘请企业专家来校做专题讲座，聘请能工巧匠为兼职教师，聘请工程技术人员作为客座教授等，同时组织企业文化、劳模、技术能手进校园活动等全方位的合作，促进集团内各院校、企业间的紧密合作，资源共享，共同发展。

⑨ 学院广泛寻求社会各界的参与与帮助，与校外实习基地建立长期的互利互惠合作机制。高等职业教育的发展离不开社会的参与和支持。学校需要实习单位的帮助实现理论与实际的接轨，而校企合作，实现资源共享，优势互补，也是学校和实习基地双双得益的最佳选择。另外学院应根据实习基地建设的需要，安排一定数量的基地建设经费。加强与实习基地的联系与交流，建立牢固的互利互惠的长期合作关系。定期邀请实习基地领导来学校共同研

究实习基地建设和实习教学的管理问题，并做好工作总结。

（2）建立校外实习基地流程

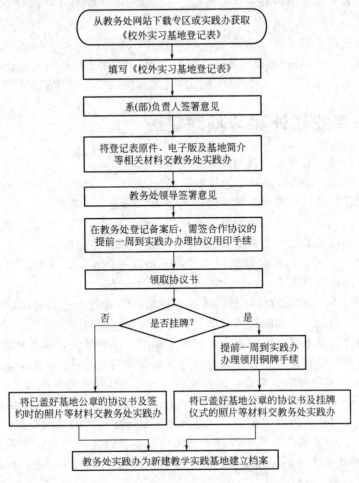

① 对校外实习基地进行考察。校外实习基地建设是学校行为，高职学院由实习实训科具体负责其校外实习基地的建设和日常运行管理，考察这些实习基地是否满足学生实习基本条件。经过近几年的实践和总结，校外实习基地依托单位应满足以下基本条件。

a.有良好的生产条件和管理模式，能满足相关专业或课程实习教学要求。

b.具备学生实习所需的基本生活、学习条件，具有劳动保护、卫生安全保障，满足学生基本生活需要。

c.具有对学生实习进行必要的组织、指导和管理的能力。根据实习教学需要，各专业可聘请基地所在单位相关人员作为校外指导教师，共同对学生实习进行指导和管理。校外指导教师须具有丰富的生产实践经验和较强的指导能力，原则上须具有专科以上学历或中级以上职称。

d.相对稳定，原则上每年每次可以按计划同时接收 10 名以上学生开展实习。

② 建立稳定、高质量的校外实习基地应遵循相应的程序。

a.实习实训管理处申请。实习实训管理处依据建设原则和条件先期进行考察论证，与依托单位初步协商并达成共识，将考察论证情况以书面形式报告给学院，提出建设申请。

b.学院考察。学院教务处组织有关领导和人员进行实地考察，提出审批意见。

c. 签订协议。经学院批准后，委托相关实习实训管理人员与依托单位就双方共建教学实习基地具体事宜进一步协商，并签署共建协议书，明确双方责任、权利及义务。实习基地协议合作年限根据双方需要协商确定，一般为 3～5 年。协议期满，根据双方合作成效及意向续签协议。

d. 挂牌。根据教学需要和双方意愿，对符合挂牌条件的校外实习基地，在签订合作协议后可申请挂牌。基地挂牌应统一规范，标牌内容、规格尺寸及用材根据学院要求统一定制。未经学院批准，任何单位或个人不得擅自挂牌和使用校外教学实习基地名称。

4.3　汽车专业校外实习基地管理

(1) 明确学院教学管理部门及有关系部的职责

① 订立管理制度（条例）。科学的规章制度是实现实习教学目的的重要保证。关于这一点，国内各高职院校的认识是比较统一明确的，为了保证实习基地教学的顺利实施，基本上都订立了针对校内、校外实习基地的管理制度或条例，在互联网上很容易就能够搜索到几十所高职院校关于实习基地的管理制度（条例）。通过分析这些制度（条例），可以看出，各校对实习基地的管理条例，基本上都包括了实习基地建立的原则、条件、要求，以及管理方案、经费投入、协议签订等内容，在此不进行详细的阐述。

② 教学目标。职业教育的目标是以市场为导向，培养符合社会需求的各行各业具备基本技能的劳动者。因此，高职院校实习基地的建设也要以此为出发点，设计出能够满足教学需要并培养高层次、技术型、应用型人才的实习基地。换句话说，实习基地的教学目标应是学历教育与非学历教学相结合、就业教育与终身教育相结合的可持续发展教育。

③ 教学方案。实习教学方案要依据企业对人才素质结构的要求或有关的行业人才标准，由行业专家、工业顾问和有关学院共同制订，形成不同要求、不同人才层次的成套培训计划。理想的教学实习基地的教学模式应该是产、学、研相结合的互动模式。

④ 教材建设。教学实习基地的教材应及时反映科学技术与行业的发展进步，实行"活页教材"。一方面注重实例的操作练习；另一方面及时更新观念和技术，随时将新的技术和知识补充到教学中来。

⑤ 管理人员配备。对于规模较大的校外实习基地，配备工作能力较强的专职管理人员是必要的，他们不仅要做好基地内部的行政及教学管理等工作，还要负责基地后勤维修及对外联络工作。对于一些只能容纳 1～2 个班级实习的小规模实习基地，这些工作由带队教师兼任即可。

⑥ 师资队伍建设。实习教师在实习教学过程中起主导作用，教师应以高度的责任感认真对待实习教学工作，精心设计实习教学过程，启发和调动学生的积极性和创造性，运用各种教学手段加强学生的操作技能训练。所以，职业技术教育应重视师资队伍的建设。"双师型"教师——既具备理论教学能力又具备技能培养能力的教师，要在师资队伍中占据相当的比重。

⑦ 教学评估。有效的评估是实践教学体系的一个有机组成部分。实习基地教学效果的有效评估应该是不同级别的国内乃至国际的职业技能资格证书。

(2) 基地管理人员的工作

基地管理人员或实习带队教师是身处一线的指挥员，对院校实习计划能否顺利完成有着重要的作用。

① 切实抓好学生管理工作。学生从学校到校外实习基地，大多数人都能以正确的心

态投入到实习生活中。但是，也有部分学生抱有不正确的心态，认为基地远离学校总部，老师少，管理力量不足，在纪律上松散一些无所谓。这就要求基地管理人员做好学生的思想工作，扭转这些不良的心态，使学生能够在实习期间遵守纪律，保证安全，真正学到东西。

a. 学生出发前召开实习动员会，介绍有关基地情况，强调纪律和安全的重要性。

b. 学生和院方签订实习承诺书，加强纪律约束。

c. 在基地成立学生管理委员会（临时机构），在老师的指导下，协助老师做好基地的管理工作；该学生管理委员会在一个学期内，随着学生的流动及时调整，确保正常运转。

d. 开展丰富多彩的文体活动，充实学生的课余生活。

e. 出版基地简报，记载难忘的实习生活，每期都印发到班级，并登上学院网站。

② 注意理顺校外实习基地与有关部门的关系。无论是配备专门管理人员的校外实习基地，还是由带队老师兼任管理人员的校外实习基地，所面临的管理工作大致是一样的，只是工作量的大小有差别而已。一般来说，管理人员必须注意理顺以下两方面的关系。

a. 加强基地与合作方的联系，使合作顺利进行，有时还会取得对方在合同约定之外给予的意外支持。

b. 加强基地与学院教务、学工、后勤部门的联系，使基地在教学、纪律、学生往返等方面的管理工作中，始终做到有条不紊。

4.4 汽车专业校外实习突发事件处理

(1) 突发事件的预防机制

突发事件的危害性往往是因其"突发性"，而使人们措手不及，应对不力。所以加强突发事件的预警和防范机制，做好准备，防患于未然，消潜在的危机于萌芽状态，是应对突发事件的首要环节。应做到以下几点。

① 高校履行管理教育与保护学生的职责与义务。学校要高度重视学生安全保卫工作，依据《教育法》《企业事业单位内部治安保卫条例》《突发公共卫生事件应急条例》《学生伤害事故处理办法》《实践教学安全细则》《实习指导教师管理方案》《学生实习期间管理办法》等法律法规文件从安全管理、治安保卫、卫生食品、应急预案等几方面，建立健全安全保卫制度。组织人员编写相应教材，指导学生懂得、掌握应急法律、法规。校园文化建设中重视、加强安全文化建设，采取切实的措施、多样的形式，生动活泼地开展安全文化活动，提高学生的安全素质，培养面对突发事件的应急能力。规章制度是人制定的，本身是"死"的东西，要让它"活"起来就需要教师、学生认真遵守执行，学校管理层更要宣传到位，执行有力。

② 加强教师队伍建设。增强教师的事业心和工作责任感，端正教育思想，增强法律意识，树立"为了一切学生，为了学生一切，一切为了学生"的以人为本的教育服务理念。在实习过程中，学生一旦遇到一些突发事件，首先想到的就是带队的教师，会在第一时间找到或者是通知老师。如果带队的教师具有渊博的知识，思维敏捷，谈吐机智，应对得力，就可能轻松化解突发事件，否则就不能快速、稳妥地处理意外事件了。要真正做到处变不惊，思路清晰，机智灵活又不偏不倚地解决问题，教师必须在平时加强自身的修养。

首先，培养教师敏锐的判断能力和随机应变的能力。突发事件往往有以下特征：突发性、意外性；表现形式不一，性质有轻有重，具有复杂性；留给教师思考、判断、解决的时间很短，具有紧迫性。不具备这方面的思想认识，教师就无法在事到临头时做出迅速而正确的判断。

其次，培养教师的情绪自控能力。在外实习时，教师负责同实习基地进行联系，负责学生的饮食起居，负责处理实习中一些琐事，所有的关系都要汇集到教师那里，教师在实习过程中扮演着重要的角色。实习时，师生面临各式各样的社会关系，身处极其复杂的社会环境，一旦遇到问题了，教师就会想方设法解决，在解决问题时可能会产生一些恼火甚至愤怒的情绪。这种情绪虽是可以理解的，但是，教师毕竟肩负着重大责任，他应该意识到自己的任何不理智言行都可能给自己或学生带来严重的后果。情绪失控，不仅思维的广度受限，判断能力受扰，也会使本来的小矛盾变成大矛盾，使事态发展越来越坏。

③ 加强学生安全教育，培养学生应急能力。牢固树立"安全第一，重于泰山"的宗旨，强化学生的自我保护意识和安全意识的培养。当代的大学生，自身保护能力和防护意识较差的问题比较突出，学校应切实加强学生的生命教育、生存教育、忧患意识教育。在进入实习基地前，院系应对学生进行安全教育，强调注意事项，指出可能出现的安全隐患以及应急措施。当今的大学生多数是独生子女，从小到大都是在家人精心呵护下成长起来的，缺乏危机教育和意志力的磨炼，相当多的学生缺乏应对危机的经验，缺乏独立分析和灵活应变的能力，没有良好的心理素质。在出现危机时，他们容易受暗示影响而反应过激，导致无法做出理性的思考，无法保持冷静、沉着应对，从而引起更大的后患。为此，应以学生的预警能力、控制能力、干预能力为重点，逐渐形成由预警能力培养、控制能力培养和干预能力培养构成的学生应急能力培养体系。

④ 新入厂人员安全教育。例如，化工企业生产过程具有特殊性，即介质多为易燃易爆、有毒、有腐蚀性，设备多属高温高压、深冷负压，工艺条件复杂，因此学校把好进门关，对新入厂人员讲授进入化工企业所必须具备的安全知识就成为关键的一环。企业应对新入厂人员严格实施三级安全教育培训：首先是公司级（一级）安全教育，讲授党和国家有关安全生产的方针、政策、法规、制度及安全生产重要意义、一般安全知识、本企业生产特点、同行业重大事故案例、厂规厂纪、入厂后安全注意事项、工业卫生和职业病预防、防火等知识；其次是分厂级（二级）安全教育，内容包括分厂生产特点、工艺流程、主要设备性能、安全技术规程和制度等；最后是班组级（三级）安全教育，内容包括岗位生产任务、特点，主要设备结构原理，操作注意事项、岗位安全技术规程及预防措施，安全装置和工具等。

⑤ 依法维护企业周边地区治安秩序。学校应与公安机关始终保持密切配合，联手治理。在学生实习期间，公安机关应积极组织力量，对影响企业周边地区治安秩序及师生人身安全的主要治安问题，认真开展全面排查，深入到师生和企业周边的居民群众中间，采取多种形式了解、摸排涉及危害治安的违法犯罪线索，对治安混乱的地方和突出的治安问题进行整治。在一个经常有公安人员巡视、值班的地方，犯罪分子不敢太嚣张。

（2）突发事件的应急响应

由于现有技术的限制等诸多原因，不是所有的突发事件都可以事先通过预防机制发现其征兆，采取措施使之避免的。很多突发事件无法准确预测。当突发事件一旦发生了，学校和教师必须在很短的时间内做出决策，对其进行处置，将突发事件造成的损失最小化。安全和稳定是学校发展的基础，是对构建和谐校园的最起码要求。稳定是和谐的前提和保证，没有学校的安全和稳定，就没有构建和谐校园的基础。能否有效处置突发事件，是学校能否维护稳定，能否保障师生的生命财产安全，全面履行职能的检验标准。因此，建立组织有力、运转高效、职责分明的应急响应处理程序就显得尤为重要了。

① 建立完善的突发事件的应急响应处理程序。在实习过程中，学生人数相对较多，而且分成若干组，在不同工段实习，当天实习结束后，学生自由时间比较多，而且分散，这些都给老师的管理带来很大麻烦，学生面对危机的概率更大。这就要求学生一旦遇到一些突发事件就要迅速向带队老师汇报，寻求老师的组织协调。老师在解决危机时要坚持两个原则。

a. 情、理、法相结合的原则。情：在事件处理初期，要以"情"入手。理：使学生情绪稳定后，应和学生理性地分析事件原因，确定事件性质，明确相关责任，在事件原因和责任的认定上以情入理，以理服人。法：要依法办事，依法结案，做到以法服人，自觉维护法律的尊严和权威。

b. 快、准、净的原则。快：对突发性事件的处理必须快速、高效，尽量在短时间内处理完毕。准：对突发性事件处理工作的指挥、分析、预测要"准"，对事件公布的消息和上报的材料要"准"，对事件亲属谈话的内容要"准"。净：突发事件处理工作一定要干净、彻底，不留死角，不留隐患。

以上两个原则的核心就是要把善后工作妥善处理好，达到让各方都满意的状态，从而使学校各项工作尽快恢复到正常状态。

当遇到的突发事件比较棘手，对师生的生命财产等构成威胁，事件又不在带队老师所掌控范围之内时，带队老师就要迅速向学院汇报，调动现有资源，整合团队力量处理危机。高校为预防实习突发事件的发生及在危机中能够有较为充分的准备，应设置学校的实习突发事件应急响应处理程序，这样高校在第一时间内就可以启动信息畅达的应急机制，使指挥处理工作毫不延误。

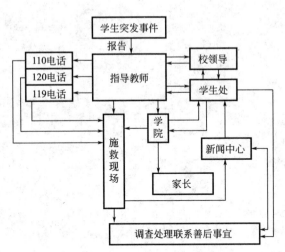

② 突发事件紧急状态的控制。通常在突发事件发生时，学生会出现一些反常的行为，如恐慌等，人们对这些行为往往很容易被动接受和模仿，这种非理性的反应有时甚至会酿成群体的灾难。在实习过程中，学生比较集中，突发事件发生后，人群特别容易爆发"失范"的情况，即在常态下，学生群体是有行为规矩的，有正常的教学生活秩序，而突发事件后，恐慌行为会导致原有的规范暂时失效，群体的行为陷于混乱状态。面对这种混乱的集合行为，学校必须有一定的强力控制手段，对学生的盲目行为加以规范。

③ 突发事件影响评估机制。实习过程中的突发事件将会对学校的方方面面产生影响，例如可能影响学校在社会上的形象，可能影响毕业生的就业或招生生源，可能影响学校与学生乃至家长的关系，可能影响学校的教学秩序、教学质量等。学校在突发事件处理的过程中

和结束后，要及时对这些影响进行评估，并采取各种积极有效的措施，尽力消除突发事件造成的损害，处理好校园内外的公共关系；及时总结储存活的知识、智能和经验，以利于日后同类事件的处理，并可以发掘危机带来的各种机会，改变以前的一些想法和行为，重新计划未来。

④ 引入社会保险机制，解除学校、学生的后顾之忧。提倡学生自愿参加意外伤害保险，学校有条件的应当参加学校责任保险，这类保险的投保额并不高，理赔额却很高。万一发生意外伤害或突发事件伤害，师生经济上有保障，损失可以减小，大家可无后顾之忧地投入到抗击突发事件的活动中去。

第5章
汽车专业实践教学中的学生职业素养培养

职业素养是指完成职业活动以及谋求职业持续发展的关键基本意识、知识和能力的集合，主要包含职业道德、职业意识、职业行为、职业技能等内容。高职教育就是为学生今后职业活动持续发展奠定职业活动素养和职业技术基础的教育。实践教学提供了构建真实职业活动的机会，符合职业素养生成的内在规律，因此实践教学是高职学生职业素养培养的主要路径，高职教育应重视学生核心职业素养的培养。

5.1 职业素养概述

（1）职业素养

职业素养是从业者在职业活动中表现出来的综合品质，主要呈现为从业者遵循职业内在要求，在个人世界观、价值观、人生观和具有的专业知识、技能基础上表现出来的作风和行为习惯。职业素养是可训练的。职业素养形成是观念意识树立、思维方式建立和行为习惯养成三类过程相辅相成的结果，训练效果主要通过行为习惯养成体现，类似于"知、情、意、行"之间的相互关系。

① 职业素养的三大核心。

a. 职业信念。"职业信念"是职业素养的核心。良好的职业素养包含了良好的职业道德，正面积极的职业心态和正确的职业价值观意识，是一个成功职业人必须具备的核心素养。良好的职业信念应该是由爱岗、敬业、忠诚、奉献、正面、乐观、用心、开放、合作及始终如一等这些关键词组成。

b. 职业知识技能。"职业知识技能"是做好一个职业应该具备的专业知识和能力。俗话说"三百六十行，行行出状元"，没有过硬的专业知识，没有精湛的职业技能，就无法把一件事情做好，就更不可能成为"状元"了。

要把一件事情做好，就必须坚持不断地关注行业的发展动态及未来的趋势走向；就要有良好的沟通协调能力，懂得上传下达、左右协调，从而做到事半功倍；就要有高效的执行力。研究发现，一个企业的成功30％靠战略，60％靠企业各层的执行力，只有10％的其他因素。执行力也是每个成功职场人必修的一种基本职业技能，另外还有很多需要修炼的基本技能，如职场礼仪、时间管理及情绪管控等。各个职业有其各自的知识技能，每个行业还有每个行业的知识技能。总之，提升职业知识技能是为了把事情做得更好。

c. 职业行为习惯。职业素养就是在职场上通过长时间地学习-改变-形成，最后变成习惯的一种职场综合素质。心念可以调整，技能可以提升。要让正确的心念、良好的技能发挥作用就需要不断地练习、练习、再练习，直到成为习惯。

② 职业素养包含的内容。职业素养概括地说包含以下四个方面：职业道德、职业思想（意识）、职业行为习惯、职业技能。前三项是职业素养中最根基的部分，而职业技能是支撑职业人生的表象内容。在衡量一个人时，企业通常将两者的比例以 6.5：3.5 进行划分。前三项属于世界观、价值观、人生观范畴的产物，从出生到退休或至死亡逐步形成，逐渐完善，而后一项是通过学习、培训比较容易获得的。例如，计算机、英语、建筑等属职业技能范畴的技能，可以通过三年左右的时间掌握入门技术，在实践运用中日渐成熟而成为专家。可企业更认同的道理是，如果一个人基本的职业素养不够，如忠诚度不够，那么技能越高的人，其隐含的危险性越大。做好自己最本质的工作，也就是具备了最好的职业素养。

(2) 高职学生职业素养养成重要性

高职学生职业素养养成，可以从两个方面来探讨：首先是个人内在的发展需要，即学生个人发展所需；其次是社会的需求，具体来说是企业对高职人才的需求。目前，很多企业对高职学生职业素养的要求通常用"冰山理论"和"大树理论"来做形象的比喻。

"冰山理论"：企业把一个员工的职业素养比作一座冰山，浮在水面上的八分之一是职业知识、行为和技能，这是显性素养，可以通过各种学历证书、职业证书来证明，或者通过专业考试来验证；而潜在水面之下的八分之七的冰山，包括职业道德、职业意识和职业态度，称为隐性素养。冰山理论认为正是这八分之七的隐性素养部分支撑了一个员工的显性素养部分，潜在的员工的职业意识、职业道德和职业态度在更深层次上影响着员工的发展。

"大树理论"：该理论认为职业素养中的职业道德、职业意识、职业行为习惯是一棵树的根系，而职业技能是枝、干、叶、形，一棵树要想枝繁叶茂，首先要求根系发达。虽然职业技能对个人、对企业而言很重要，但企业更看重的是前三项，从企业来看，只有高的职业素养才能为企业的发展提供源源不断的动力。

无论是从"冰山理论"的隐性素养还是"大树理论"的根系决定论看，都可以看出非专业素养在个人发展和企业发展中的重要性。

(3) 培养学生职业素养的方法

为了使高职毕业生能顺利地找到工作，并且成为受用人单位欢迎的、能迅速适应角色转化的人，在校的职业素养培养至关重要，教师有责任也有义务从平时的学习生活中加强对学生社会责任感与交往沟通能力的培养，全方位地提高学生的职业素养。"素养"是人们通过环境影响和教育训练所获得的稳定的、长期发挥作用的基本素养结构。它既包括了传统意义上的思想政治素养、道德素养、科学文化素养、身体素养和心理素养，也应包括人们对素养的最新认识——"创新素养"。从某种意义上看，创新素养的培养应成为素质教育的核心。素质教育的目标是挖掘潜能，全面发展，培养现代人所应具备的思想、知识、技能、创造精神和身心素养。在职业院校中实施"素质教育"，必须通过科学有效的途径，充分发挥受教育者的天赋条件。

① 在日常生活中培养。职业道德行为的最大特点是自觉性和习惯性。良好的习惯是一个人终身受用的资本，不好的习惯则是人生的羁绊。新生入学后教师向学生讲授专业课应该怎样学习，将来所从事的职业是什么，并针对每班的特点提出明确的要求。例如，物流专业

的学生要强化物流方面的知识，让他们多注意观察社会上与之相关的信息；在进行专业课学习中要认真、刻苦，培养他们坚强的毅力和持久性。把职业和专业教育贯穿于平时的教学中，从培养学生的良好习惯入手，从小事做起，从点滴做起，切实按照各种规范来要求，来衡量言行，来指导实践，不能随心所欲。

② 在专业学习中训练。在专业课学习中，首先要提示学生学习专业课的重要性，了解专业课的基本技能即职业技能。它标志一个从业者是否具备胜任工作的基本条件，也是实现人生价值的基本条件。

对于高职学生来说，面临着大部分学生毕业后从事与专业相关的工作。他们的言行就代表着个人的素质，关系到工作的成败，因此在平时的专业课训练中必须注意这方面能力的培养。在教学过程中，教师和学生都要重视技能训练，强化技能训练，培养学生过硬的专业技能，不断提高学生的职业素质。

③ 在社会实践中体验。丰富的社会实践是指导人们发展、成才的基础，职业道德行为的养成离不开社会实践。学生大部分时间是在校园里接受教育，接触社会的时间有限，所以更应珍惜每一次教学实习和社会实践活动，将自己所学的专业知识、所掌握的专业技能与实践紧密地结合起来，检验自己在校学习的专业知识是否适用、是否够用，所掌握的专业技能是否满足工作岗位的需要。更重要的是检查教学中的漏洞，进而使学生了解社会，了解职业，了解自我。培养学生对职业的自豪感、义务感和幸福感。为了让学生更好地认清市场需求，帮助学生了解就业形势，学校分批组织临毕业的学生进入工厂实习，学生正确地认识自己，明确自己的目标市场，并努力使自己符合目标市场的要求，为更好地就业奠定良好的基础。

5.2 汽车专业实践教学中学生职业素养的培养

（1）高职院校实践教学培养学生职业素养的分析

高职院校实践教学基本是以具体工作任务为中心组织的，其通常做法是将所认同的组成职业活动的核心和关键要素抽取出来，围绕着核心要素还原真实职业活动，将它们再现于学校的实践教学中。在此种考虑下，以提供产品和服务为目的的工作任务便成了必然的选择。其局限性也在于高职学生完成了工作任务，但是忽略和遗漏了职业活动所蕴含的其他丰富元素。高职院校在以工作任务为中心的课程组织和教学实践中，对工作任务进行了简单化处理，忽略了职业素养培养的其他要素，此种实践教学，缺乏职业活动的复杂性和丰富性，难以真实反映高职学生所面临的职业活动内容。

职业活动的构建成为实践教学的首要任务，如何使活动真正成其为活动是职业素养得以通过实践教学培养的关键，这就需要组成职业活动各要素的协同作用，而不是仅仅以程序的形式进行推移的工作任务的完成。真实职业活动中的工作任务，是需放置到范围更大的职业活动背景中来考虑的，而当前的实践教学却没有做到这点，正如上面分析的，它没有将工作任务完成视为真实职业活动的一部分，或者说是生产系统的一部分，而是仅仅关注某个方面——具体的操作技能和生产技术的掌握，因此某些对于构成职业活动颇具意义的管理和情境要素常常不在考虑范围之内，工作中是否严格遵守职业道德、职业规范和劳动纪律等，这些职业世界中的基本要素，是职业素养养成的关键条件，但恰恰是学校实践教学所忽略掉的。

实践教学不仅仅反映技术的真实性，还要依据企业生产的真实情况全面和整体地反映职业世界的复杂结构和过程。当然，工作任务依然是组织实践教学的线索和核心，但是要从职业活动的高度来对工作任务进行重新定义。职业素养体现在工作任务的完成和日常职业情境中对职业规范和职业道德的遵守这两个方面，对于前者，如果不重视生产或服务的质量，对操作步骤和结果不严格把关，那么职业素养的培养则没有多大价值，因为职业素养的价值就在于突显产品和服务质量的过程中得以体现，同样在只重视任务完成，对日常职业情境下学生行为不做要求的情况下，后者也没有存在的空间。

（2）依托实践教学的高职学生职业素养培养路径分析

① 完善实践教学课程体系，培养高职学生职业素养。高职院校开设专门职业素养课程，需要解决两个问题：教材的编写与教学方法的选择。实施案例教学，编写专门的职业素养教材非常重要，教材应由高职院校相关专业的教师进行开发，这是开发出具有专业特色职业素养教材的唯一途径。作为本专业教师，应该充分了解高职学生的特点和就业企业在职业素养方面的具体要求，能够深入企业采集符合教学要求的案例。在教材编写方面应将待讲授的职业素养内容划分为不同的主题，以不同的主题作为主要章节，在主题之下放置相应的职业素养行动原则，再辅以相应的多个案例对原则来做具体的阐释，"主题—原则—案例"应成为教材的主要编写原则。

前期调查获得的职业素养内容，是教材编写的主要内容依据，教材需要讲授的素养内容可分为两部分，分别是实践教学所不能涵盖的和着重需要强调的。素养内容通常是以行动原则的形式呈现，开发能够阐释行动原则的案例就成为重要的工作。为了获得案例，需要教师深入企业进行实地观察和访谈搜集资料，也可以查阅相关文献搜寻已有的类似案例。在案例撰写时，要突出案例的丰富情境性，不要过于简单。案例是对抽象的职业素养原则的示例，它并不是简单一个事件的报道，而是对理论的详细阐释。就案例的内容题材而言，可以分为三种形式。第一种是提供榜样的作用，通过展现困境以及榜样在困境中的处理办法，让学生学习正确的观点和做法。第二种是提供错误的例子，通过对不正确素养行为的描述及面临的后果，让学生警醒不要犯类似的错误。以上两种案例均为实例取向，主要呈现成功或失败的实例，通过对特定情境下的事件及别人的做法的详细描述，提供给学生模仿的对象。第三种形式则是提供两难的困境，需要学生通过思考提出问题解决方案，而不是未经批判和思考，简单接受原则。三种形式各有其功能，但不管是什么样的形式，都要注意案例内容必须与教学主题相关，能够说明主题，同时，案例还要有代表性，当师生努力解决这样的问题时，不但会得到案例的个别经验，也会得到结合案例和实践经验所发展出来的原则。

在进行教学时，要注意不要搞成说教，让学生盲从职业素养，而是要让学生认识到其重要性，能够自觉地乐意去遵守，认可其价值，尤其是在采用案例教学的情况下，对话成为必要的选择。这就首先应注意教学的起点，应针对学生现有素养情况进行有针对性的教学，而不是从应然状态出发，沟通学生实然和应然状态，是职业素养所代表的价值观能真正走进学生内心的重要条件。其次，教授职业素养，教学者应充当引导者和促进者的角色，鼓励学习者和教学者以及学习者彼此之间的互动，强调教育者与受教育者围绕案例的主要内容、情节脉络，通过相互的对话、讨论，进而使受教育者自主选择、认同某些价值，不是将素养内容在学生前反复演讲，只有教师将学生应服从的素养内容理由阐述到位时，才会取得学生的认同。除了课堂讨论，参观、角色扮演等也是非常有效的教学方式，应在案例教学为主的情况下，尽可能地应用多种有效的教学方法帮助学生培养职业素养。

② 改革实践教学模式，提升高职学生的职业素养。校内实训和顶岗实习是高职院校实践教学的主要形式。如何发挥这两条途径，对于培养高职学生的职业素养至关重要。顶岗实

习因其提供给学生直接接触真实职业活动的机会，在职业素养培养方面具有先天的优势。高职院校要做好学生动员工作和指导工作，做好学生自身职业行为与企业素养要求产生冲突时的教育和指导，不能对实习学生放任不管，而是应将顶岗实习视为提升职业素养的重要时机加以利用。

校内实训教学的组织相对较为困难，主要是校内实训难以真实反映职业活动情境。管理要素是职业活动得以组织的必要条件，校内实训要注意引入企业的管理要素。工作任务构成职业活动存在的基础，管理要素则是职业活动存在的保障条件。企业以管理作为手段维持运转，约束和促进每个人的特定行为，而这正是职业素养的源起。如果没有管理要素的渗透，本应用五天时间保质保量完成的一件产品，可能会用不止十天的时间，这其中学生所体验到的职业素养内涵是不同的管理要素。让学生遵循职业素养要求进行行动，应用管理要素对学生的职业行为进行具体的指导和约束，使其符合职业活动中的素养要求是实践教学中培养职业素养的必要手段，所采用的具体方法有引入产品或服务质量评价体系，实践教学中严格执行企业纪律和职业规范，对学生的行为依据任务要求进行具体的管理和指导等。

高职专业教师应在教学中将职业素养培养落实到专业教师的实践教学中去。在专业教师的传统观念中，培养学生的职业能力才是自己的工作任务，其他诸如学生职业道德、个性品质培养等均与自己无关，是文化课教师的事情，尤其是在当前"考证热"下，职业资格证书基本没有对职业素养内容的考察，这更加重了专业教师对学生职业素养培养的忽视。专业教师在实践教学中要有针对性地加强对职业素养的讲授，帮助高职学生提升职业素养。

5.3 汽车专业高职学生职业素养评价体系

职业素养是每一个职业人在职场工作中必须遵守的行为规范、应该具备的职业综合品质，是职业人获得职场成功的基石，是高职生职业发展的安身立命之本。职业素养主要包含职业道德、职业意识、职业态度等方面内容。核心内容体现在十个要素，分别为勤奋、务实、协作、诚信、积极、表达、坚持、学习、创新、自控。高职院校职业素养评价体系主要是通过学生职业素养的培养与评价，使学生具有较高的职业素养，快速地融入工作环境，适应社会发展的需要。以"学校人"到"职业人"的角色转变为主线，以学生学习活动及日常行为习惯全过程培养为目标，以全员、全方位育人为途径，完成职业素养养成训练，形成处处可学习、时时是课堂、事事能育人的职业素养教育局面。在教育教学中，突出高职生职业素养行为习惯养成的特点，通过校内外实训活动及日常行为习惯的强化，让学生主动去感知—思考—认同—体验—养成。以职业素养评价为契机，让学生从学习的每一环节做起，从生活的点滴做起，养成良好的职业行为习惯，让素养落到实处。

职业素养评价是对学生在校期间包括毕业实习阶段进行全过程、全方位的动态测评。目的是借助评价加速学生职业素养的发展进程，力争培养高素质的职业化合格人才。课题组开展了每一学期不同主题的职业素养评价活动，用主题评价活动统摄学生职业素养教育和日常行为养成教育。各评价主题内容呈递进式，和谐统一，形成了从认知到体验、从感性到理性、从内化到养成的完整教育过程，实现了"以评促学""以评促进"的理想效果。

学生在校期间的职业素养评价结果，加之毕业实习期间，以企业和社会用人单位的实际标准检验高职生职业素养培养情况，这是每个学生职业素养的总评成绩，测评结果计入学生的学习档案中，并向用人单位优先推荐职业素养测评成绩优秀的学生，以此激励学生加强自身职业素养的养成，实现职业道德与职业行为的统一与优化，提升就业竞争力，帮助学生打开职场通道。

下面我们具体看下高职生职业素养评价体系的建构。

(1)"八板块"教育内容评价体系

① 敬业。热爱自己的专业，热爱本职工作，恭敬严谨，勤勉尽责，善始善终，具有强烈的主人翁意识与责任感。

② 诚信。在日常生活与工作中诚实无欺，履约守诺，客观公正，知行合一。

③ 责任。能够依据自身承担的社会角色，自觉、认真地履行相应的社会职责，在生活和工作中勇于担当，敢于负责，具有强烈的责任意识。

④ 奉献。有强烈的社会责任感，真诚付出不求回报，不计个人得失，始终把集体利益置于首位。

⑤ 创新。在专业学习和工作中，能够运用创新思维，运用新技术、新手段、新方法，创造性地改进学习与工作的思路、内容，提升效益。

⑥ 竞争。在学习与工作中，敢为人先，不甘落后，积极向上，努力进取。

⑦ 进取。面对逆境，积极乐观，锐意进取，顽强拼搏，奋发图强；珍惜顺境，抓住机遇，立志有所作为。

⑧ 合作。在学习与工作中，明确团队的任务与目标，能够彼此信任，相互尊重，相互配合，协调一致，为实现共同利益而团结协作。

评价内容是以"提升就业竞争力，打开职场通道"为原则实施的职业素养教育框架，它实现了将企业实际岗位素养需求向高职生的职业素养需求转变的任务，瞄准了教育教学的切入点，在企业与职业院校之间搭建了一个能力转换的平台。

(2)"三维度"教育载体评价体系

① 日常行为评价。日常行为测评点主要包括就餐行为表现、课堂行为表现、宿舍行为表现、校园行为表现、其他社会公共场所行为表现五个方面。占职业素养成绩的25%。

② 课堂表现评价。课堂学习表现测评点主要包括公共基础课素养、专业课素养、职业素养课程学习情况三个方面。占职业素养成绩的40%。

③ 实践活动评价。实践活动环节测评点主要包括军事训练、校园相关活动训练、社会实践训练、校内外实习实训、行业企业毕业实习五个方面。占职业素养成绩的35%。

评价的操作过程中，在对行业企业、不同专业学生及高职院校等广泛征求意见的前提下，依每一维度测评点的特点，有针对性地选择符合要求的指标作为学生职业素养的评价要素，制定职业素养的考核指标及其权重。在此基础上，以日常行为、课堂表现、实践活动三个方面建立一级指标，依调查分析结果为基础形成的每一测评点的职业素养教育目标的具体标准建立二级指标，结合高职人才培养宗旨、行业企业对高职人才的素养需求、不同专业的特点及学生的实际需求，分别给予一级指标、二级指标相应的分值与权重，以此作为高职生职业素养考察的标准。一是针对具体测评点设计相应的职业素养教学活动，以恰当的方式，把职业素养指标的各项评价落实到教育教学环节中；二是建立职业素养评价结果与学分获取的联动制，可以考虑比例制、重修制、淘汰制等。

(3)"六创新"构建原则评价体系

① 需求导向性原则。职业素养评价内容的选择、评价载体的斟酌、评价方式的运用均须依据行业企业的工作岗位需求，以企业的用人标准为参照培养学生的综合职业素养能力。

② 全过程性原则。职业素养教育与养成情况测评贯穿学生高职教育学习的各个阶段，每一阶段都有明确的测评内容与标准，各阶段测评内容呈递进式，相辅相成，形成了由浅及深、由感性到理性、由认知到行动的职业素养连续性教育及养成过程。这种评价方式，既呈现了学生的综合职业素养养成状况，又警醒学生关注自身的职业素养能力，实现"以评促养"的良好局面。

③ 综合性原则。为确保职业素养测评结果的客观真实及全面有效性，学生职业素养的评价主体应呈多元性，即实行自我评价与他人评价、学校评价与行业企业评价等多个评价主体相结合的测评方式，各方统一量化标准，根据测评内容的不同确定各主体在素养评价中的主次地位，各自测评结果按权重汇总，作为学生职业素养评价的最终依据。

④ 全方位性原则。职业素养的养成是一个渐进的、长期的过程，是一个内化于心、外化于形的过程，是环境熏陶、学习教育与个体内化等多方助推的结果。职业素养可以从学生日常行为、课堂学习及实践训练三个环节展开评价，每一环节确定相应测评点，在具体实施过程中不断加以调整、完善，确保评价的有效性，促进学生对职业素养的学习与反思。

⑤ 反馈性原则。该原则是高职生职业素养评价体系的重要环节，学校需定期向每个学生反馈其职业素养评价的结果及相关信息，使学生明确自身职业素养养成情况，能够有的放矢地进行反思，及时纠正自身的行为，强化学生职业素养的学习意识，促使学生自觉养成良好的职业素养行为。

⑥ 可操作性原则。在测评指标的制定方面，所选择的测评点是清晰的、表述科学的、可观测的；在测评方式方法的采用方面，所运用的方式方法在现有环境下是能够运用和实现的；另外，可操作性也表现为非客观性因素的测评可以借助实用性的载体最大限度地做到测评的公平公正性。

5.4 汽车专业实训基地职业素质规范

(1) 实训基地 6S 管理

6S管理即整理、整顿、清扫、清洁、素养和安全，最先是海尔集团运用以优化工作环境，提高员工自身素质、技能，不断自我改进的一个重要手段。6S管理作为现代企业的基础管理手段之一，体现了国际先进企业现场管理的内涵，它使工厂整齐有序，员工自主管理，营造出舒适、安全的工作环境，使企业进入现代、先进、文明的更高层次。模拟企业的6S管理，在高职院校内实训基地推行6S管理的模式，要求学生在训练中规范操作，培养学生专业技能和良好的职业行为习惯。

在6S管理模式中，前4个S规范了实训场地的现场管理。通过"整理"，将工作和实训场所中的任何物品区分为必要的与不必要的，必要的留下来，不必要的彻底清除；通过"整顿"，将必要的东西分门别类按规定的位置放置，并摆放整齐，加以标识；通过"清扫"，使岗位保持在无垃圾、无灰尘、净整洁的状态；岗位人员（含实验实训学生）在整理、整顿、清扫的基础上通过"清洁"对实训现场认真维护，保持最佳状态，是前三项的继续与细化，并形成制度化、规范化。通过前述 4 个 S 使实训场地物品的类别、数量、质量清晰，取放方便，井然有序，通道畅通，实训作业环境整洁、明快、舒畅，不但提高了教师在实训准备和实训指导过程的工作效率，也大大提高了学生实习实训过程的训练效率。学生在训练过程中，按照标识，规范操作仪器设备，取用工具、材料等实训物品，按操作规程严谨认真地训练，按实训场所物品摆放标识，把工具、材料等及时归位，并清洁训练场地。这样，不但减少了由于"寻找"带来的时间浪费，而且使技能训练流程更规范、严谨，确保了学生专业技能训练的优质、高效。

① 注重宣传，加强培训。6S 对企业员工来说，是一个非常熟悉的名词了，但对学校老师来说还有些陌生。推行一种新的理念或做法，首先执行者要清楚为什么做、怎样做是非常重要的。因此，当学院决定在校内实训基地推行 6S 管理模式时，首先成立了 6S 推行办公室（设实验实训处），然后由办公室组织拟定了 6S 管理推行计划。计划的第一步就是宣传发动，加强培训，让老师和学生明白什么是 6S 管理，为什么要推行 6S 管理。

② 循序渐进，逐步推动。一个好的方案没有实施就成了一纸空文，执行是关键的一步。6S 管理注重细节和规范，完全不考虑教师工作量繁重而盲目推动只会促使教师反感。为此，结合实际制定实验实训室 6S 管理细则，把 6S 管理模式推行融入日常管理工作中，分步实施，逐项落实。从实验实训室外、室内、制度与文件、教师行为及安全保障五个大方面十二个小项制定了详细的 6S 管理细则。在进一步讨论的基础上完善了管理细则，并通告全体实训教师和相关人员，要求相关教师细心体会管理细则，把其融入日常工作中，逐项完成校内实训基地所有场地的整理、整顿工作，要求教师从库房、预备室开始清查，把各类物品分类存放，并进行标识。在日常清理清扫的基础上，结合各级卫生大检查，组织了多次彻底的卫生大扫除；结合安全保卫大检查，对校内所有实训场所的安全隐患进行了逐一排查。同时，还修改了学生实验实训（实习）成绩考核办法，统一规范了学生实验实训（实习）记录册，把学生参与实验实训（实习）的出勤情况、操作的规范性、实验实训（实习）后仪器设备整理归位和卫生整理等情况均纳入学生实验实训（实习）成绩考核，在实训管理和学生训练过程中均注重学生职业素养的培养。现在，我院在校内实训基地推行 6S 管理的成效明显，无论走进哪个实训场所，整洁有序的实训环境，6S 管理的规范要求，让学生如身临现代企业现场。

③ 加强监控，重在落实。为了使 6S 管理模式在校内实训基地管理中产生实效，我院除把在实验实训（实习）中对学生职业素养训练要求纳入实训成绩考核外，也把 6S 管理要求纳入教师管理考核中，按照 6S 管理细则重新修订了实践指导教师常规管理工作的考核标准，并采取平时抽查和期中、期末检查相结合的手段来评定教师的管理工作，纳入年度考核评优。且参与监督检查考核人员除了教学督导以外，就是管理人员和系部负责人，被考核者均不得参与打分，保证了考核的公平性和真实性。对教师的考核亦即督促他们把 6S 管理要求融入学生技能训练的指导中，有意识地培养学生的职业素养。

在校内实训基地推行 6S 管理模式是高职院校优化实训实习场所，营造令人满意的职场训练环境，着力培养高职生职业素养的有效举措。我院在校内实训基地推行 6S 管理模式进行了初步的实践与探索，取得了一定的成效，得到了学生的支持与肯定，也多次受到了评估专家和上级领导的好评。

案例28 某高职高专院校实训基地学生职业素质训导每日检查表

高职高专院校实训基地学生职业素质训导每日检查表

学年第＿＿学期 第＿＿周 检查人：

所属院系	实训室	单元名称	日期	星期	节次	班级	出勤率/%		实训服着装率/%		单元课表是否符合	迟到人数	有无携带食品饮料	环境卫生状况	实训教学秩序	玩游戏(人次)	玩手机(人次)	睡觉(人次)	任课教师
							应到人数	实到人数	实到/着装人数										

（2）弘扬工匠精神，提升学生职业素养

① 工匠精神内涵。工匠精神源于不断创新的职业精神，体现了工匠较高的职业素养。职业精神是职业化的从业人员在改造物质世界过程中被激发出来的职业道德素质的具体体现，具有强烈的社会性特征，是从业者全力承担社会责任的自觉意识。职业素养是职业发展的原动力和立业之本，从业者在职业生涯中体现的使命感、责任感、敬业等价值追求，才得以形成对产品精雕细琢的精神理念。实践证明，职业素养的高低是衡量一个职业人成熟度的重要指标，良好的职业精神有助于增强企业无形资产，提升核心竞争力，促进企业的科学健康发展。

工匠精神是钻研技能、精益求精、敬业担当的职业精神，包括职业技能、职业素养、职业理念这三个层次。其中，职业技能是基础，职业素养是关键，职业理念是内核，三者彼此关联，相辅相成。无论德国、日本还是美国，正因对工匠精神的不懈追求，才走上了技术兴国、制造强国的发展之路。我国从制造业大国向制造业强国的跃升中，需要一大批具有新的历史使命和社会责任的现代工匠，工匠精神也成为产业升级、消费结构变化、提升国家形象和改变社会文化环境的需要。工匠精神不但指从业者要具备高超的技艺和精湛的技能，而且还要有严谨、细致、专注、负责的工作态度，以及对职业的认同感、责任感、荣誉感和使命感。同时，作为工业文明高度发展的重要成果，"工匠精神"成为社会各行各业的价值导向和时代精神。拥有明确的精神价值追求和较高的人生境界，成为"工匠精神"新的时代内涵的生动诠释。

② 职业教育过程中工匠精神的培养途径。

a. 校园文化氛围的建设弘扬工匠精神。为了培养具有工匠精神的技能型人才，职业学校应该在校园文化氛围的建设方面进行职业化改造，将职业精神融入人才培养过程，加强工匠精神的渗透。通过平面广告、新媒体等，介绍古今中外具有工匠精神的人物以及德国、日本、瑞士等国家工匠精神的传承。同时举办一些讨论、演讲等活动畅谈工匠精神的意义，让工匠精神弘扬，深入学生的内心。

b. 就业创业教育纳入工匠精神。职业教育肩负着培养生产管理和服务人才、传承工艺技术技能、促进就业和创业的重要职责。在实施创业就业教育时，应以培养综合素质为目标，以培养工匠精神为核心，以培育生涯规划、职业意识、职业能力、开拓创新精神为主，促进学生主动就业和积极创业，使其更加适合经济社会发展的需求。

c. 专业课程教学中渗透工匠精神。无论采取何种教学模式，专业课程的教学不能仅仅局限于将专业理论知识传授给学生，还要兼顾专业的特点和将来所要从事的职业的特点，以就业能力为导向，在专业课程教学的目标、过程和评价等环节渗透工匠精神，培养学生职业素养，彰显职业教育的特色。

d. 专业技能训练体验工匠精神。在校的短短几年，学生只能掌握一些将来适应生产、服务的技能，不可能成为一位大国工匠。应该考虑到学生的个性特长、专业方向等影响因素，在学生掌握专业综合技能的基础上，适当进行个性化的培养，突出个人能力的发展，使学生精通一门技艺，并以此为基础培养学生的职业迁移能力，给学生成长为未来的大国工匠提供有效支持。

e. 现代学徒制的实施传递工匠精神。职业学校应该组建一支由专业教师、企业高工、行业专家融合的专业教学团队，通过教师间的互学互帮、取长补短，提高理论和实践教学水平，对学生进行一对一、手把手的指导，通过情感交流和行为感染，传递耐心专注、精益求精的工匠精神，培养学生成长为未来的大国工匠所必须具备的特质。

f. 工学交替、校企融合塑造工匠精神。同样的材料、生产线和管理，我们的企业生产

汽车专业实验实训基地建设与管理实务

的某些产品质量与发达国家相去甚远，缺乏"工匠精神"是其根本原因。因此采取校企融合的方式，在学生学习阶段进行工学交替实践很有必要。通过专业学习和实际操作相结合，真正做到边学边生产。既增加了理论知识，又增强了实际操作能力，有利于学生职业素养的培养，促进工匠精神的塑造。职业教育的核心是注重技能人才的培养，因为技能人才是工匠精神的最佳传承者。既要对学生进行专业操作技能的训练，同时更要注重职业精神的磨炼，在日常的教育教学过程中让"工匠精神"渗透到学生的思想里，内化为自身的一种职业意识，能够以敬畏的姿态对待自己的职业，成为他们将来就业和创业的核心竞争力。

第6章
汽车专业实践教学中的安全管理

实践教学是高职院校实现人才培养目标的重要环节，是理论联系实际的重要纽带，是对理论教学的验证、补充和拓展，对学生加深理解理论知识、锻炼实际操作能力、培养创新能力具有重要意义，在培养学生发现问题、分析问题、解决问题等方面具有不可替代的作用。近年来，一些高职院校在开展实践教学的过程中，由于安全管理工作的措施不当或不到位，总会出现一些安全及责任问题。例如，有些学校和老师重视在事故发生以后总结经验、吸取教训、制定措施，防止类似事故的发生，而忽视事前的预防，使各类事故屡出不止。如果我们能采取积极的预防措施，使实践教学安全管理工作实现常态化，就可以有效地避免或减少安全隐患和安全事故的发生，从而保证实践教学安全有序地进行。

6.1　汽车专业实践教学中安全管理存在的问题

目前，一些高职院校过分看重实践教学的目标和效果，而对实践教学安全管理工作重视不够，往往只是顺带提一下，不能真正发挥作用。具体表现在以下几个方面。

① 学生安全意识淡薄，准备不充分。在实践教学的过程中，部分学生存在有好奇好动、心存侥幸、心理恐惧、消极情绪。不少学生还不了解、不清楚实训过程中的各项安全规定，缺乏必要的安全常识，自我防护能力低；对一些具体的规章制度知之不深，心存侥幸而不顾安全规则，认为习惯性违章不算违章；不相信安全工作方法的重要性，进而采用自以为是的工作方法；反应不够机敏，无法预感异常现象并及时加以控制。例如，某校在进行柴油机拆装实训时，学生不按要求着装，佩戴劳护用品，造成手指骨折，付出了惨痛的代价。

② 实训现场管理松懈。实训现场的管理标准不高，各项安全制度还不够严密，安全制度常常流于形式，有章不循、有章难循的弊端难以克服。实训指导教师安全意识不强，对学生的实际情况及个人特点缺乏了解，没有结合真实的工作环境，逐点讲解可能出现的安全隐患。除了学生操作失误等原因，实训指导教师不在现场，没有及时制止失误操作，也是导致事故发生的重要因素。

③ 客观因素的存在。机器设备缺乏适当安全防护装置，照明、通风、噪声等不良的工作环境，个人防护装备缺乏或使用不当，工具老化、设备缺乏检修等都会引起安全事故。许多发生在实践教学过程中的安全事故，往往是因为实训室的选址、设计不合理，线路布局不规范，电线接头不牢靠，甚至没有安装保护装置或保护装置不灵敏、失控而引起的。

汽车专业实验实训基地建设与管理实务

6.2 汽车专业实践教学安全管理常态化

实践教学安全管理工作落脚于常态化，是学生实践训练安全并顺利进行的根本保证。把实践教学安全管理工作落脚于常态化，避免发生人身、设备事故，应抓好以下几方面的工作。

① 学生安全意识强化的常态化。实践教学安全管理工作落脚于常态化，重点是提高学生在实践训练中的安全意识。只有全体学生自觉参与安全管理工作，自觉遵守实训中的各项操作规程，自觉维护自身的生命安全，才能实现实践教学安全有序进行。对学生"常态化"的安全意识教育可以从正面培养和侧面引导两个角度进行。首先，应让学生真正了解所在的实训环境的危险因素，在日常实训过程中做到三不伤害，即不伤害自己，不伤害别人，不被别人伤害。实训指导教师要定期将危险源点、实训规则以及实训过程中可能出现的伤害对学生进行培训。要根据实训器材和设备的实际情况进行培训，而培训形式可以不拘一格，如课前安全会、课后总结会、案例分析会、实训室安全墙报等。其次，实训指导教师还应从侧面进行引导，将实训安全和学生的切身利益联系起来，将学生的个人身心健康与家庭、父母的生活联系起来，大力宣传"一人安全，全家幸福"的观念，使学生发自内心地重视人身安全，实现从"要我安全"到"我要安全"的转变，从而让学生不由自主地预防安全事故的发生。

② 全体师生广泛参与的常态化。实践教学的安全管理工作只有发动全体师生共同参与，安全工作的常态化才能真正得到落实。学校内部自上而下重视实践教学的安全工作，是预防事故发生的必要条件。学校应形成由学校、系部、实训指导教师以及学生组成的多级安全管理网络，自上而下推动，形成全员广泛参与，确保实践教学的安全管理工作始终处于受控状态。学校在执行强制性安全措施的同时，应把学生的自主管理引入安全管理工作中来，发动学生找出实践教学中存在的安全问题和事故隐患，加以研究和解决，并对现存和潜在的安全问题进行认真整改，最终达到消除事故隐患的目的。

③ 实训现场安全管理的常态化。实训现场是实践教学的基础层次，现场安全管理是实践教学安全管理工作的基础。实训现场是安全事故发生的主要场所，落实实践教学安全工作的常态化，最终也将归结于实训现场这个层面。实训现场安全管理工作的内容主要是指：实训现场安全标志齐全，安全色标醒目；现场设备的操作规程齐全；学生进入实训现场后，要严格按照《学生实训守则》进行实训；各种实训记录做到规范化、书写工整；实训现场环境清洁卫生，无脏乱死角；现场设备整洁，工具摆放整齐。同时，在实训现场要以班级为单位，做好实训过程中所产生的各种信息的收集、分析、处理工作，可以帮助学生及时消除事故隐患。现场安全管理不但要求制度全，而且要求标准高，健全的制度，必须严格地执行，才能发挥作用。把实践教学安全工作的重点放在实训现场，是保证实践教学顺利进行的根本途径。

④ 强化实践训练作业标准化管理的常态化。实训现场作业标准化是实践教学安全顺利进行的保障。作业标准化，就是指在对作业系统调查分析的基础上，将现行作业的每一道操作程序和每一个动作进行分解，以科学技术、规章制度和实践经验为依据，以安全、质量效益为目标，对作业过程进行改善，从而形成一种优化作业程序，逐步达到安全、准确、高效、省力的作业效果。现场作业标准化是预防事故、确保安全的基础，它可以有效地控制学生在实训现场的不安全行为。在实践教学的过程中，主要控制对象是学生、设备、方法三要素。而这三要素中，必须有效地控制自由度很高的学生，因为此类学生的不安全行为是诱发

事故的主要原因。作业标准化，能把复杂的管理和程序化的作业融为一体，能有效地控制、约束、规范学生的失误，把事故的发生降到最低限度。实训现场的作业标准化把学生的行为限制在动作标准之中，从根本上控制违章作业，特别是习惯性违章作业，保证学生按标准进行实践训练，从而保证实践教学安全有序地进行。

6.3 汽车专业实践教学安全管理注意事项

"安全第一，预防为主，综合治理"是我国安全生产的基本方针。做好安全管理工作，应重点做好以下几方面的工作。

① 建立并完善安全管理工作体系。明确安全管理职能，建立健全安全组织机构，明确各自职责与相互关系，层层落实安全责任。

② 深刻理解实践教学所具有的安全内涵。实践教学安全包括学生和教师的人身安全；实验用设备、设施及房屋等财产安全；实验对象的安全；室内外及周边环境、水、大气、噪声等环境安全。

③ 制定并完善各项安全管理文件。建立健全科学、规范的安全管理制度是实践教学工作正常高效运转的有力保障。安全管理工作首先要从制度建设入手，制定一整套严格的安全管理规章制度，具体包括以下内容。

a. 制定重大安全事故应急反应预案，以应对突发的安全事件。在预案中应规定预案启动条件及启动程序，规定应急救援组织机构与职责。

b. 制定各训练场地人员应配备的安全防护装备要求，并及时配备和按期更换。

c. 制定并完善教学仪器设备安全操作规程。各训练场地墙上都要粘贴有设备安全操作规程，实践教学用的机床上也要有设备安全操作规程，要求学生严格按照设备安全操作规程进行实践训练。

d. 制定仓库安全管理制度。要求仓库保管员严格执行。

e. 制定巡逻岗位职责。加强对巡逻的安全意识教育和工作管理，不定期对巡逻工作进行检查。

f. 建立长效的安全工作检查制度。定期进行安全工作检查，及时发现问题，及时解决。本单位解决不了的，要及时向上级主管部门报告。

g. 制定并完善仪器设备使用管理实施细则。明确各种仪器设备的维护保养要求，每台机床设备都贴有安全状态标识（完好、禁用、停用），使有安全隐患的设备处于禁用状态，保证学生的人身安全。

h. 制定教职工仪器设备维护保养考核评价标准。调动教职工积极性，使各种仪器设备得到更好的维护保养；积极进行教学设备的安全改进研究工作，提高设备的完好率和安全性。

i. 制定教职工安全考核评价标准。提高教职工安全意识和安全责任心，减少和避免出现国家财产损失和人身伤害事故的发生。

④ 加强对学生的安全教育，提高学生的安全防范意识。利用入厂教育、训练单元教育、机床前教育、宣传板报教育、电子屏幕宣传教育、网络宣传教育、发放学生安全手册等多种形式进行安全教育，以提高学生的自我安全防范意识。

⑤ 建立本单位需要进行定期安全检定的仪器设备档案。按国家规定的仪器设备安全检定周期进行仪器设备的安全检定工作（吊车、叉车、电梯、机动车、空气泵、储气罐、氧气瓶、乙炔瓶、氧气表、乙炔表等），保证这些仪器设备在安全检定的有效期内进行工作。

⑥ 建立本单位特殊工种人员档案。组织他们定期参加有关部门组织的岗位培训及考核，保证他们持有有效职业证书上岗（吊车工、电焊工、电工、叉车工、机动车驾驶员等）。

⑦ 加强消防安全工作。应保证教学楼内的消防栓完整好用，且全部有消防水。各训练单元均配备一定数量的灭火器，并且每年定期更换。

⑧ 加强硬件建设。创造条件，加大安全资金投入力度，完善安全设施。使场地内电气、消防、通风等安全设施齐全，配置科学，布局合理。采用高科技安全管理手段，如采用多功能的电子监控系统，对教学楼及院区进行 24 小时监控；安装防侵入系统，采用电子门禁装置，凭电子钥匙（IC 卡）或指纹进行开启；教学楼内安装消防报警系统等。

⑨ 加强安全管理队伍建设。组织安排安全工作管理人员进行培训学习，加强对外交流，提高安全工作管理水平，从而带动本单位的安全工作管理水平的提高。

⑩ 有工作计划和总结。每年度制订本单位的年度安全工作计划并严格执行。年底及时进行安全工作总结，并提出改进意见。

总之，高校实践教学的安全管理工作是个需要长期进行研究和不断改进完善的课题。需要各级领导高度重视，把安全责任制层层落实到人头，不断地总结经验，就一定能够把实践教学的安全管理工作做好。